다중과 제국

Reflections on Empire
Copyright ⓒ Raffaello Cortina Editore 2003
All rights reserved

Korean Translation copyright ⓒ 2011 by Galmuri Publishing Co.
Korean translation rights arranged with Raffaello Cortina Editore through EYA(Eric Yang Agency).

이 책의 한국어판 저작권은 EYA(Eric Yang Agency)를 통한 Raffaello Cortina Editore 사와의 독점계약으로 한국어 판권을 '도 서출판 갈무리'가 소유합니다. 저작권법에 의하여 한국 내에서 보호를 받는 저작물이므로 무단전재와 복제를 금합니다.

 아우또노미아총서 30

다중과 제국
Reflections on Empire

지은이 안또니오 네그리
옮긴이 정남영 박서현

펴낸이 조정환
책임운영 신은주
편집부 오정민 김정연

펴낸곳 도서출판 갈무리 등록일 1994. 3. 3. 등록번호 제17-0161호
초판인쇄 2011년 10월 22일 초판발행 2011년 11월 1일
종이 화인페이퍼 인쇄 중앙피엔엘 제본 일진제책

주소 서울 마포구 서교동 375-13호 성지빌딩 101호
전화 02-325-1485 팩스 02-325-1407
website http://galmuri.co.kr e-mail galmuri@galmuri.co.kr

ISBN 978-89-6195-041-1 / 978-89-6195-003-9 (세트)
도서분류 1. 사회과학 2. 정치학 3. 사회학 4. 강연집 5. 경제학 6. 역사학 7. 철학 8. 외교학
        9. 사회사상

값 17,000원

이 도서의 국립중앙도서관 출판시도서목록(CIP)은 e-CIP홈페이지(http://www.nl.go.kr/ecip)와 국가자료공동목록시 스템(http://www.nl.go.kr/kolisnet)에서 이용하실 수 있습니다.(CIP제어번호: CIP2011004358)

Reflections on Empire

다중과 제국

안또니오 네그리 지음
Antonio Negri

정남영 · 박서현 옮김

차례

서론 : 설명해야 할 몇 개의 개념 7
『제국』에 관한 안또니오 네그리와 다닐로 졸로의 대담 21

1부 강의1 역사적 방법에 대하여 : 인과성과 시기구분 57
　　　　보 론 주권 79

2부 강의2 사회적 존재론에 대하여 : 물질노동, 비물질노동, 삶정치 95
　　　　보 론 지구화와 민주주의 120

3부 강의3 정치적 주체 : 다중과 구성권력 사이에서 145
　　　　보 론 다중의 존재론적 정의(定義)를 위하여 168

4부 강의4 주체성의 생산에 대하여 : 전쟁과 민주주의 사이에서 185
　　　　보론1 대항권력 203
　　　　보론2 『무엇을 할 것인가?』로 오늘날 무엇을 할 것인가 혹은 일반지성의 신체 215

5부 강의5 논리학, 탐구의 이론 : 주체 및 에피스테메로서의 전투적 실천 233
　　　　보 론 맑스의 발자취 251

옮긴이 후기 282
주요 용어 대조표 292
인명 찾아보기 295
용어 찾아보기 297

지은이의 텍스트에 대한 주석

이 작업노트는 다음과 같이 이루어져 있다.

1. 2002년 늦은 봄 코쎈짜-아르까바따 대학(Università di Cosenza-Arcavacata)의 사회학연구소에서 한 5개의 강의와 그에 붙인 서론이 있다.

2. 이들 강의 각각에 공부 자료들이 붙어 있는데, 이는 참고자료를 확장하여 방법론에 대한 더 나아간 연구에 기여하도록 한 것이다.

이 책은 일련의 공동 논의들의 귀결로 산출된 나의 다른 저작들인 『맑스를 넘어선 맑스』, 『레닌에 관한 33개의 교훈』, 『구성권력』과 마찬가지로 '작업노트'이다. 이 저작들은 모두 다른 이들(학생, 동지, 연구자들)과 함께 쓴 것, 즉 논쟁과 운동 속에서 자라난 성찰들이자 분석 결과이다. 따라서 이 작업노트 각각이 하나의 무대를 가진다. 이 최근의 강의들은 실상 무대의 옆과 뒤, 즉 공연의 테두리를 구축하는 물적 요소이다. 그런데 전위 극장의 경우에는, 러시아 발레가 성행하던 시절 이래, 무대 장치도 공연의 실체가 되었다 ······.

이 책의 일부를 구성하는 강의들은 루베띠노 출판사(Editore Rubbettino)에서 출판되었고, 코쎈짜 대학에 배포되었다. 이 자리를 빌어 라파엘로 코르띠나 출판사(Editore Raffaello Cortina)에서의 출판을 허가해 준 코쎈짜 대학의 사회학연구소 소장 조르다노 싸비니 교수에게 감사한다. 또 공동으로 작성한 텍스트의 재출판을 승낙해 준 다닐로 졸로(Danilo Zolo) 교수와 마이클 하트에게 감사한다. 더 나아가 특히 이 책에서 보완적인 것으로 활용한 텍스트들을 실어주고 출판해주었던 잡지들의 편집자들 및 문화기관들의 책임자들에게 감사한다.

옮긴이 일러두기

1. 이 책은 Antonio Negri, *Guide*, Raffaello Cortina Editor, Milano, 2003을 완역한 것으로, 영역본 *Reflections on Empire*, Trans. Ed Emery, Polity Press, Cambridge, 2008을 참조하였다.
2. 지은이 주석과 옮긴이 주석은 같은 일련번호를 가지며, 옮긴이 주석에는 [옮긴이]라고 표시하였다.
3. 각 강의 후반부에 강의를 요약하면서 참고도서를 소개하는 부분은 원본에 이탤릭으로 되어 있어, 한국어본도 그에 따라 서체를 달리하였다.
4. 단행본, 전집, 정기간행물에는 겹낫표(『 』)를, 논문, 논설, 기고문, 단편, 성명서 등에는 홑낫표(「 」)를, 단체명, 행사명, 영상, 전시, 공연물, 법률에는 가랑이표(〈 〉)를 사용하였다.
5. 인명, 도서명 등은 필요한 경우 한 번만 원어를 병기하였다.

서론

설명해야 할 몇 개의 개념

이 책에서 나는 『제국』Michael Hardt and Antonio Negri, *Empire*, Harvard University Press, Cambridge 2000; Rizzoli, Milano 2002으로 인도했던 연구 방법론에 관한 몇몇 논점들을 지적하고 또 발전시키려 한다. 2002년 초 독일 신문에 게재된 한 서평은 『제국』이 "지구화의 이념을 개념화한 것"이라고 말했다. 독일인은 형이상학을 하는 데 진정으로 유능하다! 사실 우리(마이클 하트와 나)가 다듬어낸 방법론이 분명 개념에 도달하긴 하지만, 그것은 결코 이념적이지 않은, 미리 고정되지 않은, 형이상학적이지 않은 개념이다. 그 개념은 '공통된 이름'nome comune이라 불린다. 우리의 방법은 진정으로 유물론적이다. 그 핵심은 연속적으로 일어나는 것들을 명명하고 경험에 기초하여 그것들에 다소 일반적인 의미를 부여하는 것이며, 그렇게 하여 정의定義가 도달한 확대된 일반성을 특징짓고자 하는 것이다.

첫 번째 강의에서 나는 최초의 시도로서 역사적 관점에서 '제국'이라는 범주를 검토하고, 그 다음에 인과적 과정 및 역사적 시기구분과 관련하여 실제로 진행된 연구들을 고찰할 것이다.

두 번째 강의는 제국을 정의하는 데 바탕이 되는 사회적 존재론을 정의하는 것으로 이루어질 것이다. 이는 노동의 영역과 정치의 영역 모두에서 일어난 사회적 변형에 의해 규정된 존재론이다. 전자는 비물질 노동이 헤게모니를 쥐는 상황으로 옮겨가는 경향, 즉 **포드주의에서 포스트포드주의로의** 이행이며, 후자는 새로운 사회적 구성으로의 이행, 우리가 **삶정치**라 부르는 지형에서 재화와 기호가 생산·재생산·유통되는 새로운 관계로의 이행이다.

세 번째 강의는 더 특수하게 정치적 주제에, 즉 제국에 관한 담론 안에서 상호 보완적인 방식으로 생겨나고 또 제시되는 **다중** 개념과 **구성권력** 개념을 정의하는 데 바쳐질 것이다.

네 번째 강의는 더 일반적인 주제, 즉 **주체성의 생산** 자체와 관련된다. 여기서는 다중과 구성권력이 어떻게 아래로부터 구축되는 새로운 세계의 존재론적 구성에 주체로서 참여할 수 있는지를 이해하고자 할 것이다. 일상에서의, 삶에서의, 생산에서의, 그리고 다중의 정치적 표현으로서의 구성적 방법이란 무엇인가?

끝으로 마지막 강의는 연구의 논리를 행동을 직접적으로 함축하는 논리로서, 더 정확하게 말하자면 실천의 계기를 에피스테메에 삽입하는, 그리하여 윤리와 정치를 인식의 과정에 삽입하는 논리로서 분석하는 데 바쳐질 것이다.

『제국』의 집필은 1997년에 끝났다. 매일의 정치적 사건들에 대한 우리의 경험에 비추어 볼 때, 그 책이 오늘날 근본적인 중요성을 갖게 된 몇몇 주제들을 건드리지 않았다는 사실을 확인할 수 있을 것이다. 한편에서는 미국이 일방주의적인 제국적 행동을 대단히 강력하게 밀어붙이고 있다. 다른 한편에서는 전쟁을 향해 팽창하며 또 때로는 전쟁에 내재하는 통제 메커니즘이 완벽해지고 있다. 푸꼬적 권력 유형학으로 말한다면, 어제는 분명 **훈육**과 **통제**가 주권과 주권 정치를 구성했지만, 오늘날에는 **전쟁**이 그것들을 구성하고 있는 것이다. 오늘날 전쟁은 주권적 신체에 전적으로 밀착되어 있으며, 단순히 하나의 미사일의 (훈육과 통제 다음의) 3단계와 같은 것이 아니다. 전쟁은 주권적 신체의 전체이며, 다른 명령 기술을 내장한 러시아 인형이다.[1] 이는 우리가 방법에 숨을 불어넣고자 하고 또 주체성이 무엇과 어떻게 지속적으로 대면해야만 되는지를 이해하고자 할 경우, 검토하지 않으면 안 되는 새로운 요소들인 것이다.

여하튼 이러한 주제들을 다시 다루기 전에 『제국』에서 전개된 담론의 골격을 지탱하는 두세 가지 논점들을 강조할 필요가 있다.

첫 번째 논점은 **규제 없는 지구화는 존재하지 않는다**는 것이다. 어떤 규제도 필요로 하지 않는 경제적 질서, 교환의 질서는 존재하지 않는다. 주체 없이 시장을 규제하는 섭리인 자유주의의 저 '보이지 않는 손'과 같은 신화를 키우는 것은 무용하다. 시장과 사회 도처에서 작동하는 손들이, 활동적인 손들이, 다소간 가시적이며 여하튼 효율적이고 늘 조작적인 규제들이 언제나 존재하는 것이다. 시장이 탈육화된 것일 수는

---

1. [옮긴이] 러시아 인형 마트로쉬까는 큰 것이 작은 것을 포함하는 식으로 여러 개의 인형이 겹쳐진 형태로 되어 있다.

없으며 지구화는 더 말할 것도 없다. 몇몇 사례들이 그 반대를 입증하기 위하여 제시된다. 고전적 사례는 국제상관습법lex mercatoria의 기능에 대한 것이다. 이것은 다국적 기업들 및 국제적 기업들이 서로 자율적으로 관계하는 영역을 보여주는데, 이 영역은 일국의 법률의 효력이 미치는 곳의 외부에 있으며, 이 기업들은 거의 전적으로 이 '외부'에서 규제를 전개시킨다. 하지만 이 사례는 반대로 사적인 주도권이 거의 전적으로 자유로운 듯한 분야에서도 여하튼 규제가 절대적으로 필요하다는 것을 보여준다. 이는 분명 사적인 규제(그것의 원천은 로펌이다)이긴 하지만 어쨌든 스스로를 일반적이라고 주장하는 규제이며, 어떤 점에서는 국가적 규제를 대체한다고 (그리고 보충한다고) 주장하는 규제이다. 이는 바로 이 시장의 '자유로운 힘들'이 긴급하게 그리고 필사적으로 국가의 낡은 주권적 권력의 개입을 요청하는 위기의 순간들에 더 잘 드러난다. 9·11 이후 일어난 일이 전형적 사례인데, 특히 운송과 보험 같은 부문에서는 미국의 국가 개입이 파국을 피하기 위해 절대적으로 필요했었다. 오늘날 대단히 적절한 또 다른 사례는 엔론Enron 사건과 관련된 것이다. 그것은 규제의 필요성을 나타내는 대표적 사례가 되었는데, 이제 필요한 것은 더 이상 단순히 (앤더슨Andersen 에이전시에 위임된 회계 감사와 같은) 독립적 통제를 통해서 이루어지는 규제가 아니라 중층결정된 통제, 모두에게 유효한 규칙, 거대 기구들에 체질적인 부패(가령 앤더슨 에이전시가 그 공범이었다)와 싸우는 데 유효한 규칙인 것이다. 그래서 첫 번째 논점은 규제 없는 지구화는 존재하지 않는다는 것이다.

두 번째 논점은 **국민국가의 주권이 위기에 처해 있다는 것이다.** 위기에 처해있다는 것은 주권이 국민국가를 떠나서 다른 어떤 부분으로 가고 있다는 것을 의미한다. 문제는 '어디로'를 정의하는 것인데, 이는 아직 해결되지 않은 문제이다. 그런 까닭에 우리는 제국의 주권이 '장소 아닌 장소'non-luogo에 있다고 말한다. 우리가 확신하는 것은 국민국가 주권이 전통적 형태와는 전혀 다른 형태로 효과적으로 이전하고 있다는 점이다. 이 모든 것은 베스트팔렌 유형의 국제법의 위기로, 즉 국민국가들이 서로 일련의 협정·조약·계약을 수립하고 그 조약이 어떤 방식으로든 깨지고/깨지거나 위반될 경우에는 일련의 제재를 받게 되는, 본질적으로 국민국가들 사이의 관계에 기초한 국제법의 위기로 드러난다.

국가 주권의 위기와 그 결과로 주권이 제국으로 이전되는 문제에 딸린 문제는, 이 세계가 제시하는 **국경들**의 형상 및 다양한 홈들과 관련된 것이다.[2] 지구 세계는 홈패인 세계이다. 수평적일뿐만 아니라 수직적이기도 한, 즉 권력의 위계와 관련된 분할이 이 세계를 가로질러 지속적으로 일어난다. 동시에 이러한 홈들은 더 유동적이고 역동적으로 된다. (얼마 전에 현재는 슬로베니아이고 과거에는 유고슬라비아였던 루비아나Lubiana의 사회학 교수와 논의했었는데, 50세 정도의 남자인 그는 나에게 다음과 같이 말했다. "제 삶에서 세계가 통합되는 것과 동일한 비율로 국경이 확장되는 것을 보았습니다.") 요컨대 국민국가의 위기가 진행되고 있는 것이다. 설사 국민국가가 끝났다고 말하지는 않는다고 하더라도, 국민국가가 그것이 가졌던 몇몇 근본적 특권들을 잃어버렸다는 점은 말해야 한다. 이전에는 국가 주권을 정의하기 위하여 그것이 단일 문화로 통일되어 있는 단일 영토에서 이루어지는 권력 행사의 독점으로 구성된다고 말했다. 오늘날은 이 모든 것에 대해 더 이

---

2. [옮긴이] '홈'은 들뢰즈·가따리가 『천 개의 고원』에서 제시한 개념이다. 이는 욕망 혹은 활력의 흐름을 막거나 특정의 방향으로 유도하는 모든 장치들과 구조들을 의미한다.

상 말할 수 없는데, 그 이유는 바로 주권의 근본적 요소들(군사력의 행사, 화폐 주조, 문화적 배타성)이 국민국가의 영토에서 쇠퇴했기 때문이다. 이러한 상실은 특수한 계보학을 갖는데, 이는 영토 전체 및 이 영토 안에서 움직이는 적대적 힘들에 대한 통제를 유지하지 못하는 국민국가의 무능력에 의해 드러난다. 이때 국민국가는 이 힘들과 대면하여 주권의 또 다른 원천에 호소하도록 강제된다. 문제는 국민국가가 끝났다고 말하는 것이 아니라, 국민국가가 (전쟁을 행하는 권력 혹은 화폐를 주조하는 권력과 같은) 몇몇 근본적 권력들을 이전하는 때에 어떻게 변형되는지를 강조하는 것이다. 문화·언어·정보에 대해서도 국민국가는 더 이상 중심적이지 않은데, 그 이유는 적대적 흐름들이, 그리고 다방면에서 투입되는 언어와 문화가 국민국가를 지속적으로 가로지르기 때문이다. 이것들은 국민국가가 스스로를 헤게모니를 쥔 존재로서 제시할, 그리고 문화적 과정을 통제할 가능성을 제거한다.

그리하여 우리는 저 낡은 일국적 법과 헌법의 실체성을 갖지 않는 형태로 지구 표면이 다시 분할됨을 제안한다. 영토, 주권 행사, 언어는 모두 유동적, 이행적 요소들로 된다(개념들은 더욱더 그렇게 된다). 나아가 우리는 위계라는 개념이 부적절하고 부적실하게, 때로는 솔직히 일관적이지 못하게 사용되는, 거의 언제나 새로우며 다른 면에서는 효율적으로 사용되는 현실과 대면한다. 가령 우리는 늘 제1세계, 제2세계, 제3세계 사이의 고전적 구별에 익숙했었다. 그러나 이 구별도 전통적 구분선, 확정된 경계선을 따르는 것이 점점 더 아니게 된다는 것은 분명하다. 남/북의 이분법이 논의에 부쳐지기 시작한다. 제1세계에서 우리는 때로 제3세계에나 해당될 상황과 대면하며 (유럽 대도시의 방리유나 미국의 몇몇 대도시의 황폐한 중심가를 생각해보라), 동시에 전에는 제3세계로 간주되던 지역에서 마천루가 솟고 제1세계와 점점 더 결합되는 새로운 통치능력과 권력의 지점들이 출현함을 본다. 완전히 새로운 지리에 따라 극단적 빈곤과 극단적 부가 인접한다. 과거에는 지리적 분할을 통해서 이루어진 거대한 통제 메커니즘이 오늘날에는 점점 더 비물질적으로 되고 있다. 위계의 연계와 마찬가지로 **국경이 기능적으로 또 지속적으로 만들어진다**.

지구화 현상과 대면하여 정치학·헌법학 문헌들은 다양한 전선으로 분명하게 나누어진다. 제기된 주된 문제는 "지구화와 민주주의"라는 표제 아래 수용될 수 있는 것으로서, 지구화로 인한 변형들과 거기서 나오는 민주주의 형태들 사이의 관계에 대한 물음을 둘러싼 것이다. 요컨대 문제는 지구화의 발전 속에서 결정되는 권력의 관계 그리고/혹은 동학을 민주주의의 발전과 비교하면서 확증하는 것이다.

그러한 문제를 다루는 데 있어 나는 마이클 하트가 다듬어낸 도식을 따른다. 그 도식에서는 이와 관련하여 출현한 대단히 상이한 입장들을 정리하기 위하여 4중의 분류가 선택되었다. 첫 번째 구별은 지구화가 민주주의를 강화하고 또 발전시킨다고 주장하는 사람들과 이와 반대로 지구화가 민주주의를 봉쇄하거나 억제한다고 주장하는 사람들 사이의 구별이다. 이 두 입장들이 말하자면 다시 둘로 나누어진다. 낙관론과 비관론이라는 이 양자의 입장은 사실 '좌파'로부터도 취해질 수 있고 '우파'로부터도 취해질 수 있다. 따라서 네 가지 관점이 나오게 된다.

1. 고전적 사회민주주의 입장

폴 허스트와 그레이엄 톰슨Paul Hirst e Grahame Thompson, *Globalization*

Question, 2nd ed., Polity, Oxford 1999이 고전적 사회민주주의 입장의 매우 분명한 정식화를 제시한다. 국민국가가 배제된다면 지구화는 하나의 신화라는 것, 지구화는 국민국가의 발전으로부터만 권력을 얻는다는 것, 다른 한편 민주주의 정치는 국민국가의 영역 안에서만 실행될 수 있다는 것이다. 이러한 입장은 여전히 사회민주주의에 연원을 두는 또 다른 입장을 포함하는데, 이 후자는 국가 주권의 쇠퇴가 이전에 국민국가 안에서 자본주의적 요구에 맞서 사회에 유리하게 구축된 보호 조치를 약화시키거나 제거한다고 주장한다. 이러한 입장은 노동조합 세력들에 널리 공유되어 있으며 또 서구 민주주의 국가들의 급진적 좌파의 광범위한 층들에도 널리 공유되어 있다. David Korten, *When Corporations Rule the World*, Kumarian Press, West Hartford, CT, 1996; Richard Barnet e John Cavanagh, *Global Dreams: Imperial Corporations and the New World Order*, Simons and Schuster, New York 1994; William Greider, *One World, Ready Not*, Simons and Schuster, New York 1997; R. J. Barry Jones, *The World Turned Upside Down? Globalization and the Future of the State*, Manchester University Press, Manchester 2000.

(또한 이 문제와 관련하여, 사회민주주의적 주장의 본질적인 보완으로서, 지구화는 미국 제국주의의 팽창을 의미하며 문화적으로는 유럽 중심주의의 팽창을 의미한다는 주장 ─ 이는 본질적으로 제3세계론에 연원을 두는 연구들에서 제시되고 있다 ─ 이 강조될 수 있다. Fernando Coronil, "Towards a Critique of Globalcentrism", in *Public Culture*, vol.12, n.2, primavera 2000, pp. 351~374; Arif Dirlik, *Postmodernity's Histories*, Rowman & Littlefield, Lanham, MD, 2000; Frederic Jameson, "Globalization and Political Strategy", in *New Left Review*, n.4, luglio-agosto 2000, pp. 49~68; Gayatri Spivak, *A Critique of Postcolonial Reason*, Harvard University Press, Cambridge, MA, 1999 3; Dipesh Chakrabarty, *Provincializing*

Europe, Princeton University Press, Princeton 2000.

그러므로 여기서 제시된 입장은 좌파에서 바라본 "지구화 대 민주주의"라고 말할 수 있다.

2. 자유주의적 세계시민주의 입장

여기서 우리가 필수불가결하게 언급하는 리처드 포크, 데이비드 헬드, 울리히 벡Richard Falk, *Predatory Globalization*, Blackwell, Oxford 1999; David Held, *Democracy and the Global Order: From the Modern State to Cosmopolitan Governance*, Stanford University Press, Palo Alto, CA 1996; Ulrich Beck, *Che cos'è la globalizzazione*, tr. it. Carocci, Roma 1999을 포함한 많은 저자들은 반대로 민주주의가 지구화와 양립가능하다고 주장한다. 지구화는 모든 나라의 인권의 신장을 가능하게 하며, 문화적 혼합은 인간의 이해력을 증진시키고 또 무역의 조화만이 아닌 풍속의 조화 역시 증진시킬 수 있다는 것이다. 지구촌은 전체적으로 세계시민주의적 협치가 실행되거나 초국적 국가로 조직됨으로써 지구적 시민사회가 될 수 있다는 것이다.

이것은 지구화가 민주주의를 촉진한다는 입장의 좌파적 버전, 자유주의적이고 휴머니즘적인 버전이다. 여기서 지구 사회는 세계 정부의 형태들을 낳을 수 있는 과정으로서 낙관적으로 이해된다.

3. 자본주의적 민주주의 입장

우리는 여기서 지구화 낙관론의 우파 버전과 대면한다. 가령 토마스 프리드먼Thomas Friedman, *The Lexus and the Olive Tree*, Anchor Books, London

---

3. [한국어판] 가야트리 스피박, 『포스트식민 이성 비판』, 태혜숙·박미선 옮김, 갈무리, 2005.

2000⁴은 자본의 지구화가 그 자체로 민주주의의 지구화라고 주장한다. 이 입장은 프랜시스 후쿠야마Francis Fukuyama, *The End of History and the Last Man*, Free Press, New York 1992, tr. it. *La fine della storia e l'ultimo uomo*, Rizzoli, Milano 1996⁵에 의해 희화화될 정도로 극단화되었는데, 후쿠야마는 **미국적 삶의 방식**, 즉 미국의 헤게모니가 그 자체로 전지구적 민주주의의 승리를 구성하며 또 그와 함께 역사의 종말을 구성한다고 주장했다.

이것이 바로 우파 쪽의 지구화 낙관론이 민주주의 발전을 상상하는 방식인 것이다.

4. 전통주의적 보수주의 입장

끝으로 지구화와 민주주의의 관에 관한 우파 관점의 비관적 입장이 있다. 특히 흥미로운 것은 존 그레이John Gray, *Alba bugiarda*, tr. it. Ponte alle Grazie, Milano 1998의 논의와 관련되는데, 그는 다음과 같이 주장했다. 첫째, 국민국가 통제의 쇠퇴는 전지구적인 무정부상태 및 불안정성을 초래한다는 것. 둘째, **미국적 삶의 방식**의 지구적 확장은 단지 국가 정체성을 침해하고 민족 자결을 짓밟을 뿐이며, 이로써 더 심한 불안정성을 야기한다는 것. 이 비관적 입장은 지구화가 미국에서도 가치들의 혼합을 낳으며 그리하여 미국적 가치의 불가피한 쇠퇴를 낳는다고 생각하는 팻 부캐넌에 의해 극단화되었는데, 이와 결합되는 것이 쌔뮤얼 헌팅턴의 공격적 주장Samuel Huntington, *Lo scontro delle civiltà e il nuovo ordine mondiale*, tr. it. Garzanti, Milano 2000⁶이다. 헌팅턴은 지구화 과정에서 민주주

---

4. [한국어판] 토머스 프리드먼, 『렉서스와 올리브나무』, 장경덕 옮김, 21세기북스, 2009.
5. [한국어판] 프랜시스 후쿠야마, 『역사의 종말』, 이상훈 옮김, 한마음사, 1997.
6. [옮긴이] 쌔뮤얼 헌팅턴, 『문명의 충돌』, 이희재 옮김, 김영사, 1997.

의를 확대시키는 어려움에 대한 해결책으로서 '문명의 충돌'을 제안하지만, 그 분석은 미리 정해진 틀을 상황에 부과하는 것이며 또 호전적인 것이다.

그러므로 우리가 고찰한 관점들 중 네 번째 관점은 지구화와 민주주의의 관계에 관한 우파의 비관론적 해석인 것이다.

이렇게 이 입장들을 설명하고 났으니, 그것들 각각이 어떤 가치를 가지고 있다는 것을 인정하더라도, 우리는 더 멀리 나아가지 않으면 안 될 것 같다. 사실 이 입장들 각각은 전지구적 질서의 형성이라는 문제를 말하자면 꼬리에서, 결론에서 파악하는 것이다. 반면 문제는 지구화 과정(과 그 내부에 있는 민주주의와의 관계)을 그것을 산출하는 동학의 관점에서 포착하는 것이다. 따라서 『제국』의 방법론적 차별성은, 앞서 서술된 모든 입장들과 달리, 지구화 과정을 그 최종적 표상에서보다는 그 동학에 있어서 고찰한다는 점에 있다. 자본주의 발전 안에서 일어나는 갈등에 의해 본질적으로 결정되는 동학이다.

이렇게 해서 우리는, 규제 없는 지구화는 없다고 말하는 제도주의 테제와 주권이 새로운 형태로 이행 중이라고 보는 반민족주의 테제 다음으로 『제국』 작업의 세 번째 근본 테제에 도달한다. 세 번째 테제는 이 현상들이 자본의 관계 안에서 나오는 것으로 보는 데 있다. 이것이 근본적으로 과학적인 『제국』의 주장이다. 여기서 우리가 맑스의 가르침을 따라 움직인다는 것은 분명하다. 물론 이러한 맑스적 전략은 새롭고 창조적인 실험에, 그리고 우리가 분석하는 상황의 고유성에 대한 감각에 종속된다. 우리의 삶의 상황을 이루는 계급 대립, 권력에 대한 우리의 경험, 우리가 살아가면서 행하는 저항 및 탈주의 실천, 그리고 우리가 구성하는 바로 그 노동 활동, 이것들은 사실 맑스가 경험했던 것과 다르다. 투쟁, 즉 자본 관계가 사회적으로 펼쳐지는 것이 모든 정치적 실재를 구성한다는 사실은 근본적인 것으로 남아있더라도 말이다.

여기서 우리가 방법론에 대해 본격적으로 논의하기 전에 고찰할 가치가 있는 또 하나의 요소가 있다. 문제는 우리 관점에 어떤 독창성을 보장해 주는 요소이다. 사실 우리 연구는 방법론적 변주를 도입해야 될 필요로부터 탄생했는데, 그 새로움은 제국의 구성 과정을 더 이상 그 최종적 표상에서가 아니라, 즉 좌파와 우파에서 (목적론적 관점 혹은 이데올로기적 관점이 부과될 때마다) 행해진 식으로가 아니라, 그 동학의 측면에서 고찰하는 데 있다. 이는 자본주의 발전 안에서 일어나는 갈등들에 의해, 자본주의 발전이 산출하는 투쟁들에 의해 본질적으로 결정되는 동학이다. 따라서 방법론적 변주는 무엇보다도 갈등에 기초한 것으로서, 이는 출현하는 모든 입장들에 대한 대안(과 그에 대한 해결책)을 함축한다. 갈등의 모형을 어떤 식으로든 왜곡된 것으로 간주하는 사람들이 있는데, 그것은 경직된 양자택일에 기반을 두는 변증법적 추론을 함축하기 때문이다. 다원적인 설명 도식이 나올 것 같다는 이의도 제기되지만, 나는 갈등에 기초한 관점이 단일인과적 도식 그리고/혹은 변증법적 도식과 혼동될 수 있다고 생각하지 않는다. 그러나 논의를 진행하면서 우리는 갈등 모형이 어느 정도로 시기적으로 부적절한 용어로 제시될 수 있는지를 검증할 가능성을 가질 것이다. 둘째, 우리가 사용하는 방법(방법적 변주)은 물질노동과 비물질노동의 관계, 혹은 더 정확하게는 물질노동에서 비물질노동으로의 이행 과정에 집중된다. 이 사회적 차원은 변주된 방법이 실행되는 존재론적 기층을 특징짓는다. 셋째, 갈등에 기초한 모형은 구성 과정의 계보학에 스스로를 개방하면서 저항의 계기들과 활력potenza을 표현하는 계기들을 변화시킨다. 방법은 언제나 권력의 객체성에 저항하는 능력에서, 그리고/혹은 새로운 실재를 활력으로 표현하는 능력에서 구현된다. 끝으로 넷째, 방법에서 관건이 되는 것은 주체와 다중의 운명 자체이다. 사실 그것은 한편으로는 발본적·혁명적 변형의 가능성과 다른 한편으로는 탈주로부터 나올 수 있는 가능한 이행들 사이에서 방향을 잡아야 한다. 여기서 엑서더스는 혁명과 병립하는 것이면서 혁명을 실행하는 것이기도 하다.

따라서 우리의 과학적 주장은 이러한 대안들의 게임을 중심으로 이루어질 것이다. 그것은 변증법적 방법이 아니라, 오히려 사건의 검증에 열려있는 방법이다.

『제국』에 관한 안또니오 네그리와 다닐로 졸로의 대담[1]

졸로

선생께 고백하건데 저는 (선생과 하트가 몇 년 전 미국에서 출판했으며 대서양 양편에서 이례적인 규모와 강도의 논쟁을 촉발시킨) 『제국』에 관해 공개적으로 토론을 해달라는, 다양한 방면으로부터 온 요청을 오랫동안 거부해 왔습니다. 그토록 폭넓고 복잡하며 야심찬 작업과 마주하여 갖게 된 무력감이 저를 주저하게 만들었습니다. 저는 2001년 9월 11일 이후에 『제국』과 같은 책을 심각하게 받아들이지 않는 것은 무책임한 일이라고 확신함으로써, 저의 애초의 망설임을 극복하였습니다. 선생께서 어떻게 판단하시든, 그 책은 상당한 양의 지적 자원을 투여하여 우리가 살고 있는 세계를 이해하

---

[1] 이미 *Reset*, n.73, settembre-ottobre 2002, pp. 8~19에 게재되었다.

는 데 기여하는 책이며, 현재의 '전지구적 질서'의 잔인함과 위험을 고발하고 그것의 극복을 위해 따라야만 하는 방향을 가리키고자 하는 책입니다. 바로 이러한 이유들 때문에 『제국』은 현재의 국제적 성공을 누릴 만하다고 저는 생각합니다.

네그리

『제국』과 그 국제적인 파급력에 대한 선생의 상당히 긍정적인 평가에 감사합니다. 그러나 이 책에 애초부터 있던 '진부한' 측면에 (제게는 그것이 책이라기보다는 제국을 그리는 영화와 같은데) 그것이 이제 사건의 속도 앞에서 노화되어버렸다는 점이 추가된다는 사실은 남습니다. 책을 성공하게끔 만든 '거대 서사'가 요구되었던 것이며, 그것이 씨애틀 근처의 미국 대학생들에게, 그 다음에는 세계의 거의 모든 곳에서, 그리고 이제는 특히 독일에서 이 책이 받아들여지도록 했던 것입니다. 1980년대 이후에, 투쟁의 패배 이후에, '약한 사유'의 승리 이후에 충격이 필요했었습니다. 『제국』이 충격을 제공했던 것입니다.

졸로

『제국』은 그 규모와 주제의 범위에서뿐만 아니라, 또 그 철학적 논법과 이론적·정치적 논법이 대단히 독창적이라는 점에서도 중요한 책입니다. 이 논법은 고전, 근대, 현대를 망라한 서양의 극히 다양한 철학 문헌들에서 가져온 요소들을 삽입시키면서, 맑스주의의 몇몇 근본 범주를 변형시킵니다. 이러한 변형에서는 질 들뢰즈, 자끄 데리다 그리고 특히 미셸 푸꼬와 같은 탈구조주의 저술가들이 주도적인 역할을 합니다. 제 인상에는 『제국』의 페이지들에 대한 주의 깊고 엄밀한 독해는 (이 책은 분명 이렇게 독해할 가치가 있고 또 그것을 자극하기도 하지요) 불가피하게 논쟁적인 해석들에 이르게 됩니다. 설령 그 스타일이 종종 단언적이고 규범적일지라도, 이 책은 이론적 확실성보다는 불확실성을 전달할 가능성이 더 큽니다.

네그리

제가 보기에는 선생께서 그 책을 지탱하는 철학적 범주들에 대해 지적한 것이 옳은 것 같습니다. 다음으로 그 책이 이론적 확실성보다는 불확실성을 전달한다는 데 대해서 말인데요, 선생께 고백하자면 이 점이 제 맘에 듭니다. 하트와 저는 『제국』에서 결코 결론에 도달하고자 하지 않았습니다. 다른 한편 제국의 구성 과정은 여전히 넓게 열려 있습니다. 우리가 관심을 갖고서 강조하고자 했던 것은 레지스터[2]의 변화가 필요하다는 점이었습니다. 근대의 정치철학은 (그리고 분명 그것과 상호작용하는 제도들은) 끝났습니다. 마르씰리우스Marsilius[3]에서 홉스로, 알투씨우스Althusius[4]에서 슈미트로 이

---

2. [옮긴이] 레지스터(register)는 언어가 목적이나 사회적 상황에 따라 변하는 것을 말한다. 예컨대 시골 출신의 사람이 일반적인 사회생활에서는 서울말을 쓰다가 고향 친구와 말할 때에는 사투리를 쓰는 것이라든가, 어른이 아기에게 말할 때에는 어른에게 말할 때와 다르게 말하는 것, 연인끼리 말할 때에는 비음을 더 많이 사용하는 것 등등이 레지스터의 변화이다. 일반적으로 한 개인은 계속적으로 레지스터에 변화를 주는 식으로 언어생활을 한다고 보아야 할 것이다. 우리말로는 '사용역'(使用域)이라고 옮겨지기도 하는데, 여기서는 그냥 '레지스터'로 음역하였다.
3. [옮긴이] 파두아의 마르씰리우스(Marsilius of Padua)라고 불리며 14세기 이탈리아의 중요한 정치학자였다. 그의 정치학 논고 『평화의 옹호자』(*Defensor pacis*)는 중세 후기에서 가장 혁명적인 정치학 논고로 간주되기도 한다.
4. [옮긴이] 17세기 초에 활약한 독일의 법학자이자 깔뱅주의 정치철학자이다.

르는 이론은 종식되었습니다. 『제국』은 이론의 새로운 문턱입니다.

졸로

맑스의 철학과 푸꼬의 철학은 ― 대단히 개략적으로 정식화하자면 ― 상이한 이론적 벡터들입니다. 맑스주의는 조직적·연대적·평등적·훈육적 사회를 예견하지만 푸꼬는 개인주의적이고 자유주의적인 인류학의 이름으로 훈육 권력을 날카롭고도 발본적으로 비판합니다.

네그리

우리는 푸꼬와 맑스를 함께 취했습니다. 아니, 저로 말하자면 센 강에서 '빨래를 해왔다'고 말하는 것이 나을 것입니다. 저는 저의 오뻬라이스모Operaismo적 맑스주의를 프랑스 탈구조주의의 관점과 교배시켰던 것입니다. 저는 감옥에 있던 기간 동안(1979~1983년) 이미 (이 작업을 위한 존재론적 만남의 최상의 지반인) 스피노자를 연구하면서 이 작업을 시작했습니다. 그 다음 파리에서 하트와 분석을 심화시켰고 우리 자신이 저 공통의 '아우라'에 몰두하였는데, 이 공통의 '아우라'는 1960년대 이래로 (설사 인식되지 않았더라도) 오뻬라이스모와 탈구조주의를 연결시키는 것이었으며 또 써발턴 연구들 및 기타 탈식민적 접근법들이라는 광범위한 영역의 많은 경향들을 연결시키는 것이었습니다. 이는 이탈리아 오뻬라이스모가 전혀 국지적인 현상이 아니라는 것을 제가 깨달은, 적어도 저에게는 핵심적인 시점이었습니다. 1980년대에 써발턴 연구 문헌들을 출판한 스피박Gayatri Spivak이 이에 대한 직접적인 증언을 제공합니다. 들뢰즈와 가따리는 이미 『천 개의 고원』5에서 이 영향을 인식했습니다. 이러한 맥락에서 공장으로부터 사회로 착취 과정의 계보학을 확장시킨 푸꼬의 맑스 독해는 우리에게 근본적인 것으로 받아들여졌습니다. (선생의 해석과 달리) 우리의 해석에서 푸꼬는 분명 자유를 지향하지만 개인주의적이지는 않은 인류학의 저술가이며, 더 이상 개인이 아닌 (특이성들로 충만한!) 주체를 형성하는 삶정치의 구축자입니다. 이와 관련하여 우리는 1980년대와 1990년대의 파리에서 우리가 이미 탈근대에 있다는 인식을 전적으로 구축했습니다. 그래서 새로운 시대에 맑스가 탈근대의 분석적 방법론으로 전적으로 통합될 수 있으리라고 확신했습니다(그리고 지금도 여전히 그러합니다). 새롭고 또 강력한 것에 대한 결정決定이 이전 시대와의 단절을 가져오는 그러한 지점이 언제나 있습니다. 롤즈John Rawls나 하버마스 같은 근대의 창백한 계열과 단절할 수 있다는 것이 얼마나 즐거운 일입니까……. 계급투쟁에는 필요한 변경을 가한 사유가 요구된다는 점을 마키아벨리와 함께 (그리고 모든 다른 이들과 함께) 인식하는 것이 얼마나 기쁜 일입니까.

졸로

『제국』의 중심 주제들을 논의하기 전에 선생께 해야만 하는 두 번째 고백이 있습니다. 여전히 저는, 스스로를 '코뮤니스트'라고 선언하며 게다가 칼 맑스의 『자본론』을 자신의 설명 패러다임으로 상정한다고 말하는 저술가들의 논문을 다루는 것이 쉽지 않습니다. 개인적으로 저는 이론적 맑스주의가 지난 세기에 한 일

---

5. Gilles Deleuze e Félix Guattari, *Mille piani*, tr. it. Istituto dell'Enciclopedia Italiana, Roma 1987.

에 대해 대단한 존경심을 갖고 있습니다. (이론적 맑스주의에 준거하는 '현실 사회주의' 경험에 대해서는 그럴 정도는 아니지만요.) 하지만 오늘날 맑스주의 철학을 재발견하거나 '재정초'하는 것에 대해서는 (심지어 그것들이 비판적이고 혁신적인 형태로 제시될 때에도) 신뢰하고 싶지 않습니다. 개인적으로 저는 거의 30년 전에 이론적 맑스주의와의 관계를 청산했는데 ― 선생과의 강도 높은 토론이 기억납니다 ― 그때의 저의 태도는 진지했다고 생각합니다. 제가 맑스주의를 떠난 것은 맑스주의의 세 가지 이론적 중추들을 공유할 수 없었기 때문입니다. 발전에 대한 '과학적 법칙'을 가진 변증법적 역사철학, 자본주의적 생산방식 비판의 기초이자 코뮤니즘 혁명의 전제인 노동가치론. 국가사멸론과 이와 연관된 법치국가의 거부 및 주체권론의 거부가 바로 이 세 중추들입니다. 제가 보기에는, 선생의 코뮤니즘은 그 동기부여의 풍부함에도 불구하고 여전히 정통 맑스주의의 코드에 닻을 내리고 있는 것 같습니다.

네그리

아마도. 30년 전의 토론 이래 많은 것이 바뀌었을 것입니다. 여하튼 만약 선생이 말한 저 세 가지 이론적 중추들로 맑스주의가 환원될 수 있는 것이라면, 저는 맑스주의자가 아닐 것입니다. (그리고 30년 전에도 제가 맑스주의자가 아니었을 것이라고 봅니다.) 그런데 제가 보기에는 선생이 다소 더럽고 때로 너무나 지저분한 목욕물과 함께 아이 역시 내다버리는 것 같습니다. 선생과 달리 저는 맑스주의를 회복하고 싶습니다. 제게 맑스주의는 근대 유물론과 동의어이며 근대와 끊임없이 싸우면서 근대를 횡단해온 비판적 흐름 ― 마키아벨리로부터 스피노자를 거쳐 맑스에 이르는 계보 ― 의 요약이자 표현입니다. 제게 맑스주의의 회복과 그 혁신은 기독교사의 초기에 교부들의 호교론護敎論이 가졌던 바와 같은 강력한 의미를 갖는 것입니다. 그것은 마키아벨리적 의미의 '원리로의 회귀'입니다.6 이러한 방향으로 작업하기 위해 중요한 것은 맑스주의 이론의 몇몇 핵심적 논점들에 있어서 더 전진하는 것입니다. 그것은 역사의 변증법에 대항하여 비목적론적인 계급투쟁론을 구축하는 것이며, 나아가 자본이 사회를 실질적으로 (완전히) 포섭한 시대에 이루어지는, 일반지성을 통한 가치화에 대한 분석을 구축하는 것입니다. 그리고 국가론과 관련해서는 (경제적인 것과 정치적인 것의 합치점인) 주권을 착취를 실행하는 중심적 계기이자 주체권을 신비화하고 파괴하는 중심적 계기로서 포착하는 것이 중요합니다. 맑스는 그가 쓰고자 했던 계급투쟁에 관한 책을, 또 무엇보다도 국가에 관한 책을 결코 쓰지 않았습니다. 사실 『자본론』에 없는 국가에 관한 책은 주체성의 공간이 세계 전체만큼이나 커지고, 그리하여 다중과 제국이 서로 대면할 수 있을 때에만 쓰일 수 있는 것이었습니다. 맑스는 오직 국민국가에 대해서만 말할 수 있었는데, 이것은 중세와 근대의 잡탕으로서 자본주의 발전 자체가 힘들게 부식시키고 있던 것이었습니다. 오직 국제적이며 국제주의적인 프롤레타리아만이 국가의 문제를 제기할 수 있었던 것입니다.

졸로

제가 보기에는 『제국』에서 가장 성공적이며 전지구적인 통합 과정의 구조와 기능에 대한 새로운 '전략적'

---

6. [옮긴이] 마키아벨리는 『로마사 논고』 3권 1장에서 종교와 국가는 오래 지속하려면 종종 그 원리들로 되돌려져야 한다고 말했다.

성찰을 요구한다고 여겨지는 부분은 '제국' 개념 자체를 검토하는 부분입니다. 주지하듯이 선생과 하트는 지구화에 기초한 새로운 '세계 질서'가 주권 국가들로 구성된 베스트팔렌 체제의 소멸을 가져왔다고 생각합니다. 국민국가는 법제도들과 국제적 기구들 안에 잔존하는 무기력한 형식적 구조로서 말고는 더 이상 존재하지 않습니다. 세계는 더 이상 국민국가의 치안체제에 의해 통치되지 않습니다. 그것은 유럽에서 연원하는 근대 국가와는 그 어떤 유의미한 유사성도 드러내지 않는 단일한 권력 구조에 의해 통치됩니다. 그것은 인종적이고 민족적인 전통 및 가치에 준거하지 않는 탈중심화되고 탈영토화된 정치 체제인데, 그것의 정치적·규범적 실체는 세계시민주의적 보편주의입니다. 이러한 이유들로 선생은 '제국'이 새로운 유형의 전지구적 권력을 일컫기에 더 적절한 명칭이라고 생각합니다 …….

네그리

우리가 국민국가에 대한 향수를 전혀 가지고 있지 않다는 점을 덧붙여만 합니다. 나아가 우리가 보기에는 선생이 그처럼 잘 설명한 이러한 사태전개가 실제적으로나 개념적으로나 노동자 투쟁들과 반식민적 투쟁들 그리고 마지막으로 '현실 사회주의' 국가에서 자본의 사회주의적 경영에 대항하는 (자유를 위한) 투쟁들을 동력으로 하여 일어난 것 같습니다. 20세기의 마지막 3분의 1은 이 운동들에 의해 지배되었습니다.

졸로

그러므로 제국 — 혹은 그것의 중심적

이고 팽창적인 핵심 — 이 미국 및 미국과 가장 긴밀한 서양 동맹국들로 구성된다고 생각하는 것은 착오일 것입니다. 선생과 하트는 『제국』에서 강력하게 미국뿐 아니라 어떤 다른 국민국가도 "현재 제국주의적 기획의 중심을 구성하지 않는다"고 말합니다. 그러므로 선생에 따르면 지구적 제국은 고전적인 제국주의와는 전혀 다른 무엇이며, 제국을 제국주의와 혼동하는 것은 심각한 이론적 결함이 될 것입니다. 제가 선생의 입장을 올바르게 해석한 것입니까?

네그리

선생의 해석은 올바릅니다. 첨언하면 특히 뽀르또 알레그레Porto Alegre에는 국민국가에 기초하여 '운동들의 운동'을 구축하는 것이 얼마나 위험할 수 있는지를 가늠하는 척도가 있습니다. 그 경우에는 민족주의와 포퓰리즘의 애매한 형태들이 '반지구화' 운동의 사유에 고유한 것으로 귀결됩니다. 반미주의와 국민국가에 대한 믿음은 거의 언제나 함께 갑니다. 이것은 우리가 (제게는 언제나 소비에트 맑스주의와 마찬가지로 심각한 탈선으로 보이는) 제3세계 사회주의로부터 최근에 물려받은 혼란입니다.

졸로

이는 대단히 미묘한 논점이며 (제가 부분적으로 공유하는) 많은 유보를 낳은 논점입니다. 선생의 저서에서 제국은 일종의 '정신의 범주'로 증발하는 것처럼 보입니다. 제국은 마치 신과도 같이 모든 곳에 나타나는데, 그 이유는 제국이 전지구성의 새로운 차원과 합치하기 때문입니다. 그러나 만약 모든 것이 제국적인 것이라면, 아무것도 제국적인 것이 아니라고 이의를 제기할 수 있습니다. 제국적 이익들 혹은 제국적 열망들을 전지구적 투쟁의 대상으로 만들기 위하여, 그것들을 담지하는 초국적 주체를 어떻게 식별해야 합니까? 만약 국가와 그 정치력을 목표로 삼아야 하는 것이 아니라면, 반제국주의적 비판과 저항은 누구에게로 돌려져야 합니까? 문제는 정치력, 군사력을 행사하지 않는 제국인 것입니까? 그것은 스스로를 단지 경제적 — 혹은 기껏해야 이데올로기적 — 강제 기구를 통해서만 표현하는 것입니까?

네그리
제국적 구성 과정은 진행 중에 있습니다. 그 과정은 전지구적 자본이 이미 구체적으로 작동시킨 기구들 — 주권적, 경제적, 군사적, 문화적 등의 기구들 — 이 향하고 있는 한계입니다. 이제 이러한 국면에서 제국이 근본적으로 제도적 **비장소**와 집단적 자본이 활용하는 일련의 전지구적인 (그러나 주권의 관점에서는 부분적인) 기구들 사이의 엄청난 긴장으로 특징지어진다는 데에는 의심의 여지가 없습니다. 선생이 잘 언급했듯이 모든 것이 제국적이라면 아무것도 제국적이지 않습니다. 그러나 폴리비우스의 사례를 따라서 우리는 다음과 같은 제국적 통치의 몇몇 장소들 혹은 형태들을 식별합니다. 즉 미美정부와 G8 그리고 금융기구들과 무역기구들이 스스로에게 부여한 군주적 기능. 그들의 네트워크를 전지구적 시장으로 확장시키는 다국적 기업들이 가진 귀족적 권력. 씨애틀 이후에 생겨난 다중의 전지구적 운동은, 빈곤과 배제가 지속적으로 창출되고 항의에 대해 폭력적이고 호전적인 대응이 돌아오는 상황에서, 비판과 저항을 행할 지점들을 식별해내는 데 분명 많은 의구심을 갖고 있습니다. 그러나 이러한 지점들은 실로 실제적인 것이며, 또 경제적 발전의 왜곡에서, 행성 지구의 파괴에서, 그리고 대지와 대기 사이에 있는 인류에 '공통적인' 것을 더 많이 전유하려는 시도에서 식별될 수 있습니다. 현재의 역설은 (그리고 그 극적인 성격은) 제국이 다중의 투쟁에 대한 응답으로서만 그 구조를 형성할 수 있다는 사실에 있습니다. 그러나 이 모든 것은, 마키아벨리의 관점에서 보면, 힘들 사이의 충돌 과정입니다. 우리는 단지 새로운 '30년 전쟁'의 시작점에 있을 뿐입니다. 근대 국가가 자신의 탄생을 형식화하는 데에는 이 정도의 시간이 걸렸던 것입니다.

졸로

선생이 주장하길, '제국의 구성'은 그 기능에 의해 국가의 구성과 구분됩니다. 제국적 주권은 (1800년대와 1900년대의 제국주의와 국가주의적 식민주의의 전형이었던) 종속국과 종속 민중의 정치적·지역적 포섭 및 동화를 목표로 하지 않습니다. 새로운 제국적 명령은 정치 제도와 법적 장치를 통해서 행사되는데, 그것의 목표는 본질적으로 전지구적 질서의 보장이며, 달리 말한다면 시장 경제의 정상적인 작동을 위한 '안정적이고 보편적인 평화'의 보장입니다. 선생은 여러 곳에서 '국제적 치안 유지 활동'의 기능에 대해 언급했으며, 심지어는 제국이 전개하는 법적 기능에 대해서도 언급했습니다. 저는 근본적으로 선생의 견해에 동의합니다만, 중요한 한 가지 유보를 달고 싶습니다. 서양의 거대한 정치적·군사적 권력장치들이 아니라면 ― **무엇보다도** 미국의 그것이 아니라면 ― 누가 이 제국적 기능을 행사하겠습니까?

네그리

사실 저에게는 제국이 마음대로 할 수 있는 모든 정치적·군사적 수단들을 사용하여 안정적이고 보편적인 평화를 통해 지구 질서를 보장하는 것으로 나타난다는 사실이 이상하지 않습니다. 부시 도당은 이러한 평화를 천명하고 매일 전쟁을 벌입니다. 그러나 부시와 그가 활용하는 정치적·군사적 장치를 제국의 통치와 혼동해서는 안 됩니다. 오히려 제게는 부시 정부의 현재의 **제국주의적** 이데올로기와 행동이 세계적인 수준에서 제국을 위해 작동하는 자본주의적 힘들과 충돌하는 코스를 급속히 달리고 있는 것처럼 보입니다. 상황은 완전히 열려있습니다. 저는 이 대담 과정에서 나중에 우리가 제국적 통제의 특수한 형태인 전쟁의 문제로 되돌아오리라고 봅니다. 지금 저는 제국의 수준에서 전쟁 기능과 치안 기능이 점점 더 겹치고 있다는 점을 강조하는 것으로 충분합니다. 그러나 제가 나중에 상세하게 다룰 몇몇 논점들과는 별개로, 저는 여기서 세계의 새로운 구성을 비판적으로 정의하는 현재 국면에서 반미주의가 취약한 태도이자 신비화하는 태도라는 점을 재차 강조해야 한다고 봅니다. 반미주의는 미국 민중을 미국 국가와 혼동하며, **미국**이 이탈리아와 남아프리카와 마찬가지로 세계 시장에 편입되어 있다는 사실을 이해하지 못하고, 부시의 정치가 다국적 자본주의의 세계적 귀족층 내에서 극히 소수파라는 사실을 이해하지 못합니다. 반미주의는 위험한 정신 상태, 즉 분석 자료를 신비화하고 집단적 자본의 책임을 은폐하는 이데올로기입니다. 우리가 지금 알베르또 쏘르디Alberto Sordi 영화의 친미주의를 폐기한 것과 마찬가지로, 우리는 반미주의로부터 거리를 두어야만 합니다.

졸로

선생의 주장에 따르면, 제국의 법질서가 본질적으로 사법적 기능 혹은 준(準)사법적 중재에 집중적으로 관여하는 것은 주변적 상황이 아닙니다. 제국적 권력이 가진 보편적인 즉 공평하고 중립적인 관점에서 대립들을 해소하는 능력 때문에, 신민들이 이 권력에 직접적으로 호소합니다. 그리고 중요한 것은 (선생의 책에서 날카롭게 주장하듯이) 오랜 쇠퇴의 기간 이후에 최근의 십년 사이에 '정의로운 전쟁'bellum justum이라는 교리, 즉 전형적으로 보편주의적이고 제국적인 중세의 교리가 소생했다는 점입니다. 진정 그러합니까? 저는 이러한 분석에 완전히 동의하는데, 그 이유는 그것이 제가 몇 년 전에 특히 저의 『코즈모폴리스』[7]에서 제시한 테제들을 다시 취하기 때문입니다. 그러나 되풀이하지만 제 생각에 그 분석은 '제국적 구성'이 정치적 구성으로 파악될 경우에만 유의미합니다. 그리고 제 생각에는 미국 ― 달리 말하자면 초강대국 미국이라는 지정학적 공간에 집중된 인지권력, 소통권력, 경제권력, 정치권력, 그리고 군사권력 ― 이 오늘날 이러한 전지구적인 전략적 기획의 핵심적인 추동력이라는 점에는 의심의 여지가 있을 수 없습니다. 그것을 제가 선호하는 식으로 '헤게모니적'이라 부르든, 혹은 선생이 선호하는 식으로 '제국적'이라 부르든, 혹은 다른 무엇이라고 부르든 간에 말입니다.

네그리

저는 동의하지 않습니다. 다른 한편

---

7. Danilo Zolo, *Cosmopolis*, Feltrinelli, Milano 1995.

저는 (『코즈모폴리스』로부터 『누가 휴머니티를 말하는가?』[8]까지에서 근대의 정치적·사법적 범주들이 얼마나 오용되었으며 또 분명하게 짓밟혀졌는지를 가르쳐준) 선생이 어떻게 세계 시장의 통제라는 현재적 과정을 제국주의의 근대적 범주들에 여전히 중심을 두고서 정의하기를 제안할 수 있는지, 잘 이해하지 못하겠습니다. 이제 제가 물어볼 차례입니다. 국제상관습법 — 즉 분명 국민국가가 아니라 법률사무소들을 입법자로 삼아 국제 사법私法을 실질적으로 수정한 것 — 앞에서 국가 권력이 가진 더 많은 능력이란 과연 무엇을 의미하는 것입니까? (이 영역에 대해 저는 열 개의 물음들을 더 추가할 수 있지만 이 물음들을 생략할 수 있기를 희망합니다.) 그 다음 국제 공법公法에 관해서는, 이런 상황에서 UN을 재출범시키려는 애처로운 시도 앞에서 어떻게 측은하게 느끼지 않을 수 있겠습니까? 미국을 전지구적인 전략적 기획의 핵심적인 추동력이라고 말하는 것은 온갖 종류의 모순들을 품는 것이며, 이는 (국가 주권과 제국주의에 대한 근대적 이론에 내포되어 있듯이) 미국 정부에 독점적인 명령 능력을 할당하고 싶은 경우 특히 그러합니다.

졸로
제가 보기에는 최근 미국 국방부의 『4년 주기 국방검토보고서』에서 선언되었듯이, 미국의 명령권과 영향력이 세계 전역으로 확산되어 **전지구적 권력**이 될 정도라는 사실은, 이 권력이 미국에 지역적·문화적으로 기반을 두고 있으며 또 상징적 수준에서도 초강대국인 미국과 동일시될 수 있다는 점과 모순되지 않습니다.

---

8. Danilo Zolo, *Chi dice umanità?*, Einaudi, Turino 2000.

네그리

저는 미국이 **전지구적 권력**이라는 사실을 의심하지 않습니다만, 단지 다른 개념을 강조하는 것입니다. 미국 권력 자체가 그것과 다른 경제적·정치적 구조에 종속되어 있습니다. (그리고 어떻게든 대화를 그리고/혹은 각축을 할 수밖에 없습니다.) 무엇보다 9·11 테러리스트 공격은 제국의 구성에서 구조적으로 대의되기를 의도하는 힘들 사이에 개시된 내전을 입증하는 것이기도 했습니다. 쌍둥이 건물을 파괴했던 사람들은 바로 중동의 석유 수익을 보호하기 위해 모집됐던 용병 군대의 '용병들'이었습니다. 그들은 다중과는 아무런 관련이 없습니다. 그들은 생성되는 제국의 구조에 내재적인 요소들입니다. 우리는 제국적 수준에서 전개되고 있는 내전을 절대로 평가절하해서는 안 됩니다. 제가 보기에는, 미국의 **지도적 지위**가 그것이 때때로 표현하는 제국주의적 경향들 자체에 의해서 심각하게 약화된다고 말할 수 있을 것 같습니다. 이러한 경향들이 아랍 세계에서도 유럽 세계에서도 사회주의 세계에서도 ─ 중국이라 불리는 '또 다른 대륙'은 말할 것도 없이 ─ 받아들여지지 않는다는 것은 분명합니다. 주지하듯이 미국의 막강한 군사력은 많은 부분 핵무기 사용의 불가능성에 의해 중화됩니다. 그리고 이것은 좋은 소식입니다. 화폐의 관점에서 미국은 금융시장에서 점점 더 위험에 노출되고 있으며 취약해지고 있습니다. 이것 또한 매우 좋은 소식입니다. 요컨대 필시 미국은 곧 제국주의적이기를 그만두도록, 그리고 자신이 제국 안에 있음을 인식하도록 강제될 것입니다.

졸로

　　　　선생의 제국론에는 제가 의문을 갖고 있는 두 번째 측면이 있습니다. 이는 제 생각에 선생의 분석의 형이상학적 대위를 이루는 함축적인 '존재론'(선생의 용어입니다)에서 기인합니다. 헤겔적 맑스주의와 레닌주의의 특징인 역사의 변증법이 바로 그 측면입니다. 선생에 따르면 지구 제국은 주권 국가들에 기반을 둔 베스트팔렌 체제의 긍정적 지양을 나타냅니다. 제국은 국가와 그 민족주의를 종식시키면서 고전적 식민주의와 제국주의 또한 종식시키고, 환영받게 될 세계시민주의의 전망을 엽니다. 현재의 제국적 세계 구성에 대립되는, 국민국가를 소생시키려는 모든 시도는 '거짓되고 유해한' 이데올로기로 평가되어야만 합니다. 그러므로 '반지구화' 운동의 철학과 모든 형태의 자연주의적 생태주의 및 모든 형태의 지역주의는 원초적이고 반(反)변증법적인, 즉 실질적으로는 반동적인 입장으로서 거부되게 됩니다.

네그리

　　　　저는 우리에게 향해진 비난이 설득력있는 것이라고 보지 않습니다. 책을 읽은 모두가 (그리고 분명 책을 읽은 선생이) 아는 것처럼 우리는 그 어떤 변증법도 알지 못하며 단지 계급투쟁을 알 뿐입니다. 우리의 방법의 바탕을 이루는 것은 바로 (마키아벨리적인 장치, 즉 열려있으며 비결정적이고 비목적론적이며 위험한 장치인) 계급투쟁입니다. '변증법적'이라는 형용어를 역사의 전개에 대한 모든 분석적 접근법에 붙이지 않는다면, 여기에 변증법적인 것은 아무 것도 없습니다. 우리의 서사는 구체적인 **텔로스**,[9] 즉 삶을 기쁘게 만들고 고통을 제거하기 위하여 착취에 맞서는 인류의 투쟁과 그 투쟁에서 인류가 감수하는 위험을 다룹니다. 그러므로 우리의 정치적 문제는 아래로부터 시작하는 모든 투쟁들에 적절한 공간을 제안하는 것입니다. 이러한 구도에는 국민국가에 대한 향수와 국민국가의 방어가 들어설 여지가 없는데, 이러한 향수와 방어는 베르둔에서, 드레스덴의 폭격에서, 히로시마에서, 또 (제가 이렇게 말할 수 있다면) 아우슈비츠에서 결정적으로 확연하게 입증된 바로 저 절대적 야만에 대한 향수이며 그 야만을 방어하는 것에 다름 아닙니다. 저는 어떻게 국민국가가 거짓되고 유해한 이데올로기보다 덜한 어떤 것으로 아직도 간주될 수 있는지를 모르겠습니다. 이와 달리 운동들의 운동의 네트워크들은 세계에서 자유롭게 일어나는 모든 것이 그렇듯이 다극적多極的입니다. 그것들은 서로 교차하며 그리하여 어려움 없이 통합된 운동을 구축할 수 있고, 또 실제로 구축해왔습니다. 이러한 통합과 그에 뒤따르는 **공통의 목표들의 인정**을 방해하는 모든 시도는 반동적입니다. 더 정확히 말하자면, 이는 분파적이고 적대적인 행동을 표현하는 것입니다. '반지구화'운동의 철학과 씨애틀의 운동은 그 이름과 달리 실상은 국제주의적이고 전지구적입니다.

졸로

선생 말에 따르면 코뮤니스트들은 성향상 보편주의자이고 세계시민주의자이며 '가톨릭주의자'입니다. 그

---

9. [옮긴이] 텔로스(telos)는 '목적'을 의미하는 그리스어로서 네그리가 자신이 생각하는 유물론적 목적, 즉 미리 정해지지 않은 열려있는 목적을 나타내는 용어이다.

들의 지평은 인류 전체의 지평이고, 맑스가 말했듯이 '유적 인간'의 지평입니다. 지난 세기에 노동자 대중이 언제나 정치적·사회적 관계의 국제화를 추구했던 것을 상기해보십시오. 이런 이유에서 선생은 제국의 '전지구적' 권력이 통제되어야만 하지 분쇄되어서는 안 된다고 주장합니다. 제국적 구성은 보존되어서 다른 목표들로 향해져야 한다는 것입니다. 코뮤니즘 사회로의 이행이라는 관점에서 제국의 구성은 '진일보'한 것입니다. 선생이 쓰길 제국은 "선행했던 것보다 나은데", 그 이유는 "근대 권력의 잔인한 체제를 일소"하고 "거대한 창조적·해방적 가능성을 제공"하기 때문입니다. 저는 헤겔주의적·맑스주의적 계보를 가졌음이 명백한 이러한 변증법적 낙관주의를 공유하지 못하겠습니다.

네그리

저는 정말이지 이러한 우리의 입장이 변증법적 낙관주의를 표현한다고 말하지 않을 것입니다. 다른 한편 선생이 변증법이라는 용어에 대해서 타협적이지 않다는 것은 분명합니다. 선생이 좋아하지 않는 모든 것이 '변증법적'인 것입니다. 그래서 선생께 저는 분명 변증법적이지 않지만 앞을 내다볼 수 있는 철학자인 스피노자를 추천하고자 합니다. 그의 철학에서 낙관주의는 헤겔과 아무런 관련이 없습니다. 그것은 자유와 관련되며 노예 상태로부터 스스로를 해방시키는 기쁨과 관련됩니다 ······. 그런데 성자들에 대해서는 더 이상 이러쿵저러쿵하지 않으렵니다. 저는 보병들이 더 좋습니다.[10] 지금 다중이 바로 보병들입니다. 즉 엄청난 자유의 활력을 가지고 있고

---

10. [옮긴이] 이탈리아어로 '성자들'은 'i santi'이며 '보병들'은 'i fanti'로서 각운이 맞는다.

이미 혼종화되어 있으며 비물질적·지적 노동을 할 수 있는, 특이성들의 다양체인 것입니다. 이것은 변증법이 아니라 노동의 변형과 조직화 그리고 그로부터 생겨난 정치적 주체성에 대한 사실적이며 첨예한 사회학적 분석입니다. 선생이 전지구적 이동성 및 삶시간과 노동시간의 유연성보다 (비실제적인 신화에 구현된) 농민적인 혹은 장인적인 낡은 전통을 선호하는 것을, 혹은 일관작업에 묶여 있는 대중노동자의 비참함을 선호하는 것을 저는 이해할 수 없습니다. 제게는 삶의 전망의 확장 및 노동자들의 지적·도덕적 고양이 좋아 보입니다. 바로 이 점에서 제국이 그 **자체** 좋은 것으로 제시될 수 있는 것입니다.

졸로

저에게는 탈식민주의 분석들 ― 저는 특히 **써발턴 연구**를 생각하고 있습니다 ― 이 더 설득력이 있습니다. 고전적 식민주의와 현재의 헤게모니적인 지구화 과정 사이의 연속선을 가리키기 때문입니다. 냉전이라는 괄호와도 같은 시기가 지나고 식민지 국가들이 유럽에 직접적으로 종속된 상태로부터 해방된 지도 얼마 안 되는 오늘날, 서양은 재차 통제, 군사적 점령, 상업적 침략, 그리고 서양 이외 지역의 '문명화' 전략에 집중했습니다. 유혈적이면서도 무력한 **전지구적인 테러리즘** ― 그것이 거의 미국만을 표적으로 삼는 것은 우연이 아닙니다 ― 은 바로 이러한 전략에 대한 응답입니다.

네그리

지금 그 말에서 선생께서 주장하는 것에 대해서 동의할 수밖에 없는 부분이 있는 것 같군요. 분명 고전적

식민주의와 현재의 제국적 지구화 과정 사이에 연속선이 보입니다. 그러나 저는 식민지 국가의 해방을 단명短命하다고 부르지 않도록 매우 조심하려 하며, 지정학적 지도가 근본적으로 변경되지 않았다고 생각하지 않도록 매우 조심하려 합니다. 제1세계, 제2세계, 제3세계의 배치는 표면적으로 변경된 것이 아니라, 근본적으로 변경되었습니다. 세 세계들은 혼합되어버렸습니다. 제3세계를 유럽 혹은 미국의 대도시에서 발견하는 것처럼, 제1세계를 아프리카에서 그리고 중앙아시아 공화국들에서 발견하는 것입니다. 만약 이 모든 것을 공간적 관점에서 본다면 상황은 설사 변했을지라도 정적인 것으로 드러납니다. 그러나 만약 바로 이 현상들, 이러한 위치변화를 그 강도intensità의 관점에서 바라본다면 (그리고 이것이 '써발턴 연구'가 무엇보다도 말하고 있는 것인데) 이러한 과정들의 변형적 활력을 볼 수 있을 것이며, 그것들이 지구 공간의 어느 장소에서나 지뢰밭이 되고 있다는 사실을 볼 수 있을 것입니다. 이렇게 보면 **전지구적 테러리즘**이 제국적 리더십을 놓고 벌이는 '내전'의 일부인 반면, 저항과 엑서더스의 운동들은 전지구적 자본주의 질서에 대한 새로운 진정한 위협인 것입니다.

졸로

제 생각에는 오히려 전지구적 팽창주의와 세계시민주의적인 이데올로기에 반대하면서 제국에 **맞선** 투쟁을 해야 합니다. 제가 (공동체주의적인 공화주의가 그러하듯이) 향수에 젖어 18세기 국민국가로의 회귀를 생각하는 것은 아닌데, 이는 설사 국민국가가 이제 역사의 잔재라는 것을 제가 전혀 확신하지 못하더라도 그러합니다. 저는 울리히 벡Ulrich Beck의 견해를 공유하는데, 그에 따르면 국민국가는 '초국적' 국가로 변형되고 있습니다. 즉 거대한 경제 기업, 금융 시장, 정보 및 소통테크놀로지, 문화 산업 등의 다수의 다국적 기관들과 기구들이 가로지르는 국가로 변형되고 있습니다. 제 생각에는 (피에르 부르디외Pierre Bourdieu와 로익 와깡Loïc Wacquant이 주장했듯이) 국가는 무엇보다도 안전과 내적 공공질서에 관한 문제들에 집중함으로써 그 기능을 재정의하고 있습니다. 토마스 마티에센Thomas Mathiesen에 따르면, 우리는 새로운 테크놀로지 및 일반 시민에게는 알려지지 않은 채 구성되는 전자 데이터뱅크가 제공하는 거대한 통제의 잠재력 덕분에 '판옵틱'panoptic 11 국가에서 '씬옵틱'synoptic 12 국가로 이행하고 있습니다. 국가들은 '사멸하는' 것과는 거리가 멉니다. 그것들 중 몇몇은 오히려 더 강해지고 있습니다.

네그리

선생이 말한 것에 대체로 동의하며 선생이 인용한 문헌들을 존중합니다. 저 역시 국민국가가 사라지고 있지 않다고 봅니다. 제게 이것은 명백해 보입니다. 또한 제게 명백해 보이는 것은, 보편적 지배 기능 및 내적 공공질서가 (그 연속성을 유지하면서도) 각 국민국가에 특화되어 구현되고 있다는 점입니다. 그러나 국민국가의 많은 기능들이 존속한다고 생각하는 것이 국민국가가 경향적으로 지속될 것이라고 생각하는 것, 혹은 그것이 직접적으로 더 강화될 것이라고 생각하는 것을 의미하는 것은 아닙니다. 반대로 (벡에 따르면) 초국적 장치가 가로지를 수도 있는 국민국가연합조차, 제 생각에는

---

11. [옮긴이] 한 지점에서 모든 감시대상을 감시하는 것을 말한다.
12. [옮긴이] 한 감시대상을 동일시간에 여러 각도에서 감시하는 것을 말한다.

제국의 위계화 및 특화 과정들 안에서 파악되어야 합니다. 저는 전지구적 질서의 보편적 보장이라는 주제가 이제는 **비가역적인 조건**에서 제기된다고 말하고 싶습니다. 이제 획기적 이행이 일어난 것입니다. 바로 이러한 흐름 안에서 그리고 이러한 문제를 고려하면서 이론적·정치적 선택들을 특징지어야 합니다.

졸로

제 견해는 오히려, 미국의 제국적 권력의 공격적인 전략적 일방주의에 균형을 맞추고 그런 후에 그것을 축소·격퇴시킬 수 있는, 다극적 지역주의의 이름으로 세계적 균형의 새로운 형태들이 사유될 필요가 있다는 — 그리고 이를 위해 움직일 필요가 있다는 — 것입니다. 그리고 숨이 막힐 듯한 대서양의 포위로부터 해방된 유럽 — 덜 서양적이고 더 지중해적이며 '동양적인' 유럽 — 이 이런 의미에서 중요한 기능을 발전시킬 수 있다는 것입니다. 동남아시아와 동북아시아에서 중국을 필두로 하는 유교문화진영도 바로 이 방향으로 조용히 움직이고 있습니다.

네그리

다극적 지역주의로 구현된 세계적 조직화의 새로운 형태들은 바람직한 것입니다. 다른 한편 이는 세계 시장 안에서 제국적 주권이 구축되는 과정으로 이미 일어나고 있는 일입니다. 바로 이렇게 이미 일어나고 있는 일이기에, 이것이 왜 다른 것보다 선호되어야 하는지를 저는 이해하지 못하겠습니다. 문제는 무엇이냐 하면, 전지구적 탈안정화의 시나리오를 개시하기 위해서 제국의 지점들 중 어떤 하나에서 행동을 하는 것입니다. 오직 이러한 구도에서만 지배 규칙과 착취 규칙의 변형이 가능해질 수 있습니다. 그러므로 제가 다른 시대의 사유(무질Musil이 가르치듯이, 너무도 자주 비현실적이 될 만큼 각성된!)의 결실인 '균형'이라는 이름 자체를 받아들일 수 없다는 것은 분명합니다. 사실 지역 수준에서 조직되었든 아니든, 실제로 문제가 되는 것은 언제나 균형이 아니라 위계이며, 다극성이 아니라 다기능성인 것입니다.

졸로

저는 다극적 균형이, 국제법이 근대적 전쟁의 한층 더 파괴적인 귀결을 봉쇄하는 최소한의 기능을 달성할 수 있는 조건이라는 점을 첨언하겠습니다.

네그리

제가 보기에 그 말은 전적으로 맞는 것 같습니다. 제국과 국제법은 서로를 부정합니다. 그런데 우리는 바로 여기서 출발한 것이었습니다. 이것은 비가역적인 조건입니다. 이 때문에 저는 UN의 '반창고 정책들'에 대해 심히 회의적입니다. (선생이 철저히 연구했던) UN을 되살리는 것에 관한 그리고 새로운 전지구적 질서에서 주권의 대화자가 될 수 있는 세계 '시민사회'를 구축하는 것에 관한 어마어마한 문헌들이 있습니다. (다른 전지구적 기관과는 상이한) 세계은행조차 종종 이러한 영역에 비용을 지불합니다. 그러나 (베스트팔렌적 의미에서) 참여적이고 규범적인 '국제적' 체제를 재활성화시키려는 시도는 수포로 돌아갔습니다. 그것이 (가령 거대한 세계 법정을 구성하는 경우처럼) 시민들과 국가들, 단체들과 연합들의 주체권에 호응하는 의미에서 진행될 때조차 법개혁주의가 고전적인 국제법보다 우세했던 것입니다.

졸로

9·11 이후에 국제적 불균형의 상황이 한층 더 악화되었습니다. 영토적 경계가 없으며 시간적 한계가 없고 많은 부분이 비밀스러우며 국제법으로 통제하는 것이 점점 더 불가능해지는, 영구 전쟁이라는 헤게모니적 전략이 자리를 잡았습니다. 이전 어느 때보다도 오늘날 서양의 정치적·군사적 엘리트들은 산업화된 국가들의 안전과 복지를 보장하기 위해서 세계 전체에 대한 점증하는 군사적 압력을 행사할 필요가 있음을 깨달은 것처럼 보입니다.

네그리

저는 더 기생적이고 약탈적으로 되어 가는, 점점 더 전쟁에 의해서만 자신을 정당화하는 자본주의 ― 이 정당화는 자본주의 자체의 정당화인 동시에 자본주의와 동일시되는 국가적·제국적 기구들의 정당화입니다 ― 에 저항할 필요가 있다고 봅니다. 푸꼬와 들뢰즈가 풍부하게 이야기했듯이, 우리는 고전적 자본주의의 (개인들에 대한) 훈육 체제로부터 성숙한 자본주의의 (인구에 대한) 통제 체제로 이행했습니다. 오늘날 정당화의 유형은 전쟁을 포함하고 있습니다. 그러므로 빈곤과 소외가 유지될 뿐만 아니라, 또 제국적 전쟁에 의해 지속적으로 재창조됩니다. 지역적인 동시에 인종적인 새로운 경계들이 제국적 전쟁에 의해서 생깁니다. 이 모든 것 앞에서 저의 유일한 문제는, 전쟁, 빈곤, 착취에 맞서 행할 수 있는 저항이 무엇인지를 이해하는 것입니다. 선생의 지배의 지리학에 (그것이 설사 옳은 측면을 가지고 있다 하더라도) 저항의 위상학이 대립하는 것입니다. 이러한 관점에서 사빠띠스따의 부사령관 마르꼬스가 미국의 모든 '군사에서의 혁명'revolution in military affairs보다 더 중요합니다. 제게 흥미로운 것은 골리앗, 모든 제국적 골리앗과 마주한 다윗, 즉 군대에서 말하는 '비대칭적 저항'입니다. 바로 이런 이유에서 저항의 전지구적 구도에 활력이 실리게 됩니다. 왜냐하면 제국의 함대가 산출하는 봉쇄가 가차 없이 지속적으로 작동함에도 불구하고, 지구화 안에는 언제나 자유의 공간들이, 저항의 엑서더스가 일어날 수 있는 구멍들과 주름들이 있기 때문입니다.

졸로

선생께 우리의 논의를 하나의 최종적 주제, 즉 주체에 대한 물음 혹은 선생과 하트에 의하면 제국 안에서의 혁명이어야만 하는 것의 주체에 대한 물음을 다루는 것으로 마무리할 것을 제안합니다. 저는 '혁명'이라는 용어를 그 모든 인류학적 함의를 갖고서 사용하는데, 그 까닭은 선생의 코뮤니즘 기획에는 바로 이러한 접근법이 포함되는 것 같기 때문입니다. 선생은 고전적인 방식으로 정치적일 뿐만 아니라 윤리적이며 또 문화적이기도 한 세계 변형을 사유했습니다.

네그리

윤리적·정치적 관점에서 혁명을 사유하는 것을 넘어서 우리는 또 심오한 인류학적 변형, 즉 인구의 지속적인 혼합과 혼종화, 몸의 삶정치적 변형이라는 관점에서도 혁명을 사유합니다. 이러한 관점에서 투쟁의 첫 번째 영역은 지구의 모든 표면에서 이동하고, 일하고, 배울 보편적 권리입니다. 그러므로 우리가 보는 혁명은 제국 안에 있을 뿐만이 아니라 제국을 **통해서도** 있습니다. 혁명은 있을 것 같지 않은 동궁^{冬宮}(여기에는 백악관을 폭격하고자 했던 반제국주의자들이 있을 뿐입니다)에 맞서서 싸우는 데 있는 것이 아니라, 권력의 모든 중심적·주변적 구조들에 맞서서 그 구조들을 빈껍데기로 만들고 또 자본으로부터 생산력을 빼내는 데까지 확장하는 데 있는 것입니다.

졸로

이러한 제국 안의 혁명의 주체를 선생은 '다중'으로 명명합니다. '명명한다'라는 표현은 비판적인 의도로 사용한 것입니다. 제 생각에 '다중'은 손에 잡히지 않는 애매한 개념, 『제국』의 병기고에 있는 개념들 가운데 가장 불운한 개념입니다. 선생의 책 어디에서도 비록 지구화에 열려 있지만 구체적으로 규정되는 사회정치적 맥락 속에서 이러한 집단적 주체를 식별하는 데 도움을 주는 ─ 사회학적·정치학적 범주에 기초한 ─ 분석적 정의가 제공되지 않습니다. 분석 대신에 선생 책의 많은 페이지들에서는 '다중의 활력' ─ '존재하고 사랑하며 변형하고 창조하는' 다중의 힘 ─ 과 해방에 대한 다중의 '욕망'이라는 거창한 어구들과 만나게 됩니다. 저는 여기서 선생이 맑스주의적 메시아주의와 그것의 웅장한 정치적 단순화에 머리를 조아리는 것이 아닌가 걱정됩니다. 제가 보기에 '다중'은 19세기 프롤레타리아, 즉 맑스가 역사의 형성자로 고양시킨 계급의 어떤 모호한 프레스코화인 것 같습니다. 저는 이것을 가차 없이, 그리고 조금의 반어적 뉘앙스도 없이 말하는 것입니다.

네그리

선생이 『제국』에 다중 개념에 대한 충분한 분석적 정의가 결여되어 있음을 비판한 것은 옳습니다. 저는 기꺼이 자기비판을 하고자 하는데, 저와 하트가 이 용어에 대해 열심히 작업하고 있기에 더욱 더 그렇기도 합니다. 저는 다중 개념이 책에서 적어도 세 가지 원근법적 선을 따라서 이해될 수 있다고 봅니다. 첫째는 근대 시대에 주권 절차에 삽입된 인구에 대한 두 가지 정의, 즉 '민중' 및 '대중'과 대비되는 논쟁적인 것입니다. 우리가 보기에 다중은 어떤 의미에서도 대의적 **통일성**을 찾을 수 없는 특이성의 **다양체**입니다. 반면 '민중'은 근대 국가가 정당화라는 허구의 토대로서 필요로 하는 인위적 통일체입니다. 다른 한편 '대중'은 현실주의 사회학이 (자유주의적 형태의 자본 관리에서든 사회주의적 형태의 자본 관리에서든) 자본주의적 생산방식의 바탕에 설정하는 개념으로서, 어떤 경우에도 무차별적인 통일체입니다. 이 두 경우와 달리 우리에게 인류는 특이성, **특이성들**로 이루어진 다중입니다. 다중의 두 번째 의미는 우리가 그것을 '계급'과 대립시킨다는 사실로부터 도출됩니다. 혁신된 노동을 사회학적 관점에서 보면 노동자는 사실 점점 더 비물질적인 생산력의 담지자로 나타납니다. 노동자가 노동도구를 스스로 재전유하는 것입니다. 비물질적인 생산적 노동에서 도구는 두뇌입니다. (그리고 이런 식으로 도구에 대한 헤겔적 변증법도 종식되는 것입니다.) 노동의 이러한 특이한 능력이 노동자를 계급보다는 다중으로 구성하는 것입니다. 이 둘째 정의의 결과로 더 특수하게 정치적인 정의에 해당하는, 다중의 세 번째 정의가 나옵니다. 우리는 다중을 **독특한 정치적 활력**으로 간주합니다. 바로 이와 관련하여, 즉 특이성들로 이루어진 다중과 관련하여, 새로운 정치적 범주가 정의되어야 합니다. 우리는 이러한 새로운 정치적 범주가 통일성을 전제함으로써가 아니라 **공통적인 것**을 분석함으로써 식별되어야 한다고 생각합니다. 그러나 이 자리에서 이러한 분석을 더 진척시킬 수는 없군요. 저는 지금 대단히 반어적으로 말하고 있습니다.

졸로

제가 보기에는 선생의 책이 전지구적 저항의 새로운 공간들과 새로운 주체들, (마르꼬 레벨리Marco Revelli의 용어로 말하면) '새로운 투사들'이라는 문제를 풀지 않은 것 같습니다. 선생의 처방은 (국민국가의 정치적 무대에의 참여가 그 의미와 효력을 상실한 이후에) 전지구적 수준에서 정치 투쟁을 회복하는 방향으로 향합니다. 그러나 제게는 선생이 마씨모 카차리Massimo Cacciari가 최근에 그의『2001 ─ 정치와 미래』13에서 강조한, 거대한 테크놀로지적·경제적 권력의 조작에 의한 '세계의 탈정치화'라는 주제에 충분히 주의를 기울이지 않은 것처럼 보입니다. 반대로 (마누엘 까스텔스Manuel Castells의 용어를 사용한다면) '네트워크 사회'와 마주하여 테크놀로지 및 산업주의에 대한 ─ 노동자주의적이라고 할 수 있을 ─ 완전한 열광으로 고무된 것 같은 대목들이 선생의 책에 있습니다. 마치 선생께서는 테크놀로지 혁명과 정보 혁명이 장차 올 코뮤니즘 혁명의 벡터인 것 같습니다.

---

13. M. Cacciari e G. Bettin, *Duemilauno: Politica e futuro*, Feltrinelli, Milano 2001.

네그리

우리는 정보 혁명을 대단히 주목합니다. 이는 분명 우리가 여전히 맑스주의자이기 때문이며, 설사 가치법칙이 더 이상 자본주의 발전의 측정 원리로 기능하지 않을지라도 노동이 여전히 인간의 존엄이며 그리고 인간 역사의 실체라는 사실을 믿기 때문입니다. 테크놀로지 혁명과 정보 혁명은 새로운 해방공간의 가능성을 줍니다. 그것은 또 당분간은 노예제의 새로운 형태도 결정합니다. 그러나 노동자에 의한 **도구의 재전유**, 가치화가 인지노동자의 **협동**으로 집중되는 현상, 지식의 확장과 생산과정에서의 과학의 중요성 ― 이 모든 것은 변형의 전망에서 긍정적으로 고려되어야 하는 새로운 물질적 조건들을 결정합니다. 과거 노동조합이나 사회주의 정당이 발전하기 위해서 프롤레타리아의 다양하고도 연속적인 형상을 고려했던 것과 똑같이, 이제 정치적 조직화의 문제는 이 다중을 고려해야만 합니다. 거대 권력들에 의한 세계의 탈정치화가 부정적으로 작용하는 것만은 아닌데, 이는 그것이 어떤 실질적 준거를 더 이상 갖지 않는 낡은 권력 및 대의의 형식을 제거하고/하거나 폭로하는 결과를 낳을 경우에 그러합니다.

졸로

제가 보기에는 선생이 '다중'이라는 용어를 채택한 것은 근본적인 정치적 반(反)개인주의 선언인 것 같기도 합니다. 『제국』은 유럽의 자유민주주의 전통을 거의 완전히 폐기합니다. 이것이 우리의 차이를 가장 크게 하는 점일 것 같군요.

네그리

저는 다중이라는 용어(그리고 그것이 포함하는 것)가 근본적인 정치적 반개인주의 입장을 나타낸다는 데 동의합니다. 『제국』은 사적 소유에 기반을 둔 개인주의 전통의 거부를 함축합니다. 그러나 저는 다중이라는 개념을 통해서 우리가 바라는 것이 스피노자가 말하는 '절대적 민주주의'인 만큼, 그것이 유럽 자유민주주의 전통의 폐기를 수행한다고 보지 않습니다. 스피노자에게서도 그러하듯이 우리의 문제는 고립된 개인들을 한데 모으는 것이 아니라, 공통적인 것의 (존재론적) 승인으로 인도하는 공통성의 형식들과 도구들을 협동적인 방식으로 구축하는 것입니다. 공기에서 물을 거쳐 정보 생산과 네트워크까지 ─ 바로 이것이 자유가 확장되는 영역입니다. 공통적인 것을 어떻게 조직해야 할까요?

졸로

저는 또 제국의 기생적 유충 안에서 수행될 세계시민주의적 투쟁의 도구로 선생이 제안한 '유목주의'와 '혼종화'도 불만족스럽습니다. (제가 어렵다고 본 주제들과 선생이 씨름하며 보여준 용기와 이론적 독창성을 제가 잊고 있지는 않지만 말입니다.) 선생의 주장에 따르면, 유목주의와 혼종화는 국가·민족·민중·인종과 같은 반동적 이데올로기에의 종속에 맞서는 데 사용되는 무기입니다. '다중'은 그것의 순환·'항해'·전염의 능력 덕택에 강력해집니다. 저는 여기서 유목주의, 혼종화, 문화적 혼혈이 권력과 부의 점증하는 국제적 불균등에 의해 유도된 거대한 이주의 흐름들의 효과라는 사실을 선생이 평가절하하고 있다고 생각하게 됩니다. 쎄르제 라뚜쉬^{Serge}

Latouche는 '탈문화화', '탈영토화', '행성적 차원의 뿌리뽑기'의 이러한 효과들은 근대화 기획의 완전한 실패, 그 프로메테우스적 보편주의의 좌절을 나타낸다고 주장했습니다.

네그리

저는 유목주의와 혼종화에 대한 우리 테제의 효력에 선생이 적절한 이론적 열렬함으로 반응한 것이 대단히 만족스럽습니다. 선생의 말을 제가 이와 같이 해석해도 좋다면 말입니다. 그러나 선생의 판단은 비관주의로 기웁니다. 저는 종종 이러한 주제들에 관해 쎄르주 라튜슈와 대립했는데, 제가 그의 입장을 받아들이지 않는다면 이는 그 입장이 많은 점에서 진실이라고 생각하지 않기 때문이 아니라 단지 그의 입장이 모든 것을 삼키는 파국적인 차원을 지니고 있기 때문이라고 선생께 말해야만 할 것입니다. 저는 왜 세계 전역의 많은 인구의 이주와 희망 탐색이 '프로메테우스적 보편주의'로 조소되어야만 하는지를 이해하지 못하겠습니다. 저는 이러한 이주가 단지 빈곤을 피하는 것이라고 보지 않으며, 그들이 자유, 지식, 부를 찾는 것이라고 생각합니다. 욕망은 구축적 활력이며 특히 그것이 가난에 근거할수록 더 강력해집니다. 사실 가난은 단순한 빈곤이 아니라, 욕망이 지시하고 노동이 생산하는, 대단히 많은 것들의 **가능성**이기도 합니다. 이주자는 진리, 생산, 행복을 찾는 사람의 존엄을 갖고 있습니다. 그리고 이는 고립시키고 착취하는 적의 능력을 파괴하는 힘이자, 빈자와 전복자의 행동에서 예의 프로메테우스주의를 포함하여 모든 영웅적 그리고/혹은 신학적 왜곡을 제거하는 힘입니다. 이와 달리 빈자, 이주자의 프로메테우스주의는 대지의 소금이며, 세계는 정말이지 유목주의와 혼종화에 의해서 변하는 것입니다.

졸로

마지막으로 저는 선생께 ― 너무도 대답하기 어렵다는 것을 알고는 있지만 ― 선생이 '대항제국'counter-Empire이라 부른 것, 즉 '전지구적 흐름과 교환의 대안적인 정치적 조직화'의 제도적 형식과 규범적 양상이 무엇인지를 물어보고 싶습니다. 선생의 주장에 따르면, '다중의 창조력이 자율적으로 구축할 수 있는 것'은 바로 이러한 정치적 조직입니다. 이것은 구체적으로 무엇입니까? 선생의 저서에 대한 주의 깊은 검토로부터 제가 추론해내는 데 성공한 것은, 여하튼 그것이 제국적인 정치 형태이어야만 한다는 것뿐입니다. 제게 이는 이론적인 차원에서나 정치적인 차원에서나 조금도 만족스럽지 않습니다. 무엇보다도 이는 '국가의 사멸'에 관한 맑스주의 이론을 생생히 상기시키는 입장을 선생이 고수한다는 것을 나타냅니다. 제국은 그 안에서 국가와 그 법질서가 해체될, (레닌이 말했듯이) '잠들' 제도적 외피입니다. 「유태인 문제에 대하여」 이래 정통 맑스주의가 그랬던 것처럼 '법치국가'에 대한 모든 교리 및 기본적 자유의 보호에 대한 모든 교리가 (정치적 소수자에 대한 존중 및 민족자결과 같은 주제들과 함께) 선생의 책에서도 무시되었습니다. 선생의 저서에서 '다중'의 힘은 무제한적·전지구적·영구적인 구성적 에너지, 즉 '생성적 활력, 욕망, 사랑'을 표현하는 집단적 에너지로 사유됩니다.

네그리

저는 '국가의 사멸'보다는 이행의 문

제에 몰두했기 때문에, 선생은 분명 제가 한 것 이상으로 맑스주의 고전에서 나타나는 '국가의 사멸'에 대해 연구했다고 할 수 있을 것입니다. 이 모든 것이 오늘날 저에게는 너무도 우스꽝스럽다고 말하는 것만이 선생의 동의를 구할 수 있을 것 같군요. 그러나 저는 '법치국가'에 대한 모든 교리 또한 매우 낡았으며, 만약 의미 없는 철학하기를 지속하는 것으로 끝나고 싶지 않다면 선생께서 말하는 '자유의 실체'에 다시 착수하는 것이 필요하다고 생각합니다. 그 다음 제국에 맞서서 다중이 무엇을 할 것인가에 관해서 말하자면, 저는 전지구적 운동들의 투사들이 생각하는 것과 행하는 것을 기꺼이 신뢰합니다. 저를 믿으십시오. 그들은 우리보다 훨씬 지적이고 능력있습니다. 그들은 젊습니다.

1

강의 1
역사적 방법에 대하여 : 인과성과 시기구분

보론
주권

강의 1

역사적 방법에 대하여 :
인과성과 시기구분

    서론에서 우리는 제국의 발전을 보는 내적, 내생적 관점을 강조했습니다. 그리고 또 이 관점을 규정하면서, 우리가 **자본 개념의 분석으로**부터 출발해야만 한다고 예고했습니다. 우리가 생각하는 자본 개념은 객관적이고 정적인 방식으로 정의되는 것이 아니라 오히려 연관, 관계라는 생각 위에 세워진 것입니다. 즉, 자본과 자본주의는 **관계의 범주**, 명령하는 사람과 복종하는 사람, 착취하는 사람과 착취되는 사람, 지도하는 사람과 지도받는 사람, 종속시키는 사람과 종속되는 사람으로 이루어진 관계의 범주라는 사실로부터 나오는 것입니다. 만약 우리가 이러한 관계 내부에 위치한 관점을 취한다면, 그 다음 문제는 지구화가 ― 가령 국민국가를 휩쓸어버리는 ― 시장의 단선적 확장이 아니라, 반대로 국민국가가 이제 자본 관계에 대한 통제를 실행할 수 없다는 점을 이해하는 것입니다. 말하자면 오늘날 국민국가는 자본주의적 관점에서 사회의 재생산 메커니즘을 통제할 수 없는데, 이는 국민국가 내부의 노동자 투쟁과 세계무대에서 전개된 반제국주의 투쟁 및 반식민지 투쟁, 그리고 '현실 사회주의'에 반대하는 자유를 위한 투쟁들 때문입니다. 이 모든 투쟁들이 이제 국민국가가 자본주의 발전의 균형점이자 주권적 보증이 되지 못하도록 막는 것입니다.

자본 개념은 사회적 관계의 개념입니다. 그런 한에서 이러한 관계는, 사회의 재생산이 자본주의적 균형을 유지하는 방식으로 혹은 더 정확하게 말하자면 자본주의 명령 능력의 재생산을 허용하는 방식으로 규제되어야만 합니다. 결국 사회의 자본주의적 재생산은 그 안에서 체제가 매국면마다 스스로를 총체로서 그리고 목적으로서 인식할 수 있는 재생산이어야만 합니다. 주권은 자본의 재생산에 대한 통제이며, 그리하여 그것을 구성하는 힘의 관계(노동자와 고용주, 프롤레타리아트와 부르주아지, 다중과 제국적 군주)를 일정한 비례로 유지시키는 명령입니다. 근대에 주권은 국민국가에 있습니다. 탈근대에 주권은 다른 곳(아마도 제국)에 있습니다. 이제 다름 아닌 발전된 자본주의 국가들에서 주권을 다른 곳으로 이동하도록 강제하는 **첫 번째** 단절이 일어납니다. 이 단절은 1968년 이후의 시기에 일어났습니다. 새로운 시대가 1971년에서 1973년 사이에 정의됩니다. 이 시기에는 달러의 고정환율제 즉 달러-금 등가제가 종식되고 제1차 오일쇼크가 일어났으며 핵무기제한에 관한 협정(1972년의 ABM협정)이 이루어졌습니다. 그러므로 이는 바로 일국적인 주권적 규제 기구를 통해서만 자본주의 발전을 보장하는 것은 불가능하다는 인식이 굳어진 순간, 즉 개별 국가의 공간 안에서 자본 관계를 통제하는 것은 불가능하다는 인식이 굳어진 순간이었습니다. 임금에 대한 노동자들의 압박은, 그 결과로 발생한 1970년대 초의 인플레이션 과정과 함께, 국민국가가 투쟁이 가로지르는 일국적 공간에 대한 직접적 통제를 실행할 가능성, 그리고 발전을 위해 그것을 개편할 가능성을 봉쇄했습니다. 이 국면에서 진정한 의미의 최초의 초국적 명령 형태들이 출현했습니다. 그것들은 연대기적 관점에서 최초였던 것은 아니지만, 새롭고 독특한 형태로 유럽에서뿐만 아니라 미국에서도 주권을 국민국가로부터 떼어내기 시작했기 때문에 최초였던 것입니다. 가령 제2차 세계대전이 종식되면서 세워졌고 냉전 동안 내적 규제 기능을 가졌던, 자본주의 발전을 뒷받침하는 일련의 기구들(세계은행, 국제통화기금 등)이 발전을 통제하는 일반적 기구들로 변형되었습니다. 그것들은 (소위 '워싱턴 컨센서스'라 불리는) 미국의 힘의 투사일 뿐만 아니라, 초국적 균형점이자 세계적 규모의 발전의 규제점이기도 한 것입니다.

지금까지 우리는 근대와 탈근대 사이에 일어난 변형의 역사적 상황을 서술하였는데, 이제 과정에 내재하는 인과성에 대한 인식을 여기에 추가해 보기로 합시다.

새로운 상황을 특징짓는 두 번째 요소는 자본주의 발전의 제국주의 국면이 종식된 것 — 또 다른 두드러지게 인과적인 요소 — 입니다. 이 또한 1960년대와 1970년대 사이에 일어났으며 명백하게 대단히 중요한 요소입니다. 그러나 여기서 제국과 제국주의의 개념적 차이를 해명할 필요가 있습니다. 이는 정말로 중요합니다. 제국주의는 사실상 자본 수출, 노동력 수출 및 영향권 구성작업 등의 정책을 통해 국민국가의 권력을 확장하는 과정을 의미합니다. 제국주의에는 그 아종亞種으로서 분명 식민지의 건설도 포함됩니다. 유럽의 주요 국민국가들이 제국주의적 확장을 통해서 발전했(고 자본주의 발전을 결정했)습니다.

이제 1960년대와 1970년대에는 선행한 세기들에서 수립된 식민지와 제국주의 사이의 균형이, 제국주의 체제와 식민지 체제를 깨뜨린 이례적으로 폭넓은 운동에 의해서 심각한 위기에 봉착했습니다. 이 운동은 베트남의 해방투쟁에서 그 정점에 올랐는데, 이 투쟁은 일반적이고 **비가역적인** 과정에서 핵심적인 정치적 계기였습니다. 또한 이 투쟁은 국민국가로 하여금 팽창주의적 목표로 무력을 사용하지 못하도록 결정한 요소였습니다. 이것은 그 결과로서 또한 주요 국민국가들 내부의 지배 관계에 엄청난 불균형을 가져왔고, 자본주의 체제/자본주의 사회의 통제와 재생산 문제를 (내적으로나 외적으로나) 국민국가의 일방적인 명령과 같은 것이 더 이상 존재하지 않는 다른 장소로 향하도록 밀어붙였습니다. 우리는 제국을, 전지구적 무대에서 자본주의 발전을 보증하는 주권이 집중되는 비장소라고 부릅니다.

고려되어야 하는 최종적(세 번째) 요소는 제2세계의 종식, 즉 '현실 사회주의' 혹은 실현된 사회주의 세계의 종식입니다. 사실 자유의 획득을 향한 충동 및 "스탈린주의적 개발독재"를 극복하려는 반복된 시도는 생산방식의 본질적 이행과 연계되어 있는 현상이었습니다. 실제로 대부분의 연구자들이 이제 소비에트 체제의 위기를 포드주의에서 **포스트포드주의로의 이행과 연관시켜** 정의하기 시작했습니다. 이들의 주장을 거칠게 단순화하면, 생산의 새로운 형식, 비물질노동, 퍼스널 컴퓨터 그리고 그것이 함축하는 일정하게 높은 수준의 자유가 소비에트 체제와 같은 경직된 체제에 중대한 위기를 낳았다고 말할 수 있습니다. 이렇게 말하고 난 후에는, 자본주의적 지배가 자신의 발전을 왜 통제할 수 없는지를 설명하는 또 하나의 본질적 현상이 여기에 있다는 점을 덧붙여야 할 것입니다. 자본의 한 형태, 즉 사회주의적 관리라는 형태가 포드주의에서 포스트포드주의로의, 물질노동의 헤게모니에서 비물질노동의 헤게모니로의 이행 과정에서 일어난 노동의 발전으로 인해 생산에서 핵심적인 요소가 된 자유와 충돌한 것입니다. 러시아 국민국가의 공간에서 그리고 소비에트 제국주의 체제의 공간에서 주권을 위기에 빠뜨린 것은 자유에 대한 요구였습니다. 요구된 것은 물질적이며 삶정치적인 자유였습니다. 헝가리와 오스트리아를 거쳐, 그리고 장벽을 우회하면서 생산자 대중을 동독에서 서독으로 이끈 저 노동 탈주의 에피소드, 유목주의의 에피소드를 우리가 어떻게 잊겠습니까? 이 경우 전제 정치를 타도한 것은 이동성이었습니다.

그러므로 다시 한 번 우리는, 그것이 자본주의적 명령 안에서 자본주의적 명령에 대항하여 역사를 만든 투쟁이며, 특히 국민국가의 통제 공간을 폭파시키고 제국의 구성을 추동한 투쟁이었음을 알게 됩니다.

이제 프롤레타리아의 투쟁을 발전의 동력으로 삼는 이러한 유형의 내생적 방법론이 어디에서 오는지 물어봅시다. 제가 보기에 대답은 '이탈리아 오뻬라이스모로부터, 즉 혁신된 맑스주의로부터 온다'입니다. 오뻬라이스모는 1950년대 후반부터 국제 코뮤니즘 운동이 확연한 위기에 처하고 해체된 때까지, 맑스주의의 한 독자적 해석을 구축하여 '노동계급의 자율'이라는 범주를 발전시켜냈습니다. 주지하듯이 『자본론』에서 노동계급 개념은 노동력개념의 정치적 정련으로 형성되었습니다. 노동력은 가변자본이라는 경제학적 개념의 사회적 형상입니다. 따라서 노동력과 가변자본은 자본 안에서 형성되었습니다. 자본이 노동력을 구축하는 거대한 역사적 기능을 가졌다는 것은 분명하지만, 고전경제학에서도 그리고 부분적으로는 그것에 대한 비판에서도, 이 기능은 자본의 관계 안에서 전적으로 정적靜的인 상황 및 규정으로서 주어졌습니다. 이러한 구도에서는 노동계급 개념 자체도 정적인 방식으로 구축됩니다. 즉 노동력의 기계적 투영으로서, 따라서 역시 자본의 내적 형상으로서 구축됩니다. 소비에트의 국가주의적 사회주의는 노동계급의 이러한 형상을 별다른 어려움 없이 훈육 체제 안에서 심화시킵니다. 그러므로 맑스주의 전통에서 노동계급 운동을 자본 관계의 **독립변수로서** 다루는 것은 불가능합니다. 반면 정치경제학 비판에 부가된 역사적 분석들은 자본에 대항하는 물질적이고 유토피아적인 기획·전략·목적론을 구축하는 (그리고 종종 강력한 성과를 낳기도 하는) 노동계급 운동을 식별해낼 수 있는 가능성을 너무도 풍부하게 제공합니다. 그러므로 우리는 저 맑스의 해석을 전도시킬 필요가 있습니다. **노동계급이 투쟁을 통해 모든 발전에 동력을 제공하는 것입니다.** 노동계급은 그 주체적 존재에 의해서, 스스로를 사건으로 드러내는 능력에 의해서, 스스로를 사회적 구성으로 배치하는 능력에 의해서 정의되는 것입니다.

다름 아닌 마리오 트론띠Mario Tronti에게, 『노동자와 자본』*Operai e capitale*에서 많은 연구자들의 탐구의 강력한 토대를 이루었던 이러한 유형의 이론적 가설들을 정식화한 공적이 있습니다. 분명 자체적 기획을 갖는 계급 운동의 창발성에 대한 생각은, 낡은 맑스주의적 도그마의 고전적인 인과적 결정론과 정반대되는 것입니다.

기계론적 메커니즘을 파열시키는 능력, 이 경우에는 제2인터내셔널, 제3인터내셔널에 의해 다듬어진 맑스주의 교리의 목적론적 객관주의를 파열시키는 능력이 자본의 운동을 사회적 운동으로, 혹은 단절의 사건의 출현으로 고찰할 수 있도록 하는 것입니다. 혁명은 객관적 만기일, 즉 이윤율 저하가 창출하는 물질적 요소들이 향하는 한계가 아니라, 대중의 **주체적 과정의 총체적 축적**, 즉 하나의 사건입니다. 다른 한편 트론띠와 이탈리아 오뻬라이스모의 사유는 저 시기, 즉 1960년대의 일종의 문화적 '아우라'에 부응했습니다. 사실 바로 이 시기에 프랑스에서도 구조주의 분야와 그 다음 탈구조주의 분야의 몇몇 저술가들이 결정론적 인과성에 대한 비판에서 그리고 역사적 목적론의 탈신비화에서 다소 동일한 결론에 도달했던 것입니다. 그리고 이 아우라는 이탈리아와 프랑스 사이의 관계에서만 존재하는 것이 아니며, 또 (이탈리아 오뻬라이스모의 발전과 일치했던) 푸꼬주의 혹은 들뢰즈주의를 형성한 환경들 하고만 관련되는 것도 아닙니다. 이 아우라는 더 넓게는 특히 미국과 라틴 아메리카에서도 나타났습니다. 나아가 이러한 아우라를 이어받아서 맑스주의적인 역사적 사유의 변형에 참여한 또 다른 위대한 흐름을 기억할 필요가 있습니다. 그것은 인도에서 형성되었지만 탈식민주의 연구를 통해서 영어권 전체로 확장된 **써발턴 연구**였습니다. 이들 저술가들 역시 근본적으로 맑스주의적인 역사적 방법론에서 시작하여 그것을 주체적 의미로 활성화시키는 데로 나아갔습니다.

이 후자의 연구자 그룹, 즉 **써발턴 연구** 그룹을 추적해봅시다. 여기서 역사 비판은 **위로부터** 역사 과정을 구축하는 서양 전통과의 발본적인 단절에서, 더 정확하게는 주변부의 역사나 식민지에 대한 유럽 중심적 중층결정이라는 서양 전통과의 발본적인 단절에서 시작합니다. 식민지의 역사 기술은 첫째로 유럽 식민주의의 시혜주의적 구도와 관련이 없는 요소들을 은폐하거나 신비화하는 역사 기술이었으며, 둘째로는 제국적 구성에 대한 반발을 배제하는 역사 기술, 다시 말하면 식민국가 자체가 투쟁에 대한 반응으로 구축되었다는 사실을 은폐하는 역사 기술이었습니다. 제국은 예컨대 영국에서 인도로 그리고/혹은 또 다른 곳으로 이전된 한 묶음의 명령이 아니라, 푸꼬식으로 말하자면 '권력 장치'라 불릴 일련의 명령 기술인데, 이 권력 장치는 매 순간의 투쟁에 대한 지속적이고 정밀한 분석에 기초하여 인식되는 것이며, 자본 관계/자본 지배의 변화와 관련되는 것입니다.[1] 자본주의 체제가 인구를 흡수하는 정도가 높아질수록, 국가와 자본주의 엘리트가 노동계급의 이러한 내부화를 모호한 것으로, 때로는 유지될 수 없는 것으로 느끼는 정도가 더 높아집니다. 그러므로 그들은 주체들의 지속적인 투쟁에 대한 응답으로서 국가를(식민국가이든 아니든) 구축해야만 합니다. 요컨대 여기서 주체들의 자율적 주도권이 분석의 핵심에 놓여 있는 것입니다.

그러므로 역사적 인과의 문제를 제기하는 것 — 그리고 여기서 우리는 인과적 행위와 그 주체의 정의가 얼마나 중대한 충격을 가질 수 있는지를 이해하기 시작합니다 — 은 우리로 하여금 맨 먼저 다음의 물음을 묻게 만듭니다. 우리가 말하는 이 운동이란 무엇이고, 이 주체란 무엇인가? 이제 우리가 말한 주체 혹은 주체성은 지금까지 자본 개념을 분할함으로써, 그 양극 중 한 극이 자율화됨으로써, 말하자면 상대를 부정함으로써 탄생한 것처럼 보입니다. 분명히 중요한 것은 이 주체성을 더 엄밀하게, 더 구체적으로 인식하는 데 성공하는 것입니다. **더 이상 부정적으로가 아니라 구성적으로.** 그러므로 주체가 자본주의적 관계 안에서 움직일 때 전진하기 위해서는 그리고 그것의 역할을 구체적으로 결정하기 위해서는 이 과정에 대한 심화된 정의를 발전시켜야만 합니다. 특히 저는 뒤따르는 두 가지 문제의 해결이 우리가 사용하는 방법론을 더 잘

---

[1] [옮긴이] 단순히 도구들을 가리키는 것이 아니라 푸꼬적 의미의 '장치'(dispositif)를 말한다. 앞으로 '장치'로 옮겨지는 것은 많은 경우 바로 이 푸꼬적 의미의 '장치'이다.

밝히는 데 근본적인 중요성을 가질 수 있다고 봅니다. 첫째 문제는 과정을 근본적인 **불연속성**과 관련시켜 독해하는 것입니다. 말하자면 우리는 역사 과정을 결코 결정론적 용어로 정의되는 단선적, 필연적 과정으로 간주하지 않습니다. 가령 우리는 제국이 존재하지만 또 그것이 존재하지 않을 수도 있었다고 확신합니다. 그것이 만약 존재한다면, 이는 일련의 특이한 힘들의 관계가 결정됐기 때문이며 예측할 수 없는 사건들이 실현됐기 때문입니다. 달리 말하자면, 역사적 발전 일반은, 인과적 분석의 관점에서 볼 때, 결코 **미리 주어지지 않으며** 언제나 과정 안의 주체의 행위에 의존합니다. 그래서 주체의 행위 — 만약 그것이 노동계급의 자율성에 연결된다면 — 는 언제나 **측정불가능한** 행위입니다. '척도의 외부'에 있다는 의미의 그리고 또 '척도 너머'에 있다는 의미의 측정불가능함입니다. 이 운동에 척도를 부여할, 즉 이 운동을 통제할 가능성과 관련하여 '척도의 외부'이며, 이 운동이 때로는 완전히 예측불가능한 상황, 사유가능한 것으로부터 전적으로 외부에 있는 상황을 창출할 수 있다는 의미에서 '척도 너머'입니다.

'척도의 외부'와 '척도 너머'에 관한 이러한 논의는 우리의 방법론을 특징짓는 두 번째 중요한 문제입니다. 명백히 그것은 고전적 맑스주의의 역사 설명 모델에 대한 비판의 진전, 즉 우리가 자본주의적 관계의 적대성을 발전시키면서 그 적대성을 가치척도로부터 해방시켰을 때 이룬 진전과 연결되어 있습니다. 이미 고전경제학에서 그러했던 것처럼 맑스주의에서 가치 개념은 역사 과정에 대한 인과적 설명의 핵심을 이루는 내적 규정을 구성했습니다. 사실 가치 개념이 가치법칙으로 표현될 때, 이는 그것이 노동 규정에 척도를 제공하기 때문에 그러한 것이었습니다. 우리가 제안하는, 자본 관계에 대한 닫힌 파악으로부터 적대에 기반을 둔 열린 파악으로의 이행은 **노동을 제거하는 것이 아니라**, 오히려 그것을 모든 생산 과정과 모든 투쟁 과정의 **핵심에서 확증하는 것입니다**. 오히려 **가치척도가 제거되며** 발전의 균형이라는 기존의 관념이 제거되는 것입니다.

우리가 이러한 가치 규정을 날려버렸다는 사실은, 노동이 모든 역사 발전의 근본적 모태이기를 중지함을 의미하는 것이 아니라, 단지 노동(과 역사 발전에서의 그것의 해방)의 문제가 스미스에서 맑스까지의 고전경제학에서 노동의 탄생을 특징지은 저 측정기준에 더 이상 결부되지 않는다는 것을 의미할 뿐입니다. 이러한 이해방식의 종식은 일관성을 갖지 않은 사전 결정성을 제거함을 의미할 뿐입니다. 이는 발전에 관한 순전히 양적인 이해방식, 역사적으로 규정되지만 보편적 관점에서 고찰되는 그러한 이해방식을 제거하는 것을 의미합니다. 우리는 가치화 과정들이 스스로를 드러내는 형태들 배후에 있는 실제적 변형에 대한 연구로 시선을 돌려야만 합니다. 달리 말해서 역사적 인과성에 대한 우리의 논의를 더 명확하게 하기 위하여, 포괄적 정의에서 벗어나서 이러한 인과성의 효과들을 구체적으로 시기별로 구분하는 데로 이동할 필요가 있습니다. **가치법칙에 대한 논의** — 이는 맑스와 고전경제학에 전형적인 것입니다 — 자체가 **노동조직화의 특수한 국면**과 결부되는데, 그 국면에서는 노동이 실제로, 고전경제학 이론이 예견했듯이, 노동시간이라는 단위로 측정될 수 있었습니다. 하지만 오늘날 가치화 과정은 노동의 사회화를 통해서 완전히 다른 방식으로 구체화되며, 역사적 인과성은 바로 이러한 새로운 시기의 맥락에서 정의되는 것입니다.

이제 (비록 보완적이긴 하지만) 또 다른 논의로 옮겨 봅시다. 역사적 **시기구분**을 행한다는 것은 무엇을 의미할까요? 우리의 경우 우선 그것은 자본주의가 발전한 영역에서 어떻게 국민국가가 종식되는 데 이르렀는지를 정의하는 것을 의미합니다. 따라서 자본주의 발전을 시기별로 구분하는 것, 특히 자본주의가 거쳐 가는 다양한 국면들 중 최종적 단계, 제국적 단계를 특징짓는 것을 의미합니다. 다른 한편 방법론적 관점에서는 자본주의적 관계가 그 영역에서 일어나는 투쟁·충돌·대립과 관련하여 결정된다고, 다양한 형태로 결정된다고 생각하는 것을 의미합니다. 이러한 사회적 투쟁의 관계는 제국 안에서 구체화되고 안정화됩니다. 만일 우리가 자본이 (국민국가의 공고화와 일치하는) 대공업 국면으로 진입하는 것에서 시작하는 근대를 놓고 (더 정확하게는 후기 근대를 놓고) 자본주의 발전의 시기구분을 시도한다면, 우리는 현재적 상황으로 이르는 긴 일련의 국면들을 추적할 수 있습니다. 이미 맑스 자신이 대공업 시대로의 진입을 ─ 어떻게 이러한 진입이 노동자 투쟁의 발전에 의해서 그리고 특히 절대적 잉여가치의 관점에서 이해된 착취로부터, 상대적 잉여가치의 추출을 통한 착취로의 이행에 의해서 결정되는지를 대단히 명료하게 해명하면서 ─ 서술했습니다. 자본의 발전에 대한 경제적 분석에 맑스의 역사적 서술부분들을 덧붙이기만 하면 우리는 이러한 시기구분을 포착할 수 있습니다.

    시기구분의 핵심적이고 우선적인 요소는 주체의 관점에 의해, 투쟁의 관점에 의해, 그 내부에서 운동하며 구축되는 주체화의 적대적 과정이라는 관점에 의해 '대공업'을 이론적으로 정의하고 개념화하는 것입니다. 대공업의 형성 과정과 변형 과정을 정의하기 위하여 일련의 지표를 활용할 수 있습니다. 저는 '대공업' 시기를 두 개의 거대한 국면으로 구분합니다. **첫째 국면**은 1870년부터 제1차 세계대전까지, 즉 파리 꼬뮌부터 1917년의 러시아 혁명까지입니다. **둘째 국면**은 제1차 세계대전의 종식부터 1968년까지입니다. 이제 이 국면들을 정의하기 위하여 그것들을 특징짓는 차이들이 무엇인지 검토해야만 합니다. 더 정확하게는 무엇이 노동과 사회의 다양한 조직형태들에서 프롤레타리아 주체(그 기술적 구성과 정치적 구성)를 특징짓는 차이(변형)인지 검토해야만 합니다. 그래서 첫째로는 **노동과정** 및 그 변양이라는 관점에서, 둘째로는 **소비규범** 및 사회적 재생산 규범의 관점에서, 셋째로는 **정치적·경제적 규제 모델**의 관점에서, 마지막으로는 **계급의 정치적 구성**의 변형이라는 관점에서 검토해야 하는 것입니다.

'대공업'의 첫째 국면, 특히 맑스가 연구한 시기를 검토하도록 합시다. 노동과정의 관점에서 처음으로 기계류의 명령에 전면적인 방식으로 종속되는 노동자의 형상이 발생합니다. 노동자는 기계류의 일부, 더 정확하게는 그 부속물이 됩니다. 노동자는 생산과정에 병합된 노동력입니다. 이는 작업과정에 대해 조금씩 알아가도록 해주는 학습과정에 몰입된 상태로 점차 자격을 습득하는 노동력입니다. 우리는 이 시기를 **전문노동자**의 국면이라고 부를 수 있습니다. 맑스의 서술에서 대공업에 직접적으로 선행한 매뉴팩처 기간과 비교하면 대공업의 이러한 첫 번째 국면에 기술적 구성(즉, 노동자들의 노동에서 테크놀로지적으로 효력이 있는 능력들의 총체)이 심대하게 변형되었습니다. 이 시기에는 노동자가 공장에서 직접적으로 형성되며 (노동자는 차이를 지닌 채 매뉴팩처에 투입되는 장인이 더 이상 아닙니다) 이전의 매뉴팩처에서는 독립적이었던 그의 지위는 이제 점점 더 거대해지고 복잡해지는 기계체계의 보철이 되기 때문입니다.

소비규범의 관점에서 보면 이 첫째 국면은 대량생산의 점점 더 광범위한 성장으로 특징지어지는데, 이 대량생산은 오직 부분적으로만 자본측의 적절한 사회적 규제 능력에 종속되며, 적절한 임금 능력과 짝을 이루지는 않습니다. 여기서는 **낮은 임금**과 **과잉 생산**이 동전의 양면입니다. 이는 대공업의 이 첫째 국면에서 자본의 생산 행위, 즉 노동력의 최대한의 착취를 목표로 하지만 발전 안에 균형을 창출하는 능력은 미진한 생산 행위를 국민국가가 기록함을 의미합니다. 대량생산의 이러한 위기의 파도를 타고 외부 시장, 제국주의적이고 식민적인 판로에 대한 탐색이 발생하는 것입니다.

결과적으로 규제 모델의 관점에서 국가는 금융자본과의 제도적 통합이라는 점점 더 경직된 수준을 향해서 발전하며, 독점의 발전 및 제국주의의 공고화에서 그 정치적 토대와 무대를 인식합니다. 바로 이 국면에서 **제국주의**에 대한 (힐퍼딩에서 레닌에 이르는) 위대한 분석들이 나왔는데, 이 분석들은 지극히 엄밀한 방식으로 이 시기의 특징들을 이론적으로 해부하고 서술했습니다.

마지막으로 프롤레타리아의 정치적 구성의 관점에서는 (대중과 전위, 노동조합과 정당이라는) 이중적 조직화에 기반을 둔, 그리고 (사회주의적 해방 기획을 따르는) 산업생산과 사회의 조직화에 대한 노동자 관리를 마련하는 프로그램에 기반을 둔 **노동운동**의 형성이 있습니다. 노동운동의 형성 및 정치적 발생이 개시되는 것은 이렇듯 (대량생산, 프롤레타리아의 과소 소비, 제국주의적 팽창으로 특징지어지는) 특별히 중대한 상황에서입니다. 이 과정에서는 노동자에 의한 자본주의 발전 자체의 재전유라는 모델이 우세한데, 이는 조직화가 노동자대중의 전문성에 그리고 생산과정에 대한 그들의 상대적 통제에 기초하기 때문입니다. 그리고 이로부터 사회주의적인 사회조직화의 발전이 일어나기 시작하는 것입니다. 그러므로 노동자의 기술적 구성은 사회주의적 조직화의 정치적 구성으로, 그리고 (혁명이 성공했을 때 고용주를 대신해야만 하는) 공장평의회라는 이상으로 적절하게 번역되는 것입니다.

노동가치와 공장에서의 노동의 생산적 능력이 근본적인 것으로 설정됩니다. 그리고 국민국가가 자본주의 발전의 가치를 해석한다는 것을 생각할 때, 노동계급이 (이 시기의 정당들 및 이데올로기에서 규정되는) 국민국가와 동일시된다는 점은 놀랍지 않을 것입니다. 국민국가에 대한 노동운동의 충성심은 제1차 세계대전에서야 비로소 (우리가 아는) 극적인 방식으로 파괴되게 되며, 볼셰비키 혁명에서 그리고 1920년대까지 계속된 일련의 투쟁에서 구체화됩니다.

'대공업'의 두 번째 국면은 1968년까지 지속됩니다. 이 국면을 연구하는 것은 오늘날 우리가 처한 상황 — 노동의 기술적 구성과 (이후에 우리가 '다중'이라 부를) 노동계급의 정치적 구성 사이의 관계가 완전히 새로운 대안들로 열려있는 매우 극적인 상황 — 을 정의하거나 혹은 적어도 분석하는 것의 시작에 해당합니다.

이제 1968년에 이르는 이 대공업의 둘째 국면에 대하여, 이 상징적 연도를 노동방식의 한 도달점이자 그 너머로의 변형의 지표로 설정하면서, 노동과정의 관점에서, 소비규범과 규제규범의 관점에서, 그리고 프롤레타리아의 새로운 기술적·정치적 구성의 관점에서 분석하도록 합시다.

노동과정의 관점에서 프롤레타리아의 새로운 기술적 구성은, 그것이 어떤 구체적 질로부터 추상되었고 그러한 것으로서 테일러주의의 형태로 산업과정에 병합되었다는 의미에서 '추상적' 노동력이 됩니다. 테일러주의의 규범들은 거대한 비숙련 노동자대중을 대단히 복잡한 노동과정에, 소외된 노동과정에 집어넣는 것을 가능하게 만듭니다. 여기서

대중노동자는 생산과정에 대한 시야를 완전히 상실합니다.

소비규범의 관점에서 이는 **포드주의**를 구성하는 국면, 달리 말하면 대량산업에 의해 생산되는 재화들의 구입과 소비를 적절하게 예측하여 임금을 책정하는 것이 자본주의적 관행이 된 국면입니다. 소비주의적 소외가 이러한 규제 모델의 첫 번째 귀결입니다. 그러나 그것만이 아닙니다. 소비규범이 결정하는 관계는 효과적인 내적 규제를 부과한다는 의미에서 복잡한 과정에 직접적 결과를 낳습니다. 공고화된 규제 모델이 **케인즈주의적** 모델이라는 것, 즉 노동자들의 생산 능력과 유효 수요 사이의 균형을 지속적으로 잡으려 하고 또 유지하려 하는 모델이라는 것은, 우연이 아닙니다.

규제규범의 관점에서는 케인즈적 정책에 의하여 추동되어 **개입주의 국가** 모델이 점차 형성되는데, 이는 생산 활동을 뒷받침하고 완전고용을 유지하며 사회복지(유예된 임금의 지출)를 제공합니다. 여기서는 자본주의 발전 안에서 자본과 노동계급의 관계가 노동계급에 이롭게 변화되는데, 이는 다양한 제도적 형태(민주주의적 뉴딜 국가, 통합주의적이고 파시즘적인 국가, 사회주의 국가 등)에 따라서 양자 사이에 균형이 잡히는 상황을 낳습니다.

프롤레타리아의 정치적 구성의 관점에서는 사회주의적 노동자조직화의 경험이 확장됩니다. 특히 미국과 선진 자본주의 국가들에서는 새로운 조직형태가 생깁니다. 대중노동자의 이러한 조직형태들에서 중요한 슬로건은 **노동거부**, 노동조합 평등주의, 모든 형태의 위임에 대한 거부, 대중적이고 기층적인 형태로의 권력의 재전유였습니다. 이는 1960년대와 1970년대 사이에 이탈리아에서 우리가 겪었던 것과 비슷하며, 우리가 국제적 수준에서 목도할 수 있었던 경험이었습니다.

그러나 이러한 시기구분을 더 진행하기에 앞서, 우리는 계급 구성의 형태들과 자본 사이의 관계가 어떻게 결정되는지를 자문해보아야 합니다. 우리는 이러한 관계를 어떻게 정립해야 하며 또 왜 정립해야 할까요? 왜 우리는 삶형태, 노동자 재생산의 조직화에 대해 말하면서 동시에 국가에 대해서도 말하는 것일까요? 이 점에 대하여 얼마간의 해명이 이루어질 필요가 있습니다. 잘 알려져 있듯이 맑스의 『자본론』에는 국가에 관한 장이 없습니다. 『제국』에서 우리는 이러한 결여가 세계 시장의 조직화 — 『자본론』에서 다루어지지 않은 또 하나의 논점 — 에 대한 분석의 결여와 실질적으로 연관된다고 주장했습니다. 이제 우리는 국가가 자본주의 발전 내부에서 규제력으로 나타난다는 것을 압니다. 그러나 이러한 규제 능력은 자본주의 발전 자체에는 외적인 관계들에 기초해 있는 것이며 또 그 외적인 관계들에 의해 공고화됩니다. 이런 의미에서 맑스는, 자본의 국가를 세계 시장의 통제 구도 안에 배치시켜야 하는 만큼, 자본의 국가에 대해 말할 때 커다란 어려움에 직면합니다. 맑스는 자본의 국가를 국민국가로 파악하는 데 성공하지 못했던 것입니다. 맑스는 자본주의 발전의 일반적 도식을 필요로 했는데, 그에게 이 일반적 도식은 전지구적 수준에서만 주어질 수 있는 것이었습니다. 사실 맑스는 **국민국가를 자본주의 발전의 장애로** 간주했으며, (시초 축적의 어마어마한 지렛대였던 경우에는) 자본주의 이전 시대의 잔존물로 간주했습니다.

끝으로 시기구분의 관점에서 더 진전된 규정을 볼 수 있게 하는, 1970년대에 일어난 이행을 분석하는 것으로 되돌아갑시다. 새로운 국면은 근본적으로 새로운 몇몇 요소들로 특징지어집니다. 첫 번째 혁신은 노동과정의 변화와 연관됩니다. 그것은 공장의 자동화 과정과 사회의 정보화 과정으로, 달리 말하자면 사회 전체가 노동하는 것으로 나타납니다. 직접적으로 생산적인 물질노동이 생산과정에서 가졌던 중심적 위치를 잃은 반면, **사회적 노동자**라는 새로운 형상이 출현합니다. 이 새로운 형상은 사회적 생산 네트워크에 의해 확산되는 협동적 노동기능의 해석자로 나타납니다. 사회적 수준에서 협동하는 노동력이라는 이 새로운 형상이 생산과정의 핵심이자 헤게모니가 된 것입니다.

소비규범에 대해 말하자면, 그것은 일반적으로 시장 선택으로 소급되며, 이러한 관점에서 그것은 생산 발전의 사회적 확산과 특이화를 뒤따르는 극단적으로 확산된 **개인주의**라는 형태로 표현됩니다.

규제모델에 대해 말하자면, 그것은 지금까지 말해진 것의 귀결로서 **다국적인 선들**을 따라서 확산되는데, 첫째 국면에서는 화폐적 차원을 거치고 그 다음에는 금융시장을 거치며 마지막으로는 정치적·제국적 기능의 구체화를 거쳐 나아갑니다.

프롤레타리아의 구성에 대해서 말하자면, 그것은 사회적으로 되지만, 노동의 질료의 관점에서는 점점 더 **비물질적**이 되며, 형태의 관점에서는 이동적이고 다양하며 유연하게 됩니다.

저는 다시금 방법의 차원에서 하나의 최종적 논점을 강조하고자 합니다. 만약 제가 말한 것들이 가능하다면, 그리고 만약 제국의 발생 및 **제국**의 내적 질서와 관련된 인과관계 도식이 어떤 방식으로든 형성되기 시작한다면, 우리는 근대가 우리에게 남긴 것들 ― 노동 범주, 자본 개념 및 국가 개념, 권리에 대한 정의와 국가에 대한 정의, 국제법 범주와 그에 따른 국제 사회 범주 등 ― 이 필시 노후한 것들이 될 매우 중대한 상황에 있는 것입니다. 그런데 만약 우리가 다른 개념적 규정들 위에서 움직이기 시작해야 한다면, 이는 우리가 어떤 질적 비약에 직면하고 있음을 의미하는데, 이 질적 비약의 과정에서 지금까지 자본주의 시대의 인과관계와 변형에 대한 우리의 추론을 지탱해온 동력과 과정 자체가 어떤 방식으로든 문제시된다는 것입니다. 다시 말해서 세계적 명령의 구성과 같은 사건이 존재한다는 사실은 과학적 설명에 비약이 있다는 것을 의미하는데, 이 비약은 모든 것을 변경하고 우리로 하여금 이 순간까지 우리가 해온 작업에 사용된 범주들을 재고하도록 하며 이전의 범주들을 쓸모없게 된 것으로 간주하도록 합니다.

우리는 바로 거의 모든 '포스트' 범주들(포스트테일러주의적, 포스트포드주의적, 포스트케인즈주의적, 포스트사회주의적, 포스트코뮤니즘적 등)을 총괄하기 위하여 근대에서 **탈근대로의 이행**을 말하는 것입니다. 분명히 우리는 '탈근대'라는 용어를 사용할 때 20세기의 마지막 분기에 철학이 사용했던 것과는 매우 상이한 의미로 사용합니다. 특히, 료따르나 보들리야르가, 그리고 일반적으로 역사적 현재를 고찰하는 특정의 방식을 처음으로 탈근대라는 용어를 가지고 정식화했던 모든 사람들이 금지한 거대 서사의 관점에서 우리가 말하고 있다는 것은 명백합니다.

다른 한편 우리는 법학 연구와 사회학 연구의 영역에서 구축되었고 예를 들어 울리히 벡과 같은 몇몇 독일 연구자들과 프랑스 연구자들이 표현한 이와 유사한 담론에 주목합니다. 그들은 '탈근대'라는 용어의 사용을 거부하고 오히려 '초근대'hypermodern 혹은 '후기 근대'라는 용어의 사용을 선호합니다. 사실 용어에 대한 이러한 반대의 배후에 존재하는 것은 이 연구자들이 근대 범주의 종식을 받아들이길 거부한다는 사실입니다. 이들이 '탈근대'라는 용어의 사용에 반대할 때, 이는 이들이 국민국가, 국제법 등의 이름들과 개념들을 보존하고 사용할 가능성이 어떻든 간에 있다고 생각하기 때문입니다. 이와 달리 우리는 역사적 현실의 변화의 원인을, 개념적 단절의 원인을, 그리고 새로운 어휘를 수립할 필요를 투쟁의 동학에서 발견하는, 그러한 역사적 인과론을 강조하는 것입니다.

앞서 말했듯이 맑스는 국민국가를 자본주의 발전의 장애로, 설사 시초축적을 위한 어마어마한 지렛대였을지라도 오직 부분적으로만 자본과 동일시될 수 있는 어떤 것으로 남아있는, 자본주의 이전 시대의 잔재로 간주했습니다. 하지만 이러한 맑스의 주장은 자본주의적 축적 형태의 정치적 발전과 관련하여 분석되어야 합니다. 그리고 분명 첫째 국면에서 주권과 자본 (주권 개념과 자본 개념) 사이의 구분이 의심할 여지없이 크지만, 자본주의 발전이 이루어지면서 점차 두 개념 사이에 (상동적 관계 혹은 동일한 관계는 아니더라도) 유비적 관계가 형성됨은 확실합니다. 사회가 자본에 포섭되는 바로 그만큼 (즉, **노동의 형식적 포섭**에서 **실질적 포섭으로** 이행하는 만큼) 모든 사회적 관계는 어떤 의미에서 생산관계가 됩니다. 따라서 이때 **주권 관계와 자본 관계는 어떤 방식으로든 중첩되게 됩니다**. 실질적 포섭은 사회적인 것의 자본화를 의미합니다. 결국 착취의 중심이 직접적으로 사회로 이동하는 것입니다. 가치법칙의 위기는, 그리고 그에 따른 (이제는 모든 사회적 연관에서, 특히 협동에서 일어나는) 착취와 수탈의 탈측정화는 명령의 직접성을 낳습니다. 그러므로 실질적 포섭의 시기에 명령은 착취 과정 외부에서 덧붙여지는 어떤 것이 더 이상 아니며, 착취 과정을 직접적으로 조직하는 어떤 것입니다. 우리가 이렇게 말할 때, 우리는 주권 개념과 자본 개념 사이의 일종의 임계적 동일성을, 혹은 적어도 일종의 심오한 상동성을 인식하는 것입니다.

이 모든 것은 국민국가의 진화에 타당한 것일 뿐만 아니라 특히 국경을 가로질러 전지구적 협치|governance를 정의하는 데도 타당한 것입니다. 전지구적 협치는 자본주의적 발전의 논리에 직접적으로 내재하고 있습니다. 그리고 사실 여기서 칼 슈미트의 허무주의적 용어로 구축된 주권론과 같은 것을 위한 공간은 더 이상 존재하지 않습니다. 예외적 공간에 대한 결정은 그것이 자본주의가 필요로 하는 기능으로 될 때까지 축소됩니다. 피종속자의 복종은 더 이상 일방적 토대 위에서 형성되지 않을 것이며, 자본주의적 관계를 해석하게 될 것입니다.

(이 모든 것에 관해서는 이 첫 번째 강의에 첨부된 주권 개념에 대한 글을 보십시오.)

이렇게 역사적 방법을 다루면서 우리는 한편으로는 칼 맑스의 역사적 작업들에 의거하여, 그리고 다른 한편으로는 『노동자와 자본』Mario Tronti, *Operai e capitale*, Einaudi, Torino 1966에서 마리오 트론띠가 맑스의 작업을 다시 정교화한 것에 의거하여 역사적 인과성에 대한 이론을 재정식화하고자 했습니다. 나아가 또 우리에게 대단히 중요했던 것은 랴나짓 구하Ranajit Guha를 중심으로 하는 인도학파의 써발턴 연구였습니다*Selected Subaltern Studies*, ed. R. Guha and G. C. Spivak, Oxford University Press, New York 1988 참조. 이 책은 일부가 *Subaltern Studies. Modernità e (post)colonialismo*, Ombre Corte, Verona 2002로 번역되었음. 그러나 여기서 다루어야만 하는 주제는 인과적 결정이 표현하는 목적론적 기능입니다. 맑스주의에 대한 비판(과 또한 오뻬라이스모에 대한 비판)은 실제로 맑스의 인과성을 (그것이 투쟁 과정에 의해 나타내어지더라도) 결정론적 관계라고 비판합니다. 저는, 설령 종종 결정론적 긴장으로 가득 찬 변증법적 심급들이 역사적 유물론에 잔존하고 있다는 데 의심의 여지가 없다고 하더라도, 이러한 비판이 타당하다고 생각하지 않습니다. 나아가 『자본론』 2권의 몇몇 부분들에서 보이는 경제주의적 규정들은 이 어려움을 피하는 데 도움을 주지 않습니다.

저는 오뻬라이스모 내부에서 폭넓고도 효과적으로 이 문제와 대결하였으며 따라서 오늘날 제안되는 유형의 방법론은 그 정의를 근본적으로 수정하고 간교한 결정론적 해석을 배제하는 일련의 요소들을 포함한다고 생각합니다. 이미 저의 『시간기계』Antonio Negri, *Macchina tempo*, Feltrinelli, Milano 1982; parziale riedizione, *La costituzione del tempo*, Manifestolibri, Roma 2000에서 투쟁의 시간을 의미하는 맑스적 시간의 연속성과 불연속성이 절대적으로 불시성untimeliness의 지평 위에서 고찰됩니다. 특히 자본주의의 시간성은 스스로를 불연속적인 것으로 만들면서 구성적으로 되며, 불시성은 주체성으로 열리는 것입니다. 실질적 포섭에 대해 앞서 이루어진 논의와 축적관계의 사회화에 대해 앞서 이루어진 논의 사이에는 명백히 크나큰 유사성이 있는데, 이 축적관계는 사회적으로 되면서 말하자면 주체화됩니다. 이렇듯 생산적 시간의 불연속성에서 존재론적 이행이 결정되며, 구성된 존재는 언제나 새로 구성하는 존재인 것입니다 ······.

역사적 인과성이라는 주제와 관련해서는 다시 한 번 저의 『맑스를 넘어선 맑스』A. Negri, *Marx oltre Marx*, Feltrinelli, Milano 1979; riedizione, Manifestolibri, Roma 2001 2를 보십시오. 여기서는 맑스의 사유를 결정론적 속박에서 해방시키고자 하면서 인과에 대한 분석이 (다소 변증법적인) 기계론적 지평으로부터 장치론으로 이동합니다. 또한 여기서 장치론의 푸꼬적, 들뢰즈적 원천을 고찰하면서 우리는 객체적인 것으로부터 주체적인 것으로의 전위轉位를, 구성적 행위가 활성화한 원인에 대한 정의로의 전위를 목격합니다. 우리는 존재론적 인과성 안에 있는 것입니다. 자본주의적 관계를 주체상호간의 관계(노동자와 자본이 서로 대

---

2. [한국어판] 안토니오 네그리, 『맑스를 넘어선 맑스』, 윤수종 옮김, 중원문화사, 2010.

립하는 관계로서의 자본)로 만들면서 트론띠가 자본주의적 관계에 대해 행한 탈신비화가 이제 구성적 차원으로 발전하는 것입니다. 저는 이런 방식으로 역사적 인과성 이론의 재구성이 가능하다고 봅니다.

물론 시기구분의 문제와 관련해서도 우리는 동일한 전제를 염두에 두어야 합니다. 우리가 따라간 두 경로 중 하나는 노동 범주의 변형과 결부되는데, 이는 시초축적에서 비물질적인 것의 헤게모니로의 이동으로 정의될 수 있습니다. 다른 하나는 노동 범주와 국가 범주 사이의 관계를 설정하며, 그리하여 국민국가를 넘어서는 제국의 출현으로 정의될 수 있습니다. 이러한 두 관점의 바탕에는 근대로부터 탈근대로의 이행에 대한 인식이 있습니다. 이러한 이행을 말할 수 있다는 점을 저는 (마이클 하트와 함께) 『디오니소스의 노동』M. Hardt e A. Negri, *Il lavoro di Dioniso*, Manifestolibri, Roma 1995 3에서 보여주었습니다. 노동 범주와 국가 범주 사이의 관계에 대해서는 루치아노 페라리 브라보의 『포드주의로부터 지구화로』Luciano Ferrari Bravo, *Dal fordismo alla globalizzazzione*, Manifestolibri, Rome 2001가 이룬 엄청난 성과를 참조하십시오. 시기구분 작업의 풍부한 정교화는 「오늘날의 계급 상황에 대한 해석 : 방법론적 측면」A. Negri, "Interpretation of the Class Situation Today: Methodological Aspects" in *Open Marxism*, vol. Ⅱ, Pluto Press, Cambridge 1992, pp. 69~105이라는 제목의 글로 발표된 저의 20가지 테제에서 볼 수 있습니다. 물론 분석 경로를 일단 완료하고 나면 새로운 패러다임에 대한 정의에, 이 경우에는 비물질노동의 헤게모니에 대한 정의에, 즉 일반지성의 모델에 도달하게 됩니다. 이러한 주제들을 둘러싼 논의에 대해서는 이 책의 두 번째 강의를 보십시오.

---

3. [한국어판] 안또니오 네그리・마이클 하트, 『디오니소스의 노동』1, 2권, 이원영 옮김, 갈무리, 1996~7.

보론

주권[1]

마이클 하트와 안또니오 네그리

제한된 주권과 9·11

2001년 9월 11일 뉴욕과 워싱턴에 가해진 공격이 주권의 지위를 변화시킨 것은 아니지만, 아마도 변화가 일어났다는 것을 더 분명하게 지각시켜준 것이기는 했을 것이다. 특히 그것은 실체론적 주권개념이 부적절함을 드러냈다. 주권은 자립적인 실체가 아니며 오히려 지배자와 피지배자 사이의 관계이다. 주권적 권력은 결코 절대적이지 않다. 그것

---

1. 이 글은 2001년 12월 워싱턴의 미국 인류학회(Associazione Americana di Antropoligia)에서 발표된 것이며, 마씨밀리아노 비도또(Massimiliano Vidotto)에 의해서 번역되었다.

은 끊임없이 피지배자에 대한 헤게모니를 공고히 하고 재생산하고자 한다. 그러므로 복종하는 자가 명령하는 자만큼이나 주권의 기능과 주권의 이념 자체에서 본질적인 위치를 차지한다. 그래서 실체론이 주장하는 것과 같은 식의 주권의 배타적 원천은 존재하지 않는다.

미국이 세계의 일부라는 것을 혹은 정말이지 미국 정부는 주권의 자립적 원천이 아니라 주권의 현재 형태를 정의하는 전지구적 관계들의 체제에 통합되어 있음을 9·11이 결정적으로 보여줬다고 할 수도 있다.

근대 시기 전체에 걸쳐 국제 무대는 각각의 주권을 서로 제한하고 또 종속국 및 종속지역을 지배하는 일단의 강력한 주권 국가들에 의해 지배되었다. 그러나 제국으로의 이행이 일어나는 현재에는 지배적인 국민국가의 주권이 손상을 입는 한편, 초국적이며 전지구적 통제로 향하는 새로운 제국적 권력으로 주권이 이전되며 또 그 제국적 권력에 의해 주권이 변형된다. 그렇다면 이 제국적 주권은, 그것이 말하자면 전체 지구를 둘러싸고 있는 한에서 어떤 의미에서는 외적으로 무제한적이라고 말할 수 있다. 제국적 주권은 바깥을, 외부를 갖지 않는다. 하지만 또 다른 의미에서 주권은 지배자와 피지배자 사이의 관계에 의해서 전적으로 제한된 채 남아있(으며 또 그렇게 남아있게 마련이)다. 이 후자의 의미에서 주권은 언제나 이중적 측면을 가지며, 필연적으로 그것은 이중권력의 체제인 것이다.

제국으로의 이행과정에서 주권의 외적 한계가 사라지는 경향이 있기 때문에 주권적 권력들 사이의 갈등으로 이해된 전쟁은 이제 거의 중요성을 갖지 않는다. 반면 주권의 사회적 대립이 내적 경계들에서 축적되고 있다. 이러한 내적 분할선들은 언제나 그리고 불가피하게 주권 안에서 내전이 일어날 가능성을 낳는다. 제국에서는 내전이 ― 그 폭발을 막는 데 늘 전력하는 치안활동과 함께 — 이 주권의 이중적 본성의 유일하게 적실한 표현이다.

9·11은 이러한 제국적 내전의 시작을 알리는 것이 아니다. 우리는 한참 전부터 일종의 영구적 내전 상태와 같은 시간을 살고 있으며, 평화적이라고 간주되는 시기에조차도 그랬다. 우리는 제국적 주권을 정의하는 내전의 이러한 다양한 양태들의 복잡성을 이해해야만 하며, 어떻게 그것이 (진정한 평화를 낳을 수 있는) 해방 투쟁으로 변형될 수 있는지를 알아내야 한다.

그램분자적 역사와 분자적 역사

한 걸음 뒤로 물러서서 어떻게 주권의 이 새로운 형태가 탄생했는지를 살펴볼 필요가 있다. 주권이 어떻게 돌연히 전형적인 근대 유럽 제국주의 형태로부터 현대적인 제국 형태로 변형되었는지를 정치 체제에 대한 분석의 틀 안에서 확인할 수 있다. 냉전이 이러한 이행의 주요한 국면을 나타낸다. 그러나 냉전 시기 동안 일어난 주권의 변형은 그 과정을 그램분자적 관점에서 보는지 아니면 분자적 관점에서 보는지에 따라 대단히 상이하게 드러난다. 그램분자적인 것과 분자적인 것의 차이는 단순히 규모와 관련되는 것이 아니며, 또 개인적인 것과 집단적인 것의 차이와 관련되는 것도 아니라는 점을 매우 간단히 설명해야 할 것 같다. 분자적인 것과 그램분자적인 것이라는 용어는 모두 사회적 집단을 가리킨다. 즉 두 유형의 무리 혹은 인구를 가리킨다. 그램분자적인 것은 통합과 대의의 과정을 통해서 응집되고 통일된 총체를 구성하는 거대한 집성체 혹은 통계적 집단과 관련된다. 반면 분자적인 것은 동질성에 기반을 두지 않는 성좌 혹은 네트워크를 형성하는 미시다양체들 혹은 더 정확하게는 특이성들을 가리킨다.

그러므로 그램분자적 관점에 따르면 주권의 형태 혹은 주권의 본성은 실제로 냉전 기간 동안에 변하지 않는다. 오히려 이행은 주권적 권력들의 수의 점진적 감소 — 여러 개로부터 두 개로, 그 다음엔 한 개로 — 나타난다. 냉전 이전에 유럽 제국주의 시대에는 여러 주권적 권력들이 있었는데, 주로 끊임없이 대립하는 유럽 국민국가들이었다. 제국주의적 기획에 전제된 주권 형태는 국민국가의 주권으로 정의된다.

제국주의는 국가 주권이 단지 외국 영토로 확장된 것이었다. 따라서 그램분자적 관점에서 볼 때 냉전은 제국주의적 주권 형태의 지속을 나타낸다. 두 개의 주요한 권력블록(혹은 두 초강대국)은 단순히 유럽 국민국가를 계승한 것이었고 긴 전쟁을 단일한 전선에 집중시킨 것이었다. 제2세계에서 소련은 동유럽의 여러 국가들이 주권적 권력들이 아니라는 점을 반복적으로 입증했는데, 이는 소련의 헤게모니가 결코 완성되지 않았음에도 그랬다(이와 관련하여 주목할 만한 것은 중국과 유고슬라비아가 상당한 자율을 성공적으로 획득했다는 점이다). 이와 유사하게 제1세계에서는 특히 서유럽에서 많은 국민국가가 일정한 상대적 독립을 유지했지만, 결국 두 초강대국의 양극적 배치에는 저항할 수 없었다. 식민지 지배로부터의 해방 이후에 형성되었든 아니면 다소 최근에 구성되었든, 제3세계 국민국가들은 분명 주권적이지 못했다. 그들은 두 초강대국 중 하나의 뒤에 정렬하도록 강제되었다. 궁극적으로는 핵무기가 양극화된 세계의 주권을 결정했다. 요컨대 그램분자적 관점에 따르면 냉전 기간은 초강대국의 주권 이외의 모든 주권들을 박탈하는(결코 완전하거나 절대적이었던 것은 아닌) 경향을 함축하는 것이다.

이러한 모델에서는 냉전 이후의 세계가 단일한 초강대국, 유일하게 남아있는 주권적 권력에 의해 대표되어야 한다고 추론하는 것이 논리적이다. 이로써 제시되는 것은 순전히 양적인 역사이다. 주권적 권력들의 수가 줄어들고 주권의 크기가 증가하지만 주권 형태 자체는 변하지 않는다는 것이다. 이와 달리 분자적 관점에서 보면 냉전 시기 동안에 **주권의 실질적 형태의 변형**이 있었음을 발견할 수 있다. 냉전이 주권 국가권력들 사이의 대립의 전지구적 확장으로 제시되는 것이 아니라, 국가 주권의 침식으로, 결국 새로운 비국가적 주권의 형성으로 제시되는 것이다.

주권 형태의 변형은 냉전 동안 미국에서 출현한 적敵의 표상에서 더 잘 인식될 수 있다. 사실 미국은 적인 공산주의의 두 유형에 직면해야만 했다. 그램분자적 관점에서 적이 다른 주권적 권력인 소련으로 확정될 수 있는 것이라면, 분자적 관점에서는 적이 불분명하고 불투명하며 유령같았다. 분자적인 공산주의자는 잠재적으로 모든 곳에, 미국 전역에, 아니 세계 전역에 있었다. 적은 포착되지 않았으며 때때로 마치 뒤엉킨 정글 속으로 사라지듯이 군중 속으로 사라졌다. 달리 말해 적은 부동의 주권적 주체가 아니라 포착할 수 없고 쉽사리 한정할 수 없는 무정형적인 네트워크였으며, 자율적이고 견고한 실체라기보다는 전염성이 있는 바이러스였던 것이다.

매카시즘은 편재하는 위협 및 위치를 확정할 수 없는 위협과 주권적 권력이 대면할 때 생기는 히스테리의 표현이었다. 비주권적인 적 — 내부와 외부 모두에 있는 적 — 과의 전투는 결국 국민국가 자체의 주권을 침식하는 것이 된다. 국가의 고유한 영토로부터 권위의 외적 원천을 배제하는 능력이 주권의 근본적 조건 중 하나인데, 이제 내부와 외부 사이의 구분이 점차 축소되면서 이 조건이 잠재적으로 불가능해지는 것이다. (어디에나 있는 이 비가시적 적은 국가 주권 변형의 원인이라기보다는 징후일 것이다.)

이러한 분자적 추이의 귀결은 **외부가 없는 주권**, 혹은 더 정확하게는 내부와 외부 사이의 차이를 인식할 수 없는 새로운 주권 형태의 출현이다. 이러한 관점에서 볼 때 냉전은 역사적 연속성보다는 변화의 시기이다. 이 시기에 일국적 형태의 주권의 쇠퇴와 함께 새로운 전지구적 형태의 주권이 탄생한 것이다.

물론 이러한 두 가지 관점이 동등하게 인정받은 것은 아니었다. 냉전에서 분자적 차원은 그램분자적 차원에 의해서 의도적으로 가려졌다. 예컨대 미국에서는 노동조합조직들이 공산주의적·사회주의적 활동을 한다고 볼 뿐만 아니라 모든 사회적 차이와 대립을 양극화 구도에 투사하려는 경향이 있었다. 모든 사회적 위협 혹은 거부가 반미적이라고, 따라서 적국과 동맹하는 것이라고 비난될 수 있었다. 완전히 거울과 같은 방식으로 소련 역시 모든 형태의 내적 위협을 외적인 적으로 투사했다. 이러한 행태는 제3세계 독립 전쟁에서 더 극명하게 드러났는데, 이로 인해서 종전終戰으로 다가가면서 관련된 국가들은 두 초강대국 중 하나의 뒤에 줄을 서야만 했던 것이다. 어떤 경우든 사회적 표현들의 분자적 특수성과 다양성이 그램분자적 강제에 의해 가려졌다.

그러나 오늘날 분자적 전개가 우선적이고 결정적이라는 것은 분명하다. 그리고 회고해보면 우리는 아마도 분자적 전개가 언제나 그러했음을 확인할 수 있을 것이다. 현재 세계의 어떤 국민국가도, 심지어 가장 강력한 것일지라도, 주권적이지 않다. 그리고 가정된 적들도 국민국가가 아니다. 적들은 널리 퍼져 있으며 있는 장소가 확정될 수 없는 비가시적인 네트워크이다. 오늘날 주권적 국민국가를 적으로 이해한다거나 그와 연관된 유형의 전쟁을 생각하는 것은 아마도 지나간 세계에 대한 향수병에 기초해 있는 순전한 환상일 것이다.

주권의 모순들

이렇듯 주권은 분자적 동학에 의해 정의되는데, 이 분자적 동학이 주권의 내적인 한계에 끊임없이 압력을 행사하며, 그리하여 그 이중적 본성을 부각시킨다. 만약 우리가 주권이 양면적 개념이라고, 지배-피지배 관계라고 생각한다면, 우리는 제국주의 시대에 이르기까지 긴 근대 시기 전체를 특징지은 일련의 모순들을 포착하게 된다. 무엇보다도 근대적 주권의 군사적 측면, 즉 피지배자의 삶 혹은 죽음을 결정하는 힘을 생각해보라. 어떤 의미에서 핵무기는 그런 특권을 절대화한다. 그러나 이러한 절대적 권력은 ― 스스로 분신한 베트남 승려의 항거로부터 자살 폭파자의 폭파행동에 이르는 ― 자살행동들에 의해 근본적으로 문제시된다. 제국적 주권과 맞서는 투쟁에서 삶 자체가 부정될 때, 주권이 삶과 죽음에 대해 행사하는 힘은 무용지물이 된다. 신체에 대한 절대적 무기가 신체의 자발적이고 절대적인 부정에 의해 무력화되는 것이다. 달리 말해 제국 시대에 군사작전과 치안활동을 통합한 통제의 테크놀로지가 된 **주권적 전쟁 상태**는 **삶정치적 투쟁 형태**에 직면하여 견고한 토대를 상실한다. 이 경우 주권은 더 이상 절대적이라고 주장할 수도 없을 뿐만 아니라 결정적인 위기에 돌입한다. 이러한 맥락에서 주권은 필연적으로 대화적이 될 수밖에 없다.

사업과 금융의 세계에서도 유사한 발전이 나타난다. 통화제정권과 화폐유통의 통제권이 경제적 주권을 정의하지만, 이것 또한 제국적 변형을 겪어왔다. 물론 어느 정도 국가 구조에 의해 통제되는 몇몇 지배적인 통화(달러, 유로, 파운드, 그리고 엔)가 존재하지만, 또한 자본주의적 관계의 거대한 사적 규범화 과정이 발전되었다. **국제상관습법**은 중세 상인의 교역을 규제하는 통합적인 관습법이었다. 즉 일국의 공법이나 관습법의 외부에서 기능했던 — 예컨대 중세의 거대한 장터들에서 매매관계를 규제했던 — 국제 상법이었다. 오늘날 우리는 탈근대의 **국제상관습법**의 탄생을 목격하고 있다. 즉 주로 상업회사, 해운회사, 보험회사, 은행으로 구성된 국제적 공동체가 공유하는 법적 협정에 기초해 있는 초국적 관습법의 탄생을 목격하고 있다. 견고하게 발달되고 구체화되었으며, 계약과 금융 메커니즘 — 여기서는 대체로 법률사무소가 법률을 만든다 — 에 의해서 정의되는 이 장치들에 의해서 전지구적 경제 관계들의 많은 측면들이 규제된다.

이러한 초국적 상법은 국민국가의 법적 구조와는 매우 독립적으로 기능한다. 그런데 그렇다면 누가 **국제상관습법**을 보증하는가? 특히 사회적 갈등이 제국적 권위를 위협하는 경우에 누가 **국제상관습법**을 보증하는가? 이런 중대한 때에는 **국제상관습법**이 위험을 감수할 수 없으며 현재와 미래의 경제적 가치를 보증할 수 없다.

이러한 이상한 상황에서 주권 개념은 그 이중적 본성을 다시 한 번 드러내어 보여준다. **국제상관습법**을 보증하고 또 보장하기 위해서 주권적 권력이 요구되지만, 그러한 보호는 결코 배제의 메커니즘을 따르지 않고 포함의 메커니즘을 따른다. 즉 언제나 모든 거래당사자들의 필요에 따라 결정이 이루어지며, 그 결과는 기묘한 준^{準}민주주의적인 상거래상의 합의이며 대화의 형태를 띤다.

전쟁 테크놀로지의 위기가 첫째 사례였고, 위험으로부터의 안전보장의 위기가 두 번째 사례였다면, 세 번째 사례는 언어를 통제할 권력 및 필요와 관련된다. 오늘날 포스트포드주의적 생산에서는 언어가 그 자체로 생산력이 되었다. 기호 장치 전체가 산 노동의 창조성에 맡겨진 것이다. 바로 이것이 우리 사회의 지배적인 창조의 형태를 구성하는 것이다. 사람들은 언어로 노동하며 기호로 구성한다. 이러한 국면에서 기호, 언어, 생산씨스템의 의미들과 기의^{記意}들의 장을 통제한다는 것이란 모든 가능한 직렬적 연관을 초과하는 무엇이며, 그리하여 어떤 절대적이거나 일방적인 통제를 초과하는 무엇이다. 이 경우에도 주권의 폭력을 뒤흔드는 자살 공격의 경우와 마찬가지로, 의미의 창조적 장이 언어에 대한 절대적 통제의 가능성을 부식시키는 것이다.

이것이 제국에서 주권이 놓여 있는 조건의 일부라면, 이제 주권의 절대적 통제의 모든 측면이 균형을 잃고 흔들거리게 된다. 군사 권력은 언젠가는 시합에 참여하도록 상대방을 초빙해야만 한다. 조만간 **국제상관습법**은 자신의 보증인에게 구원을 요청해야만 하는데, 이는 국가(와 다중)를 경기에 참여시키기 위함이다. 그리고 오늘날에는 그 어떤 지배 형태와 독재 형태도 언어를 통제하면서 동시에 언어적 생산을 장려할 수가 더욱더 없는데, 이는 언어가 단순히 의사소통의 도구가 아니라 그 자체가 직접적으로 생산적이기 때문이다. 이러한 각각의 측면과 관련하여 제국은 자신의 내적인 한계와 이중적 본성을 인정하도록 강제되는 것이다.

내전

만약 우리가 이제 단 하나의 주권적 권력 — 국민국가가 아니라 전지구적 주권 형태 — 이 존재하는 세계에 있다면, 모든 전쟁은 필연적으로 내전이다. 단 하나의 사회, 즉 전지구적 사회 내부에서의 전쟁이라는 의미에서 그렇다. 그램분자적, 분자적인 두 개의 경쟁적 관점 — 그램분자적인 것과 분자적인 것 — 이 여기서 내전에 대한 상이한 해석으로서 다시 나타난다. 그램분자적 이론에 따르면 내전은 잠재적으로 서로 독립적이고 주권적인 두 권력들 사이의 대립으로 특징지어진다. 이 관점에서 보면 예를 들어 19세기 미국의 내전은 분리주의적 남부에 맞서는 연방주의적 북부의 대립으로 해석된다. 우리 시대에는 쌔뮤얼 헌팅턴의 문명충돌론이 이런 종류의 그램분자적 관점을 제시한다. 이에 따르면 강력하게 주권적인 문명권과 지역적으로 독립된 문명권이 전지구적 체제 안에서 자율과 헤게모니를 획득하려고 싸우는 것이다. 반면 분자적 전망은 상당히 상이한 내전의 상을 제시한다. **분자적 내전**은 사회적 갈등이 하나의 공통적 공간에서 다양한 전선을 따라 중첩되는 구조로 특징지어진다. 이 경우에도 분자적 이해가 실재에 더 가깝다.

유럽에서 근대가 시작될 때 주권은 두 가지 상이한 양상으로 제시되었다. 첫 번째 양상은 군주제였는데, 이는 권력의 통일성과 내부에서의 한계의 부재를 요구하는 체제였다. 오늘날 이는 더 이상 가능하지 않다. 오늘날 주권은 아무리 노력해도 통일성에 도달하지 못한다. 반면에 주권의 이중성은 늘 다시 나타난다. 제국에서 주권적 권력의 불안정성은 이렇듯 그 정의定義의 일부이다. 탈근대의 불안정성은 사회와 연관된다기보다는 주권적 권력과 연관된다. 근대 유럽의 주권적 권력의 두 번째 양상은 주권과 대화할 수 있는 국민people의 창출을 핵심으로 한다. 오늘날 이러한 양상 또한 더 이상 가능하지 않다. 국민은 더 이상 존재하지 않으며, 분자적 동학을 따르고 차이를 주장하며 교차와 혼종화를 실험하는 다중만이 존재하는 것이다.

이러한 조건으로 인해서 제국적 주권은 내전의 개념으로 열린다. 이것은 그램분자적 내전이 아니라 ― 주권적 권력이 적을 악의 통일적 근원으로 보려고 하면 언제나 좌절할 것이다 ― 분자적이고 분산적인 내전이다. 제국이 제국적 주권으로 구성된 바로 그때 제국적 주권은 위기에 빠지는데, 이는 그것이 외부의 적에게 위협받기 때문이 아니라 (제국에는 더 이상 '외부'가 없다) 모든 방향으로 산포된 많은 내적 긴장들로부터 위협받기 때문이다. 그러므로 주권은 절대적이지 않고 상대적인 권력이며, 그것이 수많은 적대를 해소할 수 있으며 때때로 힘의 관계들의 시간적·공간적 해체에 개입할 수 있다는 가설 위에서 기능한다. 헤라클레이토스가 말했듯이, 주권은 전쟁이며 전쟁은 결코 단순히 둘이서 하는 시합이 아니라 다양성에 의해서, 다중에 의해서 정의되는 것이다. 제국에서 태어난 내전이 해방을 위한 투쟁의 특징을 띤다는 보장은 전혀 없다. 사실 빈자, 억압된 자, 정당한 자의 이름으로 행해진 수많은 전쟁은 단지 제국적 권력 위계에서의 우위를 위한 투쟁이었다. 대지의 저주받은 자들의 이익을 대변한다고 주장하는 세력이 모두를 위한 정의와 평화를 상징한다고 주장하는 또 다른 세력과 충돌하는 것이다. 그러나 이러한 내전은 제국적 위계 안에서 벌어지는 복잡한 권력 투쟁에 다름 아니다. 다중이 제국적 통제에 대립하는 내전의 다른 축을 어떻게 발견할 수 있는가? 제국적 권력 위계의 변형뿐만 아니라 주권 자체의 전복과 주권 없는 전지구적 민주주의의 구축을 어떻게 구상할 수 있으며 실현할 수 있는가? 제국적 사회 전역에서 일어나는 내전이 어떻게 종식되어 진정한 평화를 달성할 수 있는가? 분명 우리가 아직 이러한 물음들에 적절한 답을 주지는 못하지만, 오늘날 이 물음들이 가능한 제국적 주권론의 핵심을 이룬다. 그러한 이론은 주권적 권력의 실체적 모호성 ─ 두 얼굴의 야누스 ─ 에 가하는 다중의 분자적 압력에 주목해야 한다.

몇몇 고고학적 전통들

19세기와 20세기 유럽의 정치 문화는 주권 개념을 내적 한계 없이 기능하는 절대적 장치로 환원하고자 하였다. 칼 슈미트Carl Schmitt는, 장 보댕Jean Bodin과 토머스 홉스Thomas Hobbes와 같은 이들에 의해 설계된 근대 초기의 절대 주권론을 혁신함으로써, 이러한 개념을 가장 잘 정식화할 수 있었다. 이러한 맥락에서는 생살여탈권Vitae necisque potestas이 주권적 권력에 대한 근본적이고 일방적인 정의이다. 유사한 방식으로 조르조 아감벤Girgio Agamben은 추방의 고대적 형태에서 주권의 예외상태의 본질을 재발견하고자 하였다. 이 모든 것은 더 이상 기능하지 않는다. 20세기 말에 제기된 것은, 다양한 권력들 사이의 충돌의 효과로 이해된, 주권 실재론이다. 마키아벨리와 공화주의가 보댕과 슈미트에게 승리한 것이다.

오늘날 주권의 위기는 심각하며 심대하다. 왕은 진정 벌거벗었다. 주권은 단지 무용한 지배에 지나지 않는 것이 되는 경향이 있다. 우리가 보았듯이 사실 통치하기 위해서는 군사력, 금융력, 언어력을 독점하는 것으로 충분하지 않다. 주권을 절대적 권력으로 변형하려는 기획은 환상이다. 그리고 이는 비극적 망상으로 끝날 수 있다. 탈근대에 들어와서 국가 주권이라는 표준이 붕괴됨과 함께, 그리고 제국적 과정이 전개됨과 함께, 지배적 국가권력들이 (주권의 원리를 내적 한계가 없는 권력으로 부활시키고자 하면서) 일방적으로 제국의 중심, 제국적 권력의 **비장소**를 차지하려는 모습을 우리는 목격하고 있으며, 계속해서 목격할 것이다.

유물론적인 역사 해석은 주권의 메커니즘이 언제나 적대적 유형이었음을 인식하게 해주는 하나의 길이다. 가령 생산 모델에 대한 분석은, 그것이 다중이 생산 활동에 능동적으로 참여하는 것을 항상 포함하는 한에서, 지배 형태의 변형과 그 효율성을 서술한다. 상이한 생산 체제들의 분석이라는 관점에서 볼 때, 아감벤이 환기시킨 **호모 사케르**는 법의 신화적 고고학의 형상이라기보다는 도주하는 노예이다. 그는 16세기 농민전쟁에서 착취에 못 견뎌 반란을 일으킨 독일 농부이다. 그는 맹렬한 투쟁을 통해 노동 생산물을 재전유하려 한 19세기 프롤레타리아이다. 요컨대 이 모든 것이 주권이 본질적으로 빈자를 지배하고 빈자의 표현능력을 착취함으로써 기능한다는 것을 입증한다. 그러나 이러한 표현능력은 그 자체가 생산이기에, 빈자는 삶을 지속하기 위하여 스스로를 계속적으로 표현해야만 한다. 모든 절대적 주권 개념이 이러한 모순에 의해서 위기에 봉착한다. 제국적 상황에서 주권이란 생산 주체들이 필수적으로 고려되는 전면적 적대의 관계이다. 이러한 적대는 극복될 수 있고 화해될 수 있는 모순이 아니며, 대화의 양상 및 대화의 주역을 정의하는 것이다.

주권과 전쟁

국민국가와 그것의 근대적 주권이라는 낡은 세계를 부활시킴으로써 지구화의 다면적 힘들을 통제하거나 봉쇄하는 것이 가능하다고 생각하는 사람들이 있다. 프랑스에서는 이렇게 생각하는 사람들 중 일부가 '주권주의자'라 불리고 미국에서는 (판이한 이데올로기적 의제를 가진) 다른 이들이 '일방주의자'라는 이름으로 통한다. 그러나 이러한 보수적 경향은 거의 어디에서나 만날 수 있다. 심지어 뽀르또 알레그레, 즉 대륙간 해방행진이라는 공적 축제의 공간에서도 그와 같은 주장을 발견할 수 있다. 그 비용이 얼마든 간에 지구화를 되돌릴 수는 없으며, 특히 낡은 주권 모델을 재구축하는 것은 불가능하다고 답하기는 쉽다. 다음과 같이 덧붙이는 것이 필요하다. 지구화가 바람직한 것일 수 있으며, 혁명 과정에 상응할 수 있고 그것의 일부일 수 있다고 말이다. 근대 시기의 혁명 과정에는, 지구의 지배적 국가들에서의 노동계급의 봉기와 스스로 계급이기를 거부하는 그들의 욕망이 포함되어 있었으며, 또한 식민지 민중의 해방 투쟁과 국민이기를 거부하는 그들의 욕망이 포함되어 있었다. 이제 지구화의 시대에도 이와 유사한 욕망이 주권의 실제적 가능성을 파괴할 수 있다. 이 욕망은 제국적 지배를 파열시키는 내전에서 발현된다.

다중의 해방으로 향하는 길을 가려는 사람이면 누구라도 제국적 내전으로의 이행과정이 제공하는 이러한 엄청난 가능성을 고려해야만 한다. 현재 우리가 처해 있는 영속적인 전쟁의 억압적 상태를, 진정한 사회적 평화를 궁극적으로 가져올 수 있는 해방전쟁으로 변형시키는 것, 바로 이것이 다중에 걸맞은 기획인 것이다.

강의 2
사회적 존재론에 대하여 : 물질노동, 비물질노동, 삶정치

보론
지구화와 민주주의

강의 2

사회적 존재론에 대하여 :
물질노동, 비물질노동, 삶정치

저는 역사적 연쇄의 관점에서 방법론적 주제를 논의하면서 지금까지 얘기된 것을 뒤잇고 싶습니다. 결론은 분명합니다. 역사적 교직물이 새롭게 짜일 때, 이와 함께 인식론적 관점의 전환도 일어나게 됩니다. 앎의 방법과 사실들에 실제로 접근하는 방법이 변형되는데, 특히 **실천적인 관점에서**, 즉 에피스테메가 실재에 삽입된다고 보는 관점 — 이는 곧 행위의 장치의 관점입니다 — 에서 더욱 그러합니다. 그러므로 역사적 맥락이 변할 때마다 방법 역시 변하는 것입니다. '영원한' 보편적 방법은 존재하지 않습니다. 구체적으로 결정된 보편적 방법들, 특정 상황과 특정 시대에 '일반적으로' 유효한 방법들이 존재하는 것입니다. 방법의 구체적 규정이 그것의 보편성만큼이나 중요합니다. 이것이 우리가 오늘날 예컨대 1857년 『정치경제학 비판 요강』에 붙인 맑스의 저 유명한 「서설」을 접할 때 직면하는 문제입니다. 젊은 시절 우리는 저 방법론적 규정을 필연적인 것으로 제시한 맑스주의 '정통파'에게 박해를 받았습니다. 그러나 사태가 그와 같이 진행될 수는 없습니다. 맑스의 방법의 긍정적 구축은 19세기 중반의 생산관계로 특징지어지는 실제적이고 특이한 상황에 상응하는 것입니다. 그래서 우리도 우리의 방법론을 구체화하기 위해서는 우리 시대에 우리가 서 있는 사회적 무대에서 우리를 둘러싸고 있는 실재에 대한 분석을 발전시켜야 합니다. 바로 이 모든 것과 대면하면서 우리는 이런 상황에 적절하고 또 효과적인 방법을 다듬어내려고 해야 합니다.

우리가 매우 어려운 이론적 조건에 있음을 강조하는 것으로 강의를 시작하려 합니다. 이 어려움은 우리가 방법을 정의함과 동시에 사태, 즉 분석되어야 하는 상황도 규정해야 하는 데서 옵니다. 현재의 실제적 상황에서 방법이 접근해야만 하는 대상을 포착하는 것은 어려운데, 이는 필시 대단히 중요한 구조적 변화가 일어났기 때문일 겁니다. 사실 과거에는 방법론적 사유가 언제나 관찰 지점과 관찰 대상 사이의 일정한 **이중성**을 설정했다는 점을 염두에 두도록 합시다. 그러나 오늘날 외부는 더 이상 존재하지 않는 듯합니다. 이것이 바로 제국에 대한 논의의 기초를 이루는 방법론적 문제들 중 하나입니다. 만약 외부가 더 이상 존재하지 않는다면, 여기서 우리가 정의하기를 원하는 문제, 대상과 대면하는 데 있어 일정한 어려움이 발생합니다. 우리는 내부에 있지 외부에 있는 것이 아니며, 안에서 움직이고 있는 것입니다. 이러한 '몰입되어 있음'이 모든 일반적인 방법론적 기준들 — 안정된 어떤 사태에 대해 외부로부터 접촉할 수 있도록 하는 것, 그리하여 역사적 관계를 결정하고 고정시키며 그것에 의미를 부여하는 저 객관적 안정성으로부터 서사가 흘러나오도록 하는 바로 그것 – 을 폭파시킵니다. 그런데 몰입되어 있다는 점에 대한 이 각성을 통상적으로 뒤따르는 것은 강력하게 상대주의적인 고찰입니다. 그리고 인식적 상대주의를 통상적으로 뒤따르는 것은 윤리적 회의주의입니다. 이 모든 것과 달리, 맑스의 정신을 이어받는 우리는 이러한 상대주의적 방법이 절대적 입장을 표현할 수 있다고 주장할 것입니다. 우리는 인식적 상대주의가 그것이 가로지르는 실재 안에서 **입장을 취할** 수 있으며, 실재의 내부에 공통적 윤리의식으로 자리 잡으면서 실재를 재구축할 수 있다고 주장할 것입니다. 우리는 책임의 공통 윤리에 대해 말하고 있는 것입니다.

맑스의 「서설」에는 사실 방법 안에 있으면서 방법을 절대화하는 외부가 여전히 있었는데, **사용가치** 개념이 바로 이 외부였습니다. 사용가치는 방법이 실재를 그때마다 새로이 발견하는 모험에 나서기 이전에 자신을 공고히 하는 데 출발점이 되는 정박지와도 같았습니다. 잘 알려져 있듯이 맑스는 모든 것이 자연과 문화 사이에서 생산된다고 말했습니다. 역사 과정에서는 모든 것이 사용가치이거나 교환가치였습니다. **사용가치**는 말하자면 상품 객체의 **태내에** 있는 어떤 것이었습니다. 반면 교환가치는 생산방식 발전의 총체 안에서 사회정치적 관계로부터 도출되는 것이었습니다. 극단적인 예로 노동력을 들어보면, 노동력은 처음에는 순수한 사용가치였는데, 그 다음에 상품으로, 즉 시장에 내놓은 교환가치로 되었던 것입니다.

오늘날 우리는 사용가치가 완벽히 변모되고 개조된 현실에 직면해 있습니다. (이것이 사회적 존재의 존재론과 관련하여 첫 번째로 주목할 점입니다.) 제1강에서 저는 우리가 발본적인 새로움, 사건, 그 극단에서는 **괴물**을 기다리고 있다고 말했습니다. 사실 우리는 이미 괴물을 가지고 있습니다. 괴물은 바로 노동 형태의 변형, 생산력의 변형입니다. 우리는 상품을 생산하고 세계를 구축하기 위하여 탈물질화된 형태로 활동하는 것입니다. 나아가 우리는, 오늘날 생산에 접근할 수 있게 하고, 이를 통해 인간 사이의 관계 및 사회적 존재의 재생산에 접근할 수 있게 해주는 것은 바로 앎의 능력임을 점점 더 크게 확신하게 됩니다. 그렇기에 우리는 **비물질노동의 존재론**, 혹은 더 정확하게는 비물질노동의 헤게모니가 그 내부에서 일어나는 **비물질적 존재의 존재론**을 발전시킬 필요가 있는데, 여기서 비물질노동은 주체들과 사회 운동들에 의해서 표현되는 (그리하여 그들이 생산에 이르게 되는) 지적·소통적·관계적·정동적 활동의 총체로 간주됩니다.

방법론적인 동시에 인식의 내용과 관련되는 이러한 가설의 토대는 맑스의 소위 '기계에 관한 단상'으로 거슬러 올라갑니다. 『정치경제학 비판 요강』의 이 핵심적인 대목에서 맑스는 미래의 발전된 자본주의에서 일어날 노동 형태의 발전에 관한 가설을 전개시킵니다. 여기서 맑스는 노동이 점점 더 비물질적으로 되리라는 것, 즉 노동이 그것을 구성하는 지적·과학적 에너지에 점점 더 근본적으로 의존하리라는 것을 예견합니다. 맑스에 따르면, 비물질적 성질을 띠게 되고 또 지적·과학적 에너지에 의해 조직되는 노동은 이전의 자본축적 조건들을 비본질적이고 무용하게 만듭니다. 달리 말해 파괴합니다.

결국 노동시간의 측정이 세계의 노동 질서를 고정적으로 유지하기 위한 규범으로서 무의미하게 되는 것입니다. 하지만 이에 대해서는 이미 충분히 얘기했습니다. 맑스는, 노동일은 더 이상 순수하고 단순한 노동시간으로 환원될 수 없다고 말합니다. 그리고 공장만이 아니라 자본주의 사회의 생산의 총체가 고려될 때에는 노동시간이 때로 비본질적으로 된다고 덧붙입니다. 이전에는 상품을 생산하는 데 일정량의 단순노동시간이 요구되었다면(또 하나의 자연주의적 환상입니다), 혹은 여하튼 더 많은 수의 상품들을 생산하는 데 노동량의 증가가 필수적이었다면, 오늘날 우리는 이와 달리 생산의 모든 증가가 지적 활동의 표현을 통해서, 과학적 발명의 생산력을 통해서, 특히 물질 변형 활동을 정교화하는 데 과학과 테크놀로지를 엄밀하게 적용함으로써 이루어진다는 사실을 관찰하게 됩니다. 결국 우리는 생산시간(그리고 역사시간)의 기능이 발본적으로 변형되는 상황에 직면하게 됩니다. 예를 들어 어떤 능력이 생산에 직접 적용되는 시간보다 그 능력이 형성되는 과정이 훨씬 더 중요하게 되었다는 것은 명백할 것입니다. 자본주의적 가치실현의 제고를 위한 조건을 (과거와는 달리) 더 이상 구성하지 않는 적은 양의 노동시간의 축적보다는 지식을 육성하고 그것을 행동을 향해서 그리고 정신적 결정을 향해서 나아가게 하는, 생산과정 외부에 있는 관계의 시간이 점점 더 중요해지는 것입니다.

그러므로 우리는 한편에서는 **노동시간**이 다른 한편에서는 이 시간의 **척도**(그리하여 가치법칙)가 **생산의 중심적·계량적 요소로서 점점 덜 중요하게 되는** 그런 상황에 있는 것입니다. 오히려 사회적·집단적 개인이 생산 가치를 규정하는데, 이는 노동이 소통적·언어적 형태로 조직되고 지식이 협동적인 어떤 것인 상황에서는 생산이 지적·언어적 노동을 구성하는 연관들 및 관계들의 통합성에 (즉 이러한 **집단적 개인**에) 점점 더 의존할 것이기 때문입니다.

이 지점에서 맑스의 통찰의 선은 두 가지로 나타납니다. 첫 번째 선은 노동이 기계를 감독하는 노동으로 될 것이라는 예견입니다. 이렇게 되면 우리는 많은 자유시간을 가지게 될 것입니다. 이 대목에서 푸리에에 대한 칭송, 기쁨과 자유시간에 대한 찬양을 보는 것은 우연이 아닙니다. 반면 이것보다 훨씬 현실적인 두 번째 선은 삶시간과 노동시간의 일치를 고찰하는 것으로 나아갑니다.

이 후자는 맑스적 유토피아가 아닙니다. 더 정확하게 말하자면, 유토피아로 보일 수 있었던 것이 이제 진실이 되었습니다. 오늘날 우리는 사실 지적 노동의 헤게모니로 특징지어지는 실존 방식 및 생산 방식 안에 살고 있습니다. 우리가 **인지자본주의 시대**에 들어섰다고들 말합니다. 자본주의가 이러한 변화를 통해서 어떤 형태로 스스로를 표현하고 자신의 발전을 규정하는지가 연구되고 있습니다. 특히 사람들은 매뉴팩처를 지나고 대공업 발전에 뒤이은 **자본주의의 세 번째 이행**에 대해 말합니다. 이러한 인지적 시대에 가치 생산은 창조적인 지적 활동에 점점 더 의존하는데, 이 창조적인 지적 활동은 모든 희소성과 관련된 가치화를 넘어서 존재하며, 또한 대량 축적, 공장 축적 등을 넘어서 존재합니다. 인지자본주의의 고유성은 가치를 생산하는 혁신적 요소들을 일반화된 사회적 활동 안에서 포획하는 데 있습니다.

슘페터가 혁신적 발전을 정의하는 주변적 요소로 간주한 것, 즉 생산적 반복을 깨뜨리면서 가치를 창조하고 발전을 창출하는 새로운 요소의 진가를 알아보는 것이 오늘날에는 발전 전체를 특징짓게 되었습니다. 여기서 우리는, 앞에서 "더 이상 외부는 존재하지 않으며 심지어 주변적 외부조차 존재하지 않는다"고 말하면서 시작했던 맥락과 긴밀한 내적 연관을 가지는 어떤 것을 정의하고 있는 것입니다. **자본주의의 발전, 자본주의의 가치 창조**는 가치 자체의 사회적 포획이라는 개념에 점점 더 기반을 두게 됩니다. 이러한 혁신의 포획, 창조적 활동의 표현은 생산의 점증하는 사회화의 결과입니다. 이는 또한 기업이 그 기업에 속하지 않은 네트워크에 의해서 생산된 부를 가치화할 수 있어야 한다는 것을 의미합니다. 기업은, 그리고 인지자본주의 조직은 인지 노동의 사회적 흐름의 포획을 통해 주어지는 사적인 전유 능력에 점점 더 기반을 두게 됩니다. 그 결과는 착취가 절대적 잉여가치의 수탈로 회귀한다는 점인데, 그 까닭은 생산을 위해 자본이 단지 명령만을 사용하기 때문입니다.

명령이라는 주제가 잉여가치 추출에서 핵심적이며 착취를 특징짓는 데 근본적이라고 볼 때, 우리는 자본주의의 기능을 기생적이라고 부르기 시작하는 셈입니다. 하지만 이러한 인식을 신비화하지 않도록 대단히 주의를 기울일 필요가 있습니다. 맑스가 『자본론』에서 서술했고 그리하여 코뮤니즘 전통에서 받아들여진 자본의 진보적 기능이 실제로도 우리에게 근본적인 역할을 해왔는데, 이는 지구화가 투쟁을 낳았고 자본이 효과적인 근대화를 부과했다는 점에서 그렇습니다. 하지만 오늘날 우리는 이러한 진보적 기능의 위기와 대면합니다. 위기인가요 아니면 종말인가요, 위기인가요 아니면 **파국인가요**? 사실 거대한 위기는 우리가 소위 '도구의 변증법의 종식'을 목격한다는 사실에 달려있는데, 여기서 도구성은 자본이 노동자에게 노동 도구를 제공한다는 사실을 의미합니다. 인간의 뇌가 노동 도구를 재전유할 때, 자본은 도구에 대한 명령을 구현할 가능성을 더 이상 갖지 못합니다. 그리하여 도구의 변증법이 종식되는 것입니다. 이 문제를 다른 관점에서, 즉 정치적 통제의 기술이라는 관점에서 자본주의 발전을 바라보면서 검토하도록 합시다. 도구의 변증법이 존재하는 한 자본은 생산과 재생산에서 개인을 훈육하거나 인구를 통제할 것입니다. 하지만 노동의 패러다임 전체가 변화될 때, 노동이 대중지성에 의해서 생산에 투입되는 지식 전체를 구성할 때, 정치적 통제는 전쟁을 통해서 행사되게 됩니다. 그러니까 전쟁이, 그리고 오직 전쟁만이 기생적 자본에 의해서 행사되는 통제 형태입니다. 전쟁이 바로 자본주의적 질서의 장치가 되는 위기인 것입니다.

기생적 자본이라는 것을 다른 관점에서, 즉 **노동의 사회화**라는 관점에서 고찰하도록 합시다. 여기서 자본은 사회적 노동이 이미 창출한 가치를 포획하는 한에서만 생산적으로 됩니다. 그러므로 여기서 명령 기능은 정보를 봉쇄하는 위협으로, 인지적 과정에 대한 훼방으로 조직됩니다. 요컨대 기생적 자본은 특히 지식·협동·언어의 운동을 **정지**시킴으로써 가치를 추출하는 자본인 것입니다. 자본가는 살고 또 재생산하기 위하여 매번 사회에 공갈을 칠 수밖에 없고, 사회적 생산 과정이 명령을 초과하는 것으로서 나타날 때마다 그 과정을 봉쇄할 수밖에 없습니다.

물론 우리는 기생적 기능으로서의 자본에 관한 고찰을 계속해서 진행시킬 수 있습니다. 그러나 지금부터는 사회적 생산의 초과를 낳는 일반지성의 중요성을 상기하면서 자본의 긍정적인 측면을 고찰하고 싶습니다. 사실 생산력은 주체들로부터 태어나고 협동 안에서 조직됩니다. 그러므로 일반지성의 시대에 생산적 협동은 자본에 기초하는 것이 아니라 반대로 비물질적 노동력의 능력, 협동적이지 않을 수 없는 정신노동의 능력, 스스로를 협동적 형태로 표현하지 않을 수 없는 언어적 노동의 능력에 기초하는 것입니다. 말하자면 자본주의 발전이 **새로운 시초축적**, 일반지성 자체가 핵심이 되는 그러한 축적을 낳는 지점에 이른 것입니다. 이 경우 특징적인 것은 지적으로 되거나 혹은 여하튼 비물질화된 노동력이 (시초축적의 형태로) 형식적으로는 그 외부에 있는 사람들도 그것의 발전에 포함시키면서 전염병처럼 확장된다는 점입니다.

여기서 파리에서 제가 지도한, 캘리포니아 남부의 멕시코 지역의 정보 시초축적에 관한 탁월한 박사학위논문이 생각납니다.[1] 이 논문이 서술하고 있는 것은 초기 정보산업의 확산에 따라서 생산 패러다임이 완전히 변형된 과정입니다. 처음에는 이 과정이 자본주의 시장을 확장하고 (아메리카 캘리포니아와 멕시코 캘리포니아 사이의) 불평등 교환이라는 관점에서 가난을 생산하는 지역을 형성할 것 같았는데, 사실은 정반대로 진행되었습니다. 다시 말하면 어제까지 완두콩과 오렌지를 수확했던 치카노들이 이제 칩을 끼우기 시작했고, 또한 모든 배제의 선(線)을 파괴하기 시작했으며 모든 경계선을 넘어서기 시작했고 노동시장을 확장하기 시작했습니다. 그리고 이 모든 것은 자신들의 주도권과 자기가 치화의 충동 및 긴장에 기반을 두고 이루어졌습니다. 그러므로 우리는 진정 고유한 정보의 시초축적을 목격하고 있는 것입니다. 그런데 여기서는 산업의 시초축적에 비하면 자본가의 명령이 상대적으로 생산 영역 외부에 있으며 협동의 힘이 어디서든 자생적으로 확장됩니다.

만약 이것이 현재 상황에 대한 서술이라면, 우리의 물음은 (방법의 독립성과 같은 것이 여전히 존재한다면) 이러한 실제적 상태에서 방법은 무엇이며 어떻게 그것이 작동할 수 있는가일 것입니다. 분명 이 지점에서 방법이 가졌다고 볼 수 있는 독립성은 최소의 외재성, 즉 최소의 '외부'가 여전히 가용하다고 가정한다면 매우 상대적인 것입니다. 사실 만약 방법이 지식 활동이라면 (이를 받아들이는 것이 논리적인 것인 것 같습니다) 그것은 이제 생산방식의 일부여야만 하며 생산방식에 내

---

[1]. [옮긴이] 미국 캘리포니아 남부의 멕시코 지역은 'Baja California'라고 불린다.

재적이어야만 합니다. 우리가 지식을 구축하여 지식을 생산하는 바로 그 순간에 우리는 바로 그와 같은 방식으로 상품을 생산합니다. 방법이 어떻게 정의될 수 있는가라는 물음에 대해 우리는 다음과 같이 답합니다. 그것은 비생산적인 것이 출현할 때에만, 즉 인지적 생산 활동인 정보가 봉쇄될 때에만, 정보 과정이 방해될 때에만, 그리고 일반적으로 지식·협동·언어의 운동을 저지하는 어떤 것이 존재할 때에만 분명해진다고 말입니다. 그러므로 사회적 가치 포획이 방해되는 순간에만, 자본이 계속해서 존재하기 위하여 생산과정을 봉쇄할 수밖에 없을 때에만, 오직 그 때에만 가치는 그 독립적인 사회적 힘을 보여주는 것입니다. (그리고 방법이 과정 내부로부터 그 과정을 우리에게 제시하는 것입니다.) 우리는 이제 자본을 진보적인 힘으로 보는 데서 매우 멀리 떨어졌기 때문에 어떻게 자본이 스스로 존재하기 위해서 가치의 사회적 포획 과정을 봉쇄해야만 하는지 이해할 수 있습니다. 이 과정은 자본의 명령 능력을 넘어서는 초과적인 것이기 때문입니다. 이러한 논의의 배후에 있는 방법 개념은 **노동의 인지 활동으로의 변형이 가치화의 극단적 초과 ― 지식이 자신의 모든 산물을 초과하는 것 ― 로 특징지어진다는 사실을** 제시하(고 드러내며 입증하)는 것입니다. 방법은 이러한 초과의 일부이며 이 초과 안에서 그 자신의 상대적 독립성을 획득합니다. 만약 지식이 생산에 투입된다면, 이러한 노동의 생산성은 부의 증가 외에 지식의 진전도 낳을 것입니다. 제가 말한 것을 분명히 하는 하나의 사례는 네트경제의 위기, 즉 정보제공·정보처리 체계의 총체가 더 이상 호기심의 초과, 인지적 활력의 초과를 따라잡을 수 없다는 사실입니다. 이제 존재론적 관점에서 우리가 여기서 말하는 것은 패러다임의 변화, 자본주의가 조직되는 일반적 모델의 변화가 정말로 존재한다는 점입니다.

만약 이것이 사실이라면, 우리는 우리의 물음을 재차 반복해야 합니다. 방법에 대한 새로운 해설은 어떻게 가능합니까?

그러면 지금까지 말해진 것에 기초하여 재차 이 물음에 답하고 새로운 방법론 해설의 몇몇 요소들을 제공하기로 합시다. 우리가 맑스에게 집요하게 행한 비판이 그의 추론의 구조로부터, 그의 논리의 근본 범주들로부터 이탈하는 것이 전혀 아니라는 사실을 강조하는 것은 흥미롭습니다. 우리의 비판은 그 범주들을 완벽하게 하기 위해 그것들을 문제삼았던 것입니다. 중요한 것은 우리의 비판이 맑스의 관점을 능동적으로 이해한다는 점입니다. 사실 전체 패러다임을 변화시킨 노동의 변형이 존재와 역사의 창조적 구도로부터 노동을 제거하는 것은 아닙니다. 단지 노동이 변하고 바뀌고 있으며 점점 더 **인지적인 활동**으로 되고 있다는 사실을 확증할 뿐입니다. 맑스주의 사유와의 연속성이라는 관점에서 볼 때 근본적인 또 다른 요소는 우리 경험에서 이러한 노동이 여전히 **착취되는 노동**이라는 사실입니다. 이 지점에서 맑스 존재론의 두 가지 전제를 요약하는 것이 유익할 것 같습니다. 첫 번째 전제는 세계가 노동에 의해서 창조된다는 것입니다. 두 번째 전제는 자본주의가 존재하는 한 이러한 노동은 언제나 착취된다는 것입니다. 그러므로 우리는 한편으로는 세계를 구축하는 노동력을 분석하고, 다른 한편으로는 착취로부터 노동을 해방시킬 가능성을 분석해야 합니다. (착취가 무엇인지는 발전의 중단을 언급할 때 이미 보았는데, 이 발전의 중단은 절대적인 방식으로 – 위기로서 – 제시될 수 있거나, 아니면 세계 시장에 대한 자본주의적 명령의, 언제나 다양하며 또 다양하게 기능하는 위계적 변조를 따라서 제시될 수 있습니다.)

존재론을 논하기로 한 선택의 배후에는, 유물론에서 존재란 존재하는 것이며 따라서 실재적인 것을 발명할 수는 없다는 주장을 진부하게 강조하는 것만이 있는 것이 아닙니다. 이러한 논의에는 (예를 들어 **스피노자주의**가 전형적으로 나타내는) 근대의 대안적인 유물론에 부합되는, 구성의 관점에서 존재를 철학적으로 인식하려는 시도 또한 존재합니다. 이것이 존재의 해방이라는 상상적인 것 안에서 방법을 사유할 수 있게 합니다. 이때 방법은 모든 초월, 모든 외부가 세계로부터 추방된 것으로 봅니다. 그리고 자율적으로 세계를 생산하고 구축하는 능력을, 사람들이 살아가고 생산하면서 의거하는 가치들을 그 세계 안에 투사하는 능력을 인간에게서 재발견합니다. 이러한 발본적인 유물론적 혹은 내재론적 주장이 방법에 대한 우리의 접근법에 존재합니다. 이러한 접근법은 생산적인 것과 생산된 것 사이에서, 구체적인 것과 추상적인 것 사이에서, 주체적인 것과 객체적인 것 사이에서, 구성적인 것과 구성된 것 사이에서 움직이는 법을 알려줍니다. 이러한 개념쌍에서 중요한 것은, 탈근대적 차원의 생산에서 독점적인 분석 영역으로 드러나는 내부입니다.

둘째로 방법은 그 과학적이고 유효한 규정들을 **산 노동** 개념 안에 통합하는 것을 가능하게 해야만 합니다. 더 정확하게 말하자면 우리는 **방법**을 지식의 관점에서 즉각 **산 노동**으로 정의할 수 있어야만 합니다. 그래서 그로부터 유래하는 생산과정은 지성이 모든 생산에 제안하는 긍정적 혼종화에 열려있어야 합니다. 말하자면 방법은 언제나 노동의 변형을 그 각각의 형태에서 안으로부터 뒤따를 것입니다.

셋째로 방법은 착취 개념과 착취 현실의 재고찰을 분석의 핵심으로 삼아야 합니다. 만약 이제 착취가 모든 미리 구성된 법률의 외부에서 형태를 이리저리 바꾼다면, 또 생산적 협동의 수탈과 그것의 위계화 사이에서, 언어적 노동과 체계의 표준화 사이에서 작용하는 가변적 기능으로 제시된다면, 자본은 노동을 착취하면서 다양한 종류의 **배제**를 초래할 것입니다. 지식과 능동적 앎의 확장에 대해, 그 흘러넘침과 가치의 초과에 대해 사유하는 것은, 정신노동의 폭발적 지형학에 대해 사유하는 것을 의미하며 또 그 활력을 봉쇄하려는 자본의 시도에 대해 사유하는 것을 의미합니다. 제국은 **전지구적 아파르트헤이트** 정책을 모든 수준에서 가치를 표현하는 능력을 세분하고 봉쇄하고 종속시키는 능력으로서 구축합니다. 제국적 착취는 바로 이러한 기계가 되는데, 이는 경쟁 시대의 자본주의적·제국주의적 착취와는 대단히 다른 것입니다.

이 논점을 마무리하도록 합시다. 우리가 착취에 포함된 주체의 반작용성을 다룰 때 방법은 우리를 전체 과정 안에 있게 해야만 합니다. 특히 그것은 협동적 결정들을 통합해야만 하며 동시에 직접적이고 연속적인 지식의 초과 ─ 이는 필시 저항이라고도 불릴 수 있을 터인데, 이에 대해서는 나중에 살펴볼 것입니다 ─ 를 포착하는 데 성공해야만 합니다.

사회 운동의 지속적·변형적 인과성이 실로 자본 개념에 **진입하는** 것인데, 점점 더 긴밀한 형식으로 그렇게 됩니다. 이러한 운동들은 더 이상 외부를 가지지 않으며 자본의 틀 안에 배치됩니다. 다양한 축적과 실천이 체험을 가로지르는데, 이는 그 동학의 귀결이며 궁극적으로는 **삶정치적 차원**에서, 즉 더 이상 단지 생산에만 연결되는 것이 아니라 분명 삶 전체에 연결되어 있는 장치에서 드러나는 것입니다. 그래서 우리는 이러한 결론에 방법론적으로 도달합니다. 예를 들어 자본이 삶 전체를 점령했다고 말하는 식으로 **외부로부터 도달하는 것이 아니라, 안으로부터 도달합니다.** 삶 전체를 점령한 것은 노동이라고 보는 것입니다. 그것은 착취된 노동이자 지적 노동입니다. (이와 관련하여 우리는 종종 다시 제기할 가치가 있는 논점과 만납니다. 사람들이 비물질노동에 대해서 말하고 언어 혹은 정동적 연관 등으로 조직된 상위의 생산형태에서 비물질노동을 식별해낼 때, 사실 대개는 이러한 과정들에 대한 지나치게 관념적이고 지나치게 심리적인 이해가 표현됩니다. 이는 방법론적 어려움을, 특히 물질노동과 비물질노동의 혼종화를 배제하는 어려움을 낳습니다. 전자는 조금씩 발전하면서 후자의 안으로 끌려들어갑니다. 즉 물질노동은 자신을 변형하면서 점점 더 지적, 비물질적 노동의 내부로 들어가게 되어가는 것입니다. 이에 대해서는 예를 들어 농업노동이 새로운 테크놀로지에 의해 비물질노동에 점점 더 동화되어 간다는 사실이 제기하는 역설을 생각해보는 것으로 충분합니다 …… .)

우리의 방법론적 노력을 전진시키기 위하여, 이제 우리는 **삶정치의 정의**를 성찰해야 하는데, 푸꼬에게서 그것이 나타나는 방식에서 출발하고자 합니다. 이 용어는 18세기 말과 19세기 초 사이에 권력이 보여준, 일정 수의 훈육과정들을 통해서 개인들을 통치할 뿐만 아니라 인구를 구성하는 살아있는 사람들의 총체 또한 통치하는 경향을 지칭합니다. 삶정치는 국지화된 삶권력들을 통해서 건강·위생·영양·섹슈얼리티·출생률의 관리에 관여하며, 그리하여 이러한 주제들이 근대국가 발전에서 권력에게 중요한 문제가 될 정도가 됩니다. 강의의 이 부분을 전개하면서 저는 **주디트 레벨**Judith Revel**의 요약**을 따르고자 합니다.

푸꼬는 역사적 관찰에서 출발합니다. 즉 프랑스 절대 왕정의 고전주의 시대부터 권력은 인구의 재생산 일반 — 건강·위생·영양 등과 연관된 재생산 — 에 관여한다는 의미에서 인구에 관심을 갖기 시작한다는 사실에서부터 움직입니다. 그러므로 삶정치 개념은 그것이 나타난 시대의 통치의 정치적·기능적 합리성에 대한 역사적 분석을 포함하는 것입니다. 이 경우에는 역사적 성찰이 **자유주의**의 탄생과 연관되는데, 자유주의는 푸꼬의 관점에서는 언제나, 전유의 효과를 극대화하는 데 (그리하여 그 비용을 감소시키는 데) 국한되는 통치가 아니라 무엇보다도 너무 많이 통치할 위험으로 특징지어지는 어떤 것으로 이해되어야 합니다. 고전주의 시대에 절대국가는 그 자신의 기능의 성장을 통해서 권력을 발전시켰지만 자유주의적 성찰은, 푸꼬에 따르면, 국가의 존재에서 출발하여 자신의 목적을 달성할 수단을 통치에서 찾으려 한 것이 아니라, 사회로부터, 즉 국가 내·외부의 복합적 관계로부터 시작한 것이었습니다. 이러한 형태의 통치(혹은 통치성)은 규범의 생산과 해석 메커니즘으로 이해된 순수한 법적 분석으로 환원될 수 없을 뿐만 아니라, 예를 들면 맑스주의 유형의 경제적 독해로도 환원될 수 없는 것입니다. 오히려 (법적·경제적 기능을 모두 포함하는) 통치의 새로운 과학은 인구를 그 대상으로 하며, 그리하여 인구가 조직되는 다양한 형태에 스며드는 **권력 테크놀로지**로 제시됩니다. 이제 이러한 관점에서 인구는 공존하는 살아있는 존재들의 총체인데, 이 존재들은 특수한 존재적/생물적 특징을 나타내며 그들의 삶은 노동력의 더 나은 관리를 통해 사회의 질서 있는 성장을 보장할 목적으로 통제될 수 있는 것입니다.

1981년에 바히아Bahia 대학에서 개최된 콘퍼런스에서 푸꼬는 다음과 같이 주장했습니다. "인구의 발견 및 그와 동시에 개인의 발견과 조작가능한 신체의 발견이 서양의 정치 과정의 변형의 중심에 놓여 있는 특수한 테크놀로지의 핵으로 드러난다. 그 순간에, 해부정치anatomo-politics와 대립하는, 삶정치라 불리는 어떤 것이 발명된다." 우리는 푸꼬를 이어받으면서 **훈육으로부터 통제로의 통치 기술의 이행**을 강조할 필요가 있습니다. 훈육은 개인들에 대한 특이하고 반복적인 방식의 통치 형태를 말합니다. 이 정의를 우리 시대에 맞추자면, 훈육이란 노동의 테일러주의적 조직화, 소비를 조장하고 임금을 기반으로 통제하는 포드주의적 형태를 거쳐 케인즈주의적 정책의 거시경제학적 형태를 통한 조직화에 이르는, 현대의 사회적 구조 전체를 포괄하는 것이라고 할 수 있습니다. 반면 통제는 노동, 상상적인 것, 그리고 삶에 집단적으로 삼투되는 장치를 통한 인구의 통치를 의미합니다. 이 또한 우리 시대에 맞추어 말하자면, 훈육으로부터 통제로의 이행은 오늘날 **포드주의에서 포스트포드주의로의 이행**으로 나타난다고 할 수 있습니다. 그래서 푸꼬의 용어로 말하자면, 포스트포드주의 국면에서는 통제가 공장 훈육보다는 텔레비전을 통해서, 신체에 대한 직접적 훈육보다는 상상적인 것과 정신을 통해서 이루어진다고 할 수 있습니다. 그러므로 이런 식으로 (개인과 신체를 훈련시키는 테크놀로지인) 해부정치에 반대되는 것으로서 정의된 삶정치는 개인의 신체에 대한 통제인 훈육으로부터, 인구에게 행사되는 권력 테크놀로지인 통제로의 이행을 나타내는 것입니다. 훈육이 신체의 해부정치학이며 본질적으로 개인에 적용되는 것인 반면, 삶정치는 삶을 통치하려는 목적으로 인구에 적용되는 거대한 사회적 의학을 나타냅니다. 이제 삶은 **권력이 활동하는 장**의 일부인 것입니다.

삶정치 개념은 다양한 문제를 제기합니다. 첫 번째 문제는 푸꼬 자신에게 있는 모순과 연관됩니다. 사실 삶정치라는 개념은 그 용어가 처음 등장한 문헌에서는 '치안학'의 개념과, 말하자면 사회 질서를 유지하는 학문과 연관된 것처럼 보입니다. 이러한 관점에서 볼 때 치안학으로서의 삶정치는 행정학의 바탕을 이루며 공법의 역사에서 행정학과 함께 성장합니다. 하지만 이후에 삶정치는 그 이전과 달리 공법을 능가하는 계기를, 그리하여 국가-사회라는 전통적인 이분법 안에 존재하는 모든 정치 기능을 능가하는 계기를 나타내는 것처럼 보입니다. 그렇다면 이것은 삶 일반의 정치경제학인 셈입니다. 삶정치가 처음에 치안학으로서, 국가의 행위와 연관된 테크놀로지로서 태어났다면, 이후에 그것은 국가와 사회의 관계 전체와 연관되는 일반적 구조물로 나타나는 것입니다. 하지만 이러한 두 번째 정식화로부터 또 다른 문제가 생겨납니다. 우리는 삶정치를 통치 활동으로부터 파생되는 삶권력의 총체로서 생각해야만 할까요? 아니면 반대로 권력이 삶에 스며든 만큼 또 삶이 권력(힘)으로 되었다고 생각해야 할까요? 더 정확하게 말하자면, 우리는 삶정치가 삶 자체로부터 표현되는 힘을 나타낸다고, 노동과 언어에서만이 아니라 신체·정동·욕망·섹슈얼리티에 있어서도 삶 자체로부터 표현되는 힘을 나타낸다고 말할 수 있을까요? 우리가 탈주체화의 계기로 주어지는 일종의 대항권력, 활력, 주체성의 생산이 출현하는 장소를 삶에서 식별해낼 수 있을까요? 이렇게 해석된 두 번째 관점에서 볼 때 만약 삶이 활력으로 제시된다면, 삶정치라는 주제가 정치 관계를 재정식화하는 데 근본적인 중요성을 가집니다. 삶정치는 정치적인 것으로부터 윤리적인 것으로의 이행을 나타냅니다. 더 정확하게는 신체, 기쁨의 삶, 노동의 삶을 윤리적으로 구축하기 위한 전망을 나타냅니다. 1982년에 푸꼬는 다음과 같이 주장했습니다. "인구에 대한 분석, 권력 관계를 (그리고 권력 관계들 사이의 적대를) 새롭게 묻기, 자유의 자동사적 성격에 대한 긍정이 부단한 정치적 과제를 구성한다. 여기 모든 기계에 맞선, 모든 권력 구조에 맞선 자유의 이러한 자동사적 열림에서 모든 사회적 존재에 고유한 정치적 과제가 수립되는 것이다."[2] 이것이 푸꼬의 최종적 분석을 특징짓는 삶정치 개념입니다.

이와 같이 우리는 삶정치 개념이 어떻게 탄생했고 그것이 현대의 학적 경험 안에 어떻게 위치하는지를 보았습니다. 그것은 (인구에 대한 점점 더 커지고 깊어지는 통치와 함께 일어나는) 국가 권력의 확장을 근대 시기에서 확인하는 데서부터 이러한 관계가 전복되는 순간까지 이어지는 그러한 동학 안에 위치합니다. 바로 이 전복이 일어날 무렵에 푸꼬의 일련의 연구들은 **삶권력과 삶정치의 구분**을 제안하기 시작했습니다. 국가가 그 테크놀로지와 권력 장치를 통해서 삶에 대한 명령을 표현할 때 이는 삶권력이라 불립니다. 반면 명령에 대한 비판적 분석이 주체화 및 자유의 경험이라는 관점에서, 요컨대, 말하자면 아래로부터 이루어질 때 이는 삶정치라 불립니다. 이러한 관점에서 볼 때 삶권력은 사회적 관계의 자본주의적 근대화를 가장 잘 특징짓는 것입니다. 사실 바로 여기서 자본주의 발전의 영역과 사회 발전의 영역이 겹쳐집니다. 반면 사회적 존재론의 관점에서 볼 때 오늘날 더 흥미롭게 여겨지는 것은 삶정치의 정의定義, 즉 주체성의 출현입니다. 단지 방법론적 고찰에서 단절이 일어나는 것이 아니라 거의 모든 방향에서 진행되는 해방 과정의 존재론적 열림에 대한 인식이 출현하는 것입니다. 아래에서 우리는 이러한 논의를 마무리하면서, 이러한 과정에서 어떻게 주체성의 생산에 대해 적절하게 말하기 시작할 수 있는지를 살펴볼 것입니다.

하지만 먼저 삶권력과 삶정치의 차이를 한 번 더 짚어보도록 합시

---

2. "Le sujet et le pouvoir", in H. Dreyfus, P. Rabinow, a cura di, *Michel Foucault: Beyond Structuralism and Hermeneutics*, University of Chicago Press, Chicago 1982.

다. 여기서 **삶권력**은 권력의 거대한 구조와 기능을 지칭하는 데 쓰이며, 반대로 삶정치적 맥락 혹은 **삶정치**는 권력 관계, 권력 투쟁, 권력 산출이 전개되는 공간을 가리키는 데 쓰입니다. 우리는 국가 권력의 근원 혹은 원천에 대해 생각할 때, 또 가령 인구 통제의 관점에서 국가가 생산하는 특수한 테크놀로지에 대해 생각할 때 **삶권력**을 말하며, 저항의 복합체에 대해 생각할 때, 권력의 사회적 장치들이 충돌하는 경우들 및 그 정도程度에 대해 생각할 때 **삶정치** 혹은 삶정치적 맥락을 말합니다. 하지만 미시적 대립의 공간 혹은 푸꼬적 미시정치학을 특징지을 때에는 대단히 주의할 필요가 있습니다. 그것은 무차별적인 영역이 아니라 어떤 때에는 절대적 방식으로 탈주선을 결정하는 영역입니다……. 요컨대 이러한 공간에서 차이들은 흩어져 없어지지 않습니다. 오히려 삶정치를 말할 때에 무엇보다도 우리는 강력하게 구성된 교직물을 말하는 것입니다. 이를 강조하는 것은 이탈리아에서 1980년대 초반에 '약한 사유'의 영향 아래 무차별성에 입각한 사고방식이 출현하였으며, 그리하여 그 개념들과 방법들이 계급 대립 및 그 대립의 산출과 직접적으로 논쟁하는 가운데 정의됐기 때문입니다. 프랑스의 사정은 훨씬 더 안 좋았는데, 이는 푸꼬의 죽음을 전후하여 이러한 사고방식이 신철학자들에 의해서 받아들여졌으며, 그렇지 않을 때에는 '위험의 삶정치'라는 지반 위에서 우파에 의해 (가령 프랑수아 에왈드에 의하여) 조장됐기 때문입니다. 허약한 삶정치가 복지의 사회적 실천에 **맞서는** 근본적인 무기가 되었던 것입니다. 저는 방법과 관련된 논점, 즉 개념들은 돌다가 되돌아오며 개념들을 계보학적으로 함축하는 의미 구조와 관련하여 그 개념들을 구체화하는 것이 언제나 좋다는 점을 강조하기 위하여 이 모든 것을 상기시킨 것입니다. 이러한 관점에서 **삶정치**는 **계급투쟁의 확장**입니다.

이제 삶정치의 발생에 대한 분석에 어떤 다른 요소를 추가할 수 있는지를 살펴보도록 합시다. 앞서 우리는 일반지성의 형상을 물리적·물질적인 형태로 번역하는 것이 얼마나 중요한지를 지적했습니다. 이런 관점에서 저에게는 마라찌의 책 『양말의 자리』가 대단히 중요한데, 여기서는 여성의 소위 비노동의 역설이 서술됩니다. 비노동은 너무나도 만연해있기 때문에 (가족에게 가장 친숙한 대상을 두는 곳에서부터 시작하여) 그것이 자리를 차지하지 않은 삶의 장소가 없다는 것입니다. 이러한 비노동 안에서, 바로 '양말의 자리'에서 진정으로 중요한 실재가 구성되는 것입니다. 그것은 특징적이고 중심적인 장소로서, 따라서 결코 비노동의 장소가 아니라 **새로운 생산적 노동의 장소**로 인식됩니다. 이 노동은 (양말이 있는 곳에 대한) 지식으로 구성되며, 무엇보다도 (노예적일 수도 있고 자유로울 수도 있는, 전적으로 이 맥락 안에서 작동하는) 정동으로, 관계들로 구성됩니다. 삶정치의 정의라는 관점에서는 이 모든 것이 우리가 살고 있는 현실, 마라찌가 계몽적으로 서술한 현실과 관련하여 대단히 중요합니다. 삶정치의 정의를 더 진전시키기 위해서 우리는 또 들뢰즈와 가따리의 성취를 이어받을 수 있는데, 이들에게서는 삶정치가 정동적 노동, 관계 노동, 노동의 시간적 유연성 및 공간적 이동성의 총체로부터 발생합니다. 이제 이러한 요소들이 우리 시대가 도달한 노동의 새로운 질을 특징짓는 것입니다.

　삶정치와 관련하여 고찰할 점이 또 있습니다. 그것은 일반지성의 **신체로의 구현** 및 우리가 지금까지 강조한 노동의 불안정성, 유연성, 이동성의 차원과 관련됩니다. 이제 이러한 차원은 삶정치적 발전이 가져오는 **인류학적 변형**과 관련되며, 삶정치와 인류학 사이의 관계를 결정하는 것입니다. 다시금 노동의 변형을 생각하는 것으로 충분합니다. 노동

(과 그것의 진화)의 역사에서 때로는 진보적인, 때로는 퇴보적인 형태 변형이 있었습니다. 예를 들어 우리가 폭넓게 다룬, 자본주의 발전의 첫 번째 국면(훈육국면)의 전문노동자로부터 두 번째 국면의 대중노동자로의 이행을 생각해봅시다. 어떤 관점에서 보면 이것은 퇴보적인 인류학적 변화였는데, 이는 가령 노동과정을 통제하는 대중노동자의 능력(거의 제로인데, 이에 비해 전문노동자는 이 능력이 큽니다)을 고찰할 경우에 그러합니다. 하지만 동시에 또 노동의 추상화에서는 긍정적 진화가 있었는데, 이 경우에는 어디에서나 노동할 수 있는 노동자의 능력, 노동활동 일반에 적응할 수 있는 노동자의 능력이 출현한 것입니다. 분명 수동적인 능력이지만, 긍정적 추상 및 새로운 수준의 활력의 형성을 동반한 능력입니다. 하나의 생산부문에서 다른 생산부문으로 옮길 가능성 및 새로운 이동성은 삶을 이해하는 방식으로, 때로는 노동의 새로운 공간과 새로운 시간성을 즐기고 또 구축하는 방식으로 조형되기 시작했습니다. 이것이 무한한 분석의 장을 가진, 가장 구체적인 삶정치입니다.

　이러한 전제들의 또 다른 귀결들에 주목해봅시다. 첫 번째 귀결은 이러한 과정에 함축된, **노동 통합**을 향해 나아가는 경향입니다. 사실 전체 노동과정이 **비물질노동을 향**하고 있습니다. 몇몇 측면에서 비물질노동은 추상적 노동이 더 고차적으로 표현된 것입니다. 제국에 대한 논의는 이러한 전제들에서 시작하지 않았다면 불가능했을 것입니다. 이러한 전제들에서 시작함으로써만 우리는 운동과 투쟁을 정적靜的으로 보게 하는, 노동에 대한 미리 만들어진 정의를 떨쳐버릴 수 있었습니다. 그러므로 제국에 대한 우리의 최초의 삶정치적 인식은 노동의 이동성, 거대한 이주 과정, 거대한 삶정치적 운동의 발전 위에 뿌리를 두고 있습니다. 이러한 운동들은 단순히 부정적인 것이 아니며, 빈곤 혹은 폭정으로부터의 탈주를 나타내는 것만도 아니고, **자유를 적극적으로 찾아가면서 움직이는 운동, 부·고용·발명을 향한 운동, 비물질노동의 중심성을 향한 운동, 이러한 회로들로 들어가려는 서대한 욕망을 드러내는 운동**이기도 합니다. 두 번째 귀결은 가난과 관련됩니다. 오늘날 어떻게 가난을 특징지을까요? 무엇보다도 먼저 우리는 한 가지를 염두에 두어야 합니다. 코뮤니즘 전통에서 가난은 언제나 경멸적인 것으로 간주되었습니다. 빈자는 노동계급의 적이 될 수 있었는데, 이는 빈자가 '산업예비군'으로 인식됐기 때문입니다. 하지만 오늘날 이러한 염려는 더 이상 유효하지 않습니다. 사실 우리는 오늘날 **가난이란 활동을 가치있게 만드는 데 성공하지 못한 단순한 사실을 나타낼 뿐이라는 점**을 알고 있습니다. 그러므로 가난한 이주민 혹은 배제된 사람도 역시 표현의 활력을 가진 사람인 것입니다. 만약 우리가 이런 식으로 추론을 전개시킨다면, 우리는 빈자가 대지의 소금이라는 것을 인식할 수 있는데, 이는 그들이 일반적 활동성, 지금까지 미결정된 활력, 봉쇄된 활력이기 때문입니다. 착취 기능이 협동 능력과 가치 창조 능력 이외에 호흡·공간·운동 또한 제거하는 것이라면, 빈자는 배제된 자일뿐만 아니라 또 착취의 전형적인 대상이기도 합니다. 이런 의미에서 빈자와 노동자는 함께 투쟁해야만 합니다.

달리 말해 빈자는 역사의 외부에 존재하는 것이 아닙니다. 생산의 외부에 존재하는 것은 아무것도 없습니다. 우리 모두는 여기 내부에 있습니다. 그렇다면 외부, 배제, 가난의 장소인 이러한 비-장소는 그 자체가 저항 없이는 존재할 수 없습니다. 이것이 우리가 여기서 말하려는 기본적 생각입니다. 그러므로 가난으로부터의 엑서더스의 핵심은 바로 노동자들의 경우와 마찬가지로 자본주의 권력을 파괴하기 위해 투쟁하는 데 있습니다. 여기서 우리는 이 논점들을 우리의 것으로 만들기 위해서 그것들을 논의하고 심화시킬 필요가 있습니다 ……. 저는 특히 언제나 노동 및 노동의 방어와 관련된 경험을 했던 제 연령대의 사람들에게 말하고 있습니다. 조직된 노동의 외부로 이동하는 것은 결코 유토피아적이지 않습니다. 우리는 이를 이해해야 합니다. 하지만 이것이 자본주의 발전의 외부로 이동하는 것을 의미하는 것은 아닙니다 ……. 노동자와 빈자의 공동 투쟁과 관련하여 우리가 제안하는 대안은 신화적 대안이 아닙니다. 그것이 삶을 가로지르고 주체성을 구축하는 투쟁을 구성하기 때문입니다 ……. 분명 노동이 순전히 물질노동에 머물러있었다면, 이 모든 것이 의심스러운 것으로 나타날 수 있을 것입니다. 하지만 그렇지 않습니다. 오늘날 노동은 두뇌의 생산이며 두뇌는 모두 가지고 있기 때문입니다. 아마도 이 시점에서 우리는 말할 수 있을 것입니다. 빈자 앞에서 (그리고 스스로를 긍정적 힘으로 제시하는 가난 앞에서) 자본의 진보적 기능의 최종적 형상 또한 붕괴한다고 말입니다. '새처럼 자유로운' 빈자가 여기서 노동자의 패러다임이 되는 것입니다. 자본주의 시초축적의 조건이었던 노동자를 '새처럼 자유로운' 존재로 부른 사람은 맑스였습니다. 그것은 또한 새만큼이나 가난하다는 것을 말하는 것이기도 합니다. 하지만 모든 것이 시작되는 것은 바로 이 가난에서부터입니다. 바로 여기, 죽음으로부터 우리를 가르는 경계에서부터입니다.

이 두 번째 강의에서 말한 것을 요약하기 위해서 제1강의 결론에서 나온 질료-방법 관계의 역전에 대해 다시 언급해 봅시다. 맑스의 『정치경제학 비판 요강』의 「서설」에서 우리는 (『맑스를 넘어선 맑스』에서 독해했던 것처럼) 방법이 사회적 존재론을 바탕으로 한다는 사실을 확인했습니다. 비물질노동(지적노동 등)이 물질노동(산업노동 등)에 대해 헤게모니를 획득한 그와 같은 상황에 우리가 있음을 인식할 경우, 필요한 것은 우리를 둘러싸고 있는 현실을 인식하기 위한 새로운 방법론적「서설」입니다.

『정치경제학 비판 요강』의 '기계에 관한 단상' 부분에 대한 다양한 해석이 새로운 방법론적 국면에 대한 존재론적 정의에 접근하는 것을 가능하게 했습니다. 우리는 일반지성 정의에 산업생산 과정에서의 패러다임 변화를 포함시키는 경향이 있는 일련의 해석들을 까를로 베르첼로네, 안또넬라 꼬르싸니, 마우리지오 라짜라또에게 빚지고 있습니다(그들이 잡지 *Posse*, Manifestolibti, Roma 와 *Multitudes*, Exils, Paris에 발표한 글들을 보십시오).

일단 새로운 모델의 헤게모니를 받아들이면, 그 결과로 분석에서의 연구자의 위치와 관련하여 새로 고려할 점들이 생겨납니다. 특히 자본에 의한 사회의 실질적 포섭이 실현될 경우, 방법론에 대한 정의가 (모든 미리 구성된 가치 혹은 여하튼 자연주의적 가치에 준거하는 것을 벗어나서, 즉 자연적 기초에 준거하는 것을 벗어나서) 새로이 이루어질 수밖에 없다는 점이 분명해집니다. 이러한 부분에 대하여 저는 마이클 하트와 함께 근래에 뉴욕의 펭귄북스Penguin Books에서 출판될 우리의 『다중』에서 풍부한 방법론적 고찰을 발전시켰습니다.3 하지만 일단 이 지점에 도달하자 문제는 더 앞으로 나아가는 것, 혹은 방법론적 탐구를 더 이상 단순히 분석적 용어가 아닌, 구성적 용어로 진척시키는 것이었습니다. 이는 분석이 그 존재론적 토대를 움직이게 되는 데까지, 즉 그 주역을 더 이상 단순히 (생산적인) 정신적 활력만이 아니라 신체로도 이동시키는 데까지 심화되어야만 한다는 것을 의미합니다. 여기서 우리는 삶정치적인 것

---

3. [옮긴이] 네그리와 하트의 『다중』은 2004년에 출간되었으며, 2008년에 한국어본 『다중』(조정환·정남영·서창현 옮김, 세종서적)이 출간되었다.

으로의 이행의 한 가운데에, 방법의 삶정치적 육화과정에, 더 정확하게는 일반 지성의 삶정치적 구현과정에 있는 것입니다. 저는 크리스띠안 마라찌가, 그의 『양말의 자리』Christian Marazzi, *Il posto dei calzini*, Bollati Boringhieri, Torino 1999로 부터 『자본과 언어』C. Marazzi, *Capitale e linguaggio*, Rubbettino, Soveria Mannelli 2001에 걸쳐있는 작업에서, 삶정치적 차원을 향한 이러한 방법 패러다임의 이행을 가장 잘 심화시킨 저자라고 봅니다.

훈육 체제와 통제 체제의 구분에 대해서만이 아니라 삶정치에 대한 내적 분석 및 삶정치와 삶권력의 구분과 관련해서도 근본적인 중요성을 가지는 문헌은 물론 질 들뢰즈가 1985년에 출판한 『푸꼬』Gilles Deleuze, *Foucault*, Minuit, Paris; tr. it. Cronopio, Napoli 2002 4입니다. 또 이 주제에 관해서는 주디트 레벨의 『푸꼬의 어휘』Judith Revel, *Le vocabulaire de Foucault*, Ellipses, Paris, 2002를 보십시오. 또 삶정치적 관점에서의 변이 및 신체의 형태변형에 대해서는 저의 글들의 모아 출판한 책 『괴물의 욕망』Antonio Negri, *Desiderio del mostro*, Manifestolibri, Roma 2001을 보십시오.

---

4. [옮긴이] 질 들뢰즈, 『푸코』, 허경 옮김, 동문선, 2003.

보론

지구화와 민주주의1

마이클 하트와 안또니오 네그리

그리고 예수께서 그에게 물으셨다. 너의 이름은 무엇이냐? 그가 대답했다. 저의 이름은 레기온군대
입니다. 왜냐하면 저희는 다수이기 때문입니다.
— 마가복음 5장 9절

    근대의 지배적인 민주주의 개념은 국민국가와 밀접하게 연결되어 있다. 따라서 민주주의의 현재적 지위를 검토하기 위해서 우리는 무엇보다도 먼저 권력의 변화와 국민국가의 역할의 변화를 고찰해야만 한다. 보통 '지구화'라는 용어로 포괄되는 다양한 현상들이 국민국가의 권

---

1. 2001년 4월 빈(Vienna)의 조형미술학회(Akademie der bildenden Künste)에서 발표되었고, *Documenta Kassel*, 11, 2001, pp. 323~336에 게재되었다.

력을 침식했거나 직접적으로 무력하게 만들었다고 많은 이론가들이 주장하며, 다른 많은 이들은 이에 대해 이의를 제기한다.2 하지만 너무도 자주 이러한 주장은 **양자택일**로서, 즉 국민국가가 여전히 중요하다든가 아니면 새로운 지구적 질서가 존재한다는 것으로 표현된다. 사실 양자가 모두 옳다. 지구화 시대는 국민국가의 종말을 가져오지 않는다. 여전히 몇몇 국민국가는 경제적, 정치적, 문화적 규범의 수립과 규제에서 중요한 기능을 수행한다. 하지만 다른 국민국가는 실제로 주권적 권위의 위치로부터 밀려났다. 주권의 개념과 실제에 초점을 맞추는 것이 이러한 논의를 분명히 하는 데 도움을 준다.

우리는 잠정적인 전지구적 질서를 정의하기 위하여 제국 개념을 제안한다. 제국은 무엇보다도 국민국가의 주권을 계승한 주권의 새로운 형태, 경계를 알지 못하는, 더 정확하게 말하자면 단지 유연하고 유동적인 경계만을 아는 주권의 무제한적 형태를 말한다. 우리는 제국 개념을 고대 로마의 형태에서 빌려왔는데, 여기서 제국은 하나의 통일적인 주권적 질서로 통합되어서, 세 가지 고전적인 통치 형태 ― 군주제, 귀족제, 민주제 ― 의 교체를 능가하는 것으로 간주된다. 우리 시대의 제국은 사실 군주제적인데, 이는 무엇보다도 (펜타곤이 원자폭탄과 우월한 군사 테크놀로지로 얼마나 세계를 효과적으로 지배하는지를 볼 수 있는) 군사적 대립의 시기에 명백하다. WTO, 세계은행, IMF와 같은 초국적 경제기구 또한 때때로 전지구적 업무의 군주제적 통치를 실행한다. 하

---

2. 지구화가 국민국가의 권력을 허약하게 만들지 않으며 이런 의미에서 지구화가 신화라는 사실에 관한 가장 철저하고 영향력 있는 논의는 폴 허스트와 그레이엄 톰슨에게서 발견할 수 있다(Paul Hirst e Grahame Thompson, *Globalization in Question: The International Economy and the Possibilities of Governance*, seconda edizione, Polity, Cambridge 1999).

지만 우리의 제국은 또한 귀족제적이다. 즉 제한된 엘리트 그룹에 의해서 통치된다. 여기서는 국민국가 권력이 핵심적인데, 그 이유는 소수의 지배적인 국민국가가 일종의 귀족제적 통치를 통하여 전지구적인 경제적·문화적 흐름을 관리하는 데 성공하기 때문이다. 이러한 귀족 국가들은 가령 G8 국가들의 회담에서나 혹은 UN 안전보장이사회가 그 권위를 행사할 때 분명하게 드러난다. 나아가 주요 초국적 기업들도 서로 협조하거나 대립하면서 귀족제의 형태를 구성한다. 마지막으로 제국은 또한 그것이 전지구적 민중을 대의한다고 주장한다는 의미에서 민주제적이기도 한데, 설사 (우리가 아래에서 보듯이) 이러한 대의의 주장이 대체로 기만적인 것이더라도 그러하다. 여기서 지배적인 국가이든 종속된 국가이든 국민국가들 전체는 그들이 어느 정도 자국의 국민을 대의한다고 가정되는 만큼 주요한 역할을 수행한다. 아마도 UN 총회가 이러한 국가 민주주의에 대한 가장 두드러진 상징일 것이다. 하지만 국민국가가 사실상 그들의 국민을 적실하게 대의하지 않는다는 점을 우리가 인식할 경우, 우리는 민주제적 혹은 대의적 기구로서 NGO들을 지적할 수 있다. 다양한 유형의 NGO들이 민주제적 혹은 대의적 메커니즘으로서 기능하는 것은 대단히 복잡하고 중요한 문제인데, 이 문제를 우리가 이 자리에서 본격적으로 다루기는 힘들다. 요컨대 제국은 그 논리 안에 군주제, 귀족제, 민주제의 세 가지 고전적 형태 혹은 통치 수준을 포괄하는 통일적인 주권적 주체이다. 달리 말해 제국은 그 구성 안에 차이를 포함하고 또 관리하는 능력으로 인해서 독특함을 가지게 되는 주권의 형태이다.

    이러한 관점에서 우리는 국민국가의 기능과 권위가 사라지지 않았다는 점을 확인할 수 있다. 아마도 국민국가의 주요한 기능 — 통화유통,

경제의 흐름, 이주, 법규범, 문화적 가치 등에 대한 규제 — 이 그 중요성을 유지하면서도 현대의 지구화 과정을 통해서 변형되었다고 말하는 것이 더 정확할 것이다. 발본적인 질적 변화는 주권과 관련하여 인식될 수 있다. 국민국가는 근대 시기에 맡았던 최종적인 주권적 권위의 역할을 더 이상 주장할 수 없다. 이제 제국이 최고의 권위로서 국민국가 위에 군림하며, 사실상 주권의 새로운 형태를 구성하는 것이다.

이는 단지 지배적인 국민국가의 관점에서만 중요한 역사적 변화임을 지적해야 할 것이다. 종속국가는 사실 결코 진정한 주권이 아니었다. 많은 국민국가에게 근대로의 진입은 경제적·정치적 종속 관계로의 진입이었고, 이는 국가가 주장할 수 있는 그 어떤 주권도 뒤흔드는 것이었다. 그럼에도 불구하고 (국민국가에 있었던 근대 주권으로부터 현재의 탈근대적인 제국적 주권으로의) 주권 형태의 이러한 변화는 우리 모두에게 영향을 미친다. 심지어 국가 주권이 결코 실질적이지 않았던 곳에서조차도 제국으로의 이행은 우리의 사유 방식과 우리 정치적 가능성의 범위를 변형시켰다. 우리는 철학과 정치의 모든 주요 개념들을 제국에 비춰 다시 고찰하고 다시 사유해야만 한다.

실현되지 않은 민주주의와 실현 불가능한 민주주의

이것은 우리를 무엇보다도 먼저 민주주의 개념으로 다시 데려간다. 우리가 시작하면서 말했듯이 근대 민주주의의 지배적 개념은 (국가 주권에 의해 한정되고 국가 주권에 의존하는) 일국적 공간 안에 있는 대의 기구 및 대의 구조에 기반을 둔 것이다.[3] 민주주의적 국가 기구에서 대의된 것은 국민이었으며,[4] 그리하여 근대 국가 주권은 대중적 주권 형태를 취하는 경향이 있었다. 달리 말해 국가가 주권적이라는 주장은 국민이 주권적이라는 주장과 동일시되는 경향이 있었다. 그런데 국민이란 어떤 존재인가, 아니 누구인가? 국민은 자연적이거나 경험적인 실체가 아니다. 전체 인구를 총합하거나 심지어 그 평균을 내어서 국민을 식별하는 데 성공할 수 있는 것이 아니다. 오히려 국민은 인구를 통일적으로 만드는 표상이다. 여기서 세 가지 요소가 핵심적이다. 홉스를 비롯하여 근대 전통 전체가 종종 반복하였듯이 무엇보다도 먼저 국민은 하나이다. 국민은 동일성, 통일성으로서만 주권일 수 있다. 둘째, 국민 구성의 핵심은 대의이다. 인구의 경험적 다양성이 '대의' 메커니즘을 통해서 동일성으로 형성된다. 그리고 여기서 우리는 '대의'라는 용어의 정치적 함의와 미학적 함의 모두를 강조할 수 있다. 마지막으로 이러한 '대의' 메커니즘은 척도 개념 및 척도라는 조건에 기초한다. 여기서 척도는 수량화할 수 있는 조건으로 이해되어야 하는 것이 아니라, 오히려 한정되는 조건으로 이해되어야만 한다. 한정된 혹은 측정된 다양성은 통일성으로서 대의될 수 있지만, 측정가능하지 않은 것, 한정되지 않은 것은 대의될 수 없다. 국민 개념이 한정된 국가 공간과 밀접하게 결부되는 것은 오직 이런 의미에서이다. 요컨대 국민은 직접적이거나 영원한 동일성이 아니라 오히려 특수한 사회구성체 및 역사적 시기에 고유

---

3. 이것이 데이비드 헬드의 『민주주의와 지구적 질서』(David Held, *Democracy and the Global Order*, Stanford University Press, Stanford 1995)의 근본적 논의이다.
4. [옮긴이] '국민'은 이탈리아어로 'il popolo', 영어로 'the people'을 우리말로 옮긴 것이다. 이는 '민중'이라고도 옮길 수 있으나, 우리의 운동 전통에서 '민중'이 가졌던 긍정적 의미와의 혼동을 피하기 위해서, 그리고 주권과 맺는 확연한 관계를 고려하여 '국민'이라고 옮기기로 한다. 다만 맥락에 따라 변화를 주어 '민중'이라고 옮긴 경우도 있고, 그냥 '민'으로 옮겨 앞의 명사에 붙인 경우도 있다('지구민'global people).

한 복합적 과정의 결과인 것이다.

우리는 이러한 복잡한 상황을 잠시 단순화하여 대의의 제도적·정치적 메커니즘만을 고찰할 수도 있는데, 여기서는 선거 과정이 적어도 이데올로기적으로는 가장 중요하다. 예를 들어 '일인일표' 개념은 대의와 주권의 다양한 근대적 도식이 지향하는 이상 가운데 하나였다. 여기서 이러한 대의 도식이 언제나 불완전했으며 사실상 대체로 기만적이었다는 점을 말할 필요는 없다. 근대 민주주의 사회에서 종종 대의 메커니즘에 대한 중요한 비판이 제기되었다. 선거란 다음 2년, 4년, 혹은 6년 동안 국민을 잘못 대의할 지배 계급 성원을 선택하는 기회라고 말한다면 아마도 과장이겠지만, 분명 이 말에는 진실이 있으며, 낮은 투표율은 분명 선거 기구에 의거한 대의제도의 위기의 징후이다. 하지만 오늘날 우리는 대의가 더 본질적이고 발본적인 의미에서 침식되고 있다고 생각한다.

제국으로 이행하면서 국가 공간은 그 정의定義를 상실하고 국가 경계는 (설사 여전히 중요할지라도) 상대화되며, 심지어는 국가와 연관된 상상적인 것들이 탈안정화된다. 국가 주권이 새로운 초국적 권력인 제국의 권위에 의해 밀려날 때, 정치적 현실은 그 척도를 상실한다. 이런 상황에서는 대의의 불가능성이 더 분명해지며, 그리하여 국민 개념 자체가 증발하는 경향이 있다.

제도적, 정치적 관점에서 볼 때 제국적 주권은 국민주권에 대한 그 어떤 생각과도 상충하며 오히려 그것을 부정한다. 예를 들어 세계은행, IMF, WTO와 같은 초국적 경제 기구의 기능을 고찰해보자. 이러한 기구들의 요구 조건은 경제 정책과 사회 정책에 대한 결정권의 많은 부분을 국민국가의 수중으로부터 빼앗는다. 종속된 국민국가만이 아니라

지배적인 국민국가도 이러한 기구들의 처방에 종속된다. 다만 종속된 국가가 더 가시적으로 그러할 뿐이다.5 이러한 초국적 경제 기구가 더 멀고 추상적인 의미 ― 가령 특정 방식으로 자국의 국민을 대표하는 어떤 국민국가가 그러한 기구들에 자신의 대표를 보낸다는 의미 ― 에서 말고는 국민을 대의하지 않으며 대의할 수도 없다는 것은 명백하다. 만약 그러한 기구들의 대의성에 대한 대차대조표를 요구한다면, 필연적으로 언제나 '민주주의의 적자廟子'일 것이다. 달리 말해 이러한 기구들이 대의로부터 이와 같이 동떨어져 있는 것은 우리가 보기에 우연이 아니다. 이 기구들은 대의 메커니즘으로부터 배제되어 있는 바로 그 만큼 기능하는 것이다.

유럽과 미국의 가장 우수한 자유주의적인 지구화 이론가들 몇몇은 사실 전지구적 체제를 개혁하고 민주주의적인 정치체제의 메커니즘을 강화할 필요가 있다고 주장하지만, 심지어 그들조차 그러한 초국적 기구들이 민중을 대의하게 될 수 있을지에 관해서는 결코 생각하지 않는다. 가장 근본적인 장애 중 하나는, 국민이란 어떤 존재인가 혹은 누구인가를 규정하는 문제이다. 아마도 인류 전체를 통합하려면 모든 민족

---

5. 많은 사람들이 (정치가 수행될 수 있는 유일한 맥락이 국민국가라는 확신으로) 국가 기구로부터 초국가 기구로 이렇게 결정권이 이동한 것을 정치적인 것에 대한 경제적인 것의 점증하는 지배로 특징짓고 애도한다. 이렇게 주장하는 몇몇 저자들은 사회적 시장 안에 경제적 시장을 재배치하자는 취지에서 칼 폴라니의 저작을 인용한다. 예를 들어 제임스 미틀먼의 『지구화 신드롬』(James Mittleman, *The Globalization Syndrome*, Princeton University Press, Princeton, 2000)과 존 그레이의 『잘못된 여명』(John Gray, *False Dawn*, The New Press, New York, 1998 [존 그레이, 『전지구적 자본주의의 환상』, 김영진 옮김, 창, 1999])을 보라. 우리가 보기에는 이러한 방식으로 경제적인 것과 정치적인 것을 분리시키는 것 그리고 정치적인 것의 자율성을 주장하는 것은 오류이다. 초국적 경제 기구는 그 자체가 정치 기구이다. 근본적 차이는 이러한 기구들이 대의를 (심지어 핑계로라도) 허용하지 않는다는 점이다.

적 혹은 인종적 사고의 틀을 넘어서 확장되는 지구민 개념을 발전시켜야 할 터인데, 이는 이러한 모든 자유주의적 이론화의 목적을 훌쩍 넘어선 곳에 있는 과제이다.

그렇다면 로버트 커헤인Robert Keohane, 조지프 스티글리츠Joseph Stiglitz, 데이비드 헬드, 리처드 포크Richard Falk 그리고 울리히 벡과 같은 다양한 선도적인 자유주의적 개혁자들의 시각에서는 민주화 개혁의 핵심이 무엇인가? 사실 이들의 저작들에서는 민주주의라는 용어의 사용이 매우 광범위하다는 점과 그것이 목표로서 매우 보편적으로 인정된다는 점이 인상적이다. 민주화 개혁의 중요한 요소는 길게 말할 것도 없이 더 큰 투명성이다. 즉 글라스노스찌와 뻬레스트로이까이다.6 아마도 우리는 이것을 지구화 시대의 고르바초프적 기획으로 이해할 수 있을 것이다. 하지만 투명성 자체는 민주주의가 아니며 대의를 구성하지 않는다. 이 저작들에 편재하는 더 유효한 개념은 (종종 '협치' 개념과 짝을 이루는) '책임'accountability 개념이다. 책임 개념은 대의 메커니즘을 지시할 수 있지만, 이 맥락에서는 그렇지 않다. 우리는 "누구에게 책임을 져야 하는가?"라고 물어야 하며, 그러면 개혁가들이 전지구적 기구들의 구성이 지구민(혹은 심지어 일국의 국민)에게 책임을 지는 전지구적 기구들의 구성을 제안하지는 않는다는 것을 발견하게 된다. 정말이지 국민이 사라진 것이다. 개혁은 오히려 전지구적 기구들로 하여금 다른 기관들에게 그리고 특히 전문가 공동체에게 책임을 지도록 하는 것과 연관될 것이다. 만약 IMF가 예를 들어 경제전문가들에게 더 투명

---

6. [옮긴이] '글라스노스찌'(glasnost)는 '개방성'(openness)을 의미하고 '뻬레스트로이까'(perestroika)는 '구조의 재편'(restructuring)을 의미하는 러시아어이다. 1980년대 후반 고르바초프의 정책들을 특징짓는 말들이다.

해지고 더 책임을 진다면, 1990년대 후반에 동남아시아에서 IMF가 부과한 재앙과도 같은 정책들의 실행을 막을 수 있을 것이다. 그럼에도 불구하고 책임과 협치라는 용어의 사용에서 핵심적이며 더 흥미로운 것은 이러한 용어들이 정치적인 것과 경제적인 것 사이에 너무도 편안하게 걸쳐있다는 것이다. 책임과 협치는 자본주의적 기업의 이론적 어휘에서 오랫동안 핵심적 개념이었다.7 이 개념들은 너무나 분명하게 경제적 효율성과 안정성을 보증하는 것을 목적으로 하는 것처럼 보이지, 민주주의적 통제의 어떤 민중적 혹은 대의적 형태를 구축하는 것을 목적으로 하는 것처럼 보이지는 않는다. 결국 설사 '민주주의'라는 용어가 이들 문헌에 편재하더라도, 근대 자유주의 형태의 민주주의 ― 국민을 대의하는 것 ― 를 전지구적 차원으로 확대한 것을 논의의 주제로 삼는 것은 결코 아니다. 사실 이러한 이론가들로 하여금 전지구적 대의 도식을 상상하는 것을 방해하는 더 중요한 개념적 장애물이 바로 국민 개념인 것 같다. 지구민은 누구인가? 국민을 정치적 주체로서 이해하는 것, 더 나아가 국민을 제도적으로 대의하는 것은 오늘날에는 불가능해 보인다.8

이러한 제도들의 민주적 개혁에 관한 문제를 우리가 이와 같이 오랜 시간 논의하는 것이 중요하다고 생각한 것은, 개혁주의 이론가들의

---

7. 현대의 지구화 논의에서 책임 개념에 대해서는 크레이그 보로위어크(Craig Borowiak)의 분석으로부터 도움을 받았다.
8. 이러한 관점에서는 정치적 유럽을 구축하려는 기획이 지구화 시대의 민주주의라는 수수께끼에 대한 해결책으로 보일 수 있다. 이는 대륙이 국가를 대체할 수 있으며 대의민주주의 메커니즘을 부활시킬 수 있다는 가설에 기반을 둔다. 하지만 이는 잘못된 해결책인 것 같다. 설사 제도적으로 유럽 민중을 일관된 주체로 대의할 수 있더라도, 정치적 유럽은 주권적 권위를 주장할 수 없다. 지역 권력들은 국민국가와 마찬가지로 제국의 지고한 주권 내부에서 기능하는 요소들일 뿐이다.

논의를 진지하게 다루기 위해서 뿐만이 아니라 무엇보다도 이러한 담론이 WTO, 세계은행, IMF에 반대하는 저항 운동들의 다양한 분파들에서도 광범위하게 나타난다는 점 때문이다. 어떤 그룹들은 그러한 기구들의 결정 과정에 더 많이 참여하고 자신들의 입장이 더 많이 대의될 수 있기를 요구한다. 노동조합이나 NGO 등이 그 사례들이다. 그러한 요구들은 어떤 긍정적 결과들을 낳지만, 궁극적으로 극복할 수 없는 장애에 직면한다. 우리의 논의는 이 모든 것을 더 일반적인 차원으로 이동시킨다. 만약 국민을 대표하는 주권적 권위의 관점에서 민주주의를 파악한다면, 제국 시대의 민주주의는 실현되지 않았을 뿐만 아니라 실제로 실현될 수도 없다.

다중의 민주주의

그러므로 우리는 우리 시대에 적합한 민주주의를 발견하기 위하여 민주주의의 새로운 형태, 비대의적이거나 혹은 다른 방식으로 대의하는 형태를 탐구해야만 한다. 이미 우리는 근대 민주주의 개념이 일국 주권과 밀접하게 연결되며 한정된 국가 공간과 밀접하게 연결된다는 점을, 요컨대 근대적 사고방식이 척도 위에 정초된다는 점을 말하였다. 이제 우리는 우리의 시선을 되돌려 방정식의 다른 요소, 즉 국민에 대한 탐구를 더 심화시켜야 한다. 이미 보았듯이 국민은 대의의 산물이다. 근대 정치 이론은 국민을, 홉스에서 롤즈까지 모든 근대 자유주의 철학이 설명하듯이, 부르주아 사회를 구성하는 계약 행위의 산물로서 힘주어 제시한다. 계약이 인구를 단일한 사회적 신체로 만드는 것이다.

하지만 이러한 계약 행위는 존재하지 않는 것, 미혹시키는 것, 시대에 뒤진 것이다. 그 어떤 인류학적 혹은 역사적 사실도 계약의 실재성을 전제하도록 허용하지 않는다는 의미에서 계약은 존재하지 않는 것이다. 오히려 계약은 그것의 수립에 대한 어떠한 기억도 부정하며, 이것이 분명 그것이 가진 폭력성 ─ 차이에 대한 근본적 거부 ─ 의 일부인 것이다. 둘째로 계약은 국민을 구성하는 주체들이 사실상 동등하지 않은 데도 마치 동등한 것처럼 제시한다는 의미에서 미혹적이다. 그것을 근거짓는 정의와 정당성의 개념은 더 강한 자에게만, 지배 권력을 행사하고 인구의 나머지를 착취하는 더 강한 자에게만 복무한다. 마지막으로 계약을 통해 구성되는 이러한 국민 개념은 시대에 뒤진 것인데, 이는 자본이 만들어낸 사회에 시선을 두기 때문이다. 계약론, 국민, 자본주의는 사실 복수성을 통일성으로 만들고, 차이를 상동적인 전체성으로 만들며, 인구의 모든 특이한 삶들의 부富를 일부의 가난과 다른 일부의 권력으로 만들기 위하여 기능한다. 하지만 이 모든 것은 더 이상 타당하지 않다. 그것은 노역, 욕구, 욕망이 너무나도 비참하여, 가치 구축의 위험, 상상력 해방의 위험, 사회 조직화의 위험과 관련하여 자본의 지배를 환영받는 위안이자 안정의 원천으로 받아들였을 때에만 기능했던 것이다. 하지만 오늘날 조건이 변했다. 지금 작동하고 있는 것은 우리의 괴물스런 지성과 우리의 협동 능력인 것이다. 우리는 활력있는 주체들로 이루어진 다중, 지적知的 괴물들로 이루어진 다중이다.

그러므로 우리는 초점을 국민(민중) 개념에서 다중 개념으로 이동시켜야만 한다. 다중은 계약론의 관점에서는 이해될 수 없으며, 일반적으로 초월론적 철학의 관점에서도 이해될 수 없다. 더 일반적인 의미에서 다중은 무한하고 측정불가능한 다양체이기 때문에 대의에 대한 도전이 된다. 국민은 통일체로서 대의되지만 다중은 근대의 목적론적·초월론적 합리주의의 입장에서 볼 때 괴물과도 같기 때문에 대의불가능하다. 국민 개념과 대조적으로 다중 개념은 특이한 다양체, 구체적 보편자이다. 국민은 사회적 신체를 구성하지만 다중은 그렇지 않다. 다중은 삶의 살이다. 다중이 한편으로 국민과 대조된다면, 다른 한편으로는 대중, 군중과 대조된다. 아주 쉽게 조종될 수 있기에 비합리적이고 수동적이며 위험하고 폭력적인 사회 세력을 대중, 군중이라고 지칭하는 일이 매주 잦다. 반면 다중은 능동적인 사회적 행위자, 활동하는 다양체이다. 다중은 국민과 같은 통일체가 아니지만, 우리는 다중이 대중 및 군중과 달리 조직되어 있음을 볼 수 있다. 다중 개념의 커다란 이점은 대중의 공포 및 다수의 폭정에 기초해 있는 모든 근대적 주장들을 제거하는 것인데, 이러한 주장들은 지배를 받아들일 수밖에 없게 하고 심지어는 지배를 요구하게 하는 일종의 공갈로 복무하는 경우가 매우 잦았다.

그런데 권력의 관점에서는 다중에게 무엇을 할 것인가? 사실 다중에게는 아무것도 할 수 없는데, 이는 주체의 통일성(국민), 주체의 구성 형식(개인들 사이의 계약), 통치의 양태(분리되거나 결합된, 군주제·귀족제·민주제)의 연관이 파열됐기 때문이다. 비물질적 노동력 및 협동적인 산 노동의 헤게모니 — 이 존재론적·생산적·삶정치적 혁명 — 를 통한 생산양식의 발본적인 변화가 (자본주의가 그 시작에서부터 상상한) '선정'^{善政}의 매개변수를 변화시키고 자본주의적 축적을 위해서 기능하는 근대의 공동체 이념을 파괴했던 것이다.

여담을 좀 해보자. 근대가 혁명의 형태로 출현했던 15세기와 16세기에 혁명가들은 스스로를 괴물로 상상했다. 가르강뛰아와 빵따그뤼엘은, 여러 시대를 거쳐 우리에게 전해졌으며 '더 자유롭게 되기'라는 거대한 과제를 제기하는, 자유와 발명의 모든 거인들 및 극단적 형상들의 징표가 될 수 있다. 오늘날 우리는 일반지성의 탄생, 비물질노동의 헤게모니, 다중의 추상적 활동의 새로운 열성이 인류에게 제공하는 새로운 힘을 입증하기 위하여 자연·역사·노동·정치·예술·발명을 결합시키는 새로운 거인들과 새로운 괴물들을 필요로 한다. 우리는 새로운 라블레를, 더 정확하게는 많은 라블레들을 필요로 한다.

　스피노자와 맑스는 다중의 민주주의에 대해, 더 정확하게는 더 이상 군주제와 귀족제 양자와 함께 통치의 고전적 형태를 구성하는 민주주의와는 아무런 관련이 없는 민주주의 형태에 대해 말한다. 스피노자가 제시하는 민주주의는 그가 절대적 민주주의라 부르는 것인데, 여기서 '절대적'의 의미는 한계와 척도가 없다는 것이다. 그러므로 사회계약적 이해, 제한된 사회적 신체에 대한 이해는 완전히 폐기된다. 절대적 민주주의가 통치의 고전적 형태에 관한 이론(과 그 미혹적인 실제)의 외부에 있다고 말할 때, 우리가 또한 분명히 말하고자 하는 것은 제국적 기구의 개혁을 통해 민주주의를 실현하려는 그 어떤 시도 또한 헛되고 무용하다는 점이다. 나아가 우리는 다중의 민주주의를 실현하는 유일한 길이 혁명의 길로 이해되길 희망한다. 그런데 제국적 세계에 적합한 혁명적 민주주의를 탐구한다는 것은 무엇을 의미하는가? 이와 관련하여 우리는 단순히 그것이 무엇이 아닌지에 초점을 맞추어 왔다. 그것은 더 이상 국가라는 개념에 의존하는 어떤 것이 아니다. 반대로 점점 더 국가에 맞서는 투쟁에 의해 정의된다. 우리는 또 그것이 국민 개념에 상응하지 않는 어떤 것이며, 사실상 그것을 상이한 것의 통일성으로 제시하려는 어떠한 시도와도 대립되는 것임을 보았다. 이 지점에서 우리는 다중의 민주주의를 이해하는 데 도움을 주는 또 다른 개념을 고찰할 필요가 있다. 다중의 절대적 민주주의의 이러한 새로운 내용을 다룰 경우, 대항권력counter-power 개념이 우리에게 근본적인 중요성을 가지는 것 같다.

근대적 대항권력과 근대적 반란의 역설

대항권력 개념은 주로 저항, 반란, 구성권력이라는 세 요소로 구성된다. 하지만 지배적인 민주주의 개념과 마찬가지로 지배적인 대항권력 개념이 근대에 국가 공간과 국가 주권에 의해 정의되었다는 점을 인식하는 것이 중요하다. 그 결과 근대 시기에는 ― 적어도 프랑스 혁명 이래로 그리고 사회주의적·코뮤니즘적 선동의 오랜 국면을 통해서 ― 대항권력 개념의 세 요소들(저항, 반란, 구성권력)이 상호 간에 외적인 것으로 여겨지는 경향이 있었으며, 그리하여 상이한 전략으로 기능했거나 혹은 적어도 혁명 전략의 상이한 역사적 계기들로 기능했다. 그 요소들이 이렇듯 분할되자, 대항권력 개념 전체가 그 요소들 중 하나로 ― 반란 개념으로, 혹은 실로 내전으로 ― 환원되는 경향이 있었다. 레닌의 정치적 사유가 이와 관련하여 전형적인 사례이다. 레닌에게 대항권력 ― 그의 용어로는 부르주아 권력에 대항하는 프롤레타리아 권력의 탄생으로 이루어지는 이중권력 ― 은 단지 대단히 짧은 기간 동안만, 바로 반란의 기간에만 존재할 수 있는 것이었다. 주로 임금을 위한 노동조합 투쟁의 형태를 취했던 저항이 레닌에게 중요한 정치적 역할을 가지긴 했어도, 그것은 혁명 과정과는 근본적으로 구분되는 것이었다. 레닌의 시각에서는 구성권력 역시 사라지는 경향을 갖는데, 이는 구성권력의 모든 발전이 직접적으로 새로운 국가의 요소로 되기 때문이었다. 즉 구성된 새로운 권력으로 변형되기 때문이었다. 그리하여 레닌의 경우 구성권력이라는 혁명적 개념에서 남은 것은 무엇보다도 반란의 거대한 힘, 결국 부르주아 독재에 맞서는 내전이었다.

일단 근대적인 대항권력 개념이 반란으로 환원된다는 사실을 확인하고 나면, 근대적 반란의 조건과 운명을 더 가까이서 바라보는 것이 필요하다. 역설적이고 비극적인 일이지만, 근대 코뮤니즘 반란이 승리를 거두는 데 성공했던 때조차 내전과 국제전(국가 간의 전쟁)이 교체되는 상황으로 곧바로 휩쓸려 들어갔기 때문에 그 반란은 사실 실패한 셈이다. 결국 일국에서의 반란은 실제로는 공상이라는 사실이 명백해진 것이다.

1871년의 파리 꼬뮌은 모든 근대 코뮤니즘 반란의 모델을 세웠다. 이 사례는 국제전을 내전으로, 즉 일국 내의 전쟁, 계급전쟁으로 전환시키는 것이 이기는 전략이라는 점을 가르쳐 주었다. 국제전은 반란의 폭발을 가능하게 했던 조건이었다. 개선문으로 진군한 프러시아인들이 루이 보나빠르트의 제2제국을 전복시켰을 뿐만 아니라, 띠에르와 공화국의 몰락 또한 가능하게 했다. 무장한 파리는 곧 무장혁명을 의미한다! 40년 후에 볼셰비끼 역시 유럽 전쟁, 즉 제1차 세계대전을 반란의 조건으로 필요로 했다. 그리고 다시 한 번 독일인들, 국가의 적이 가능성의 조건으로 작용했다. 그리하여 볼셰비끼는 국제전을 내전으로 변형시켰던 것이다.

그럼에도 불구하고 근대적 반란의 비극은 국내전이 곧바로 그리고 불가피하게 국제전으로, 더 정확하게는 통일된 국제 부르주아에 맞서는 방어전으로 다시 전환되었다는 점이다. 고유하게 일국적인, 즉 내전의 형태를 띠는 전쟁은 그 승리가 단지 새롭고 영속적인 국제전을 낳는 한에서는 실제로는 불가능한 것이었다. 그래서 일국에서의 코뮤니즘적 반란을 가능하게 하는 바로 그 조건 — 즉 국제전 — 이 승리한 반란을 구속하거나 혹은 그것을 영속적인 군사 체제로 왜곡시키는 것이다. 빠리 꼬뮌은 이러한 이중구속에 걸려들었다. 맑스는 꼬뮌의 오류를 분명하게 보았지만, 그들에게 열려 있던 다른 선택들도 마찬가지로 오류였을 것이라는 점을 보여주지는 않았다. 선택은 중앙위원회에 모든 권력을 부여하고 베르싸이유에서 부르주아 군대에 맞서 대항하느냐 — 즉 군사 체제로 변형되느냐 — 아니면 패배하고 학살당하느냐였다. 베르싸이유에서의 승리로 끝나는 일은 없을 것이었다. 프러시아와 영국의 지배 계급이 그것을 허용하지 않을 것이었다. 꼬뮌의 승리는 끝이 없는 국제전의 시작이었을 것이다. 쏘비에트의 승리는 이 이중구속을 확증했다. 러시아에서의 군사적 승리, 국가 부르주아지의 완전한 패배는 70년 이상 지속되는 국제전(열전 및 그 이후의 냉전)의 시작이었을 뿐이었던 것이다.

 냉전 동안에도 반란은 동일한 구조 안에서 작동하였으며, 국제전을 그 본질적 형태로 환원하면서 그 모델을 세련되게 했을 뿐이었다. 냉전은 반란의 조건을 굳혔다. 한편에서는 이미 계급의 용어로 코드화된 영구적인 국제전의 상태가 존재했다. 두 대립하는 강국을 재현하는 구조가 그 코드를 모든 새로운 운동들에 강제했다. 반란적 운동이 초강대국 중 하나에 도움을 청할 수 있거나 혹은 둘의 힘을 서로 대립시킬 수 있게 되는 순간부터, 양자택일이 물질적 의미에서도 결정적이 되었다. 일국에서의 반란을 위한 공식이 마련된 것이다. 하지만 일국에서의 반란의 한계 또한 기성품처럼 되었고 불가피해졌다. 어떤 운동도 거대한 냉전의 양자택일을 비켜갈 수 없었다. 심지어 스스로를 주로 계급과 관련시켜 파악하지는 않던 반란적 운동 — 아시아와 아프리카의 반식민지 운동, 라틴아메리카의 반독재 운동, 미국의 블랙파워Black Power 운동 — 조차 필수 불가결하게 거대한 투쟁의 한 편에 속한 것으로 재현되도록 강제되었다. 냉전 동안 일국에서의 반란이란 절대적으로 환상이었다. 승리한 반란과 혁명 국가는 결국 단지 냉전이라는 거대한 장기의 졸卒이었을 뿐이다.

이러한 간략한 근대 반란사로부터 우리 시대에 중요한 두 가지 사실들, 더 정확하게는 두 측면을 갖는 하나의 사실이 나타난다. 오늘날 한편으로는 국가 주권의 쇠퇴 및 제국으로의 이행으로 근대적 반란을 사유할 가능성과 때로 그것을 실천할 가능성을 허용했던 조건들은 사라졌다. 그리하여 오늘날에는 반란을 생각하는 것조차 거의 불가능한 것처럼 보인다. 그러나 다른 한편으로는 바로 근대적 반란을 내전과 국제전의 끝없는 게임으로 가둔 조건들 또한 사라졌다. 그래서 오늘날 반란의 문제를 고찰할 때, 우리는 거대한 어려움과 엄청난 가능성에 직면한다. 하지만 일단은 대항권력에 대한 더 일반적인 고찰로 되돌아가기로 하자.

괴물스런 살의 대항권력

오늘날 국민국가 주권이 쇠퇴한 상황에서는 대항권력 개념을 풍부한 형태로 탐구하고 또 그것의 개념적 토대로 되돌아가는 것이 다시 한

번 가능하다.

오늘날에는 저항, 반란, 구성권력의 관계가 절대적으로 연속적일 수 있는 가능성이 제시되며 이들 각각의 계기들에서 발명의 힘이 표현될 수 있다. 달리 말해 세 계기 — 저항, 반란, 구성권력 — 는 각각 서로에게 내재적일 수 있으며 정치적 표현의 공통적 양태를 산출할 수 있다. 이 대항권력이 속해있으며 또 맞서는 맥락은 더 이상 국민국가의 한정된 주권이 아니라 제국의 무제한적 주권이며, 따라서 대항권력은 무제한적 방식으로, 한계 없는 방식으로 재고되어야만 한다.

여기서 우리는 인상적이며 우리를 흥분시키는 새로운 이론적·정치적 문제틀과 대면한다. 현재의 제국적 맥락에서 우리는 저항, 반란, 구성권력 개념을 재고할 필요가 있으며, 그리하여 그것들의 내적 연관들을, 즉 그것들이 대항권력의 개념 및 실제에서 통일됨을 재고할 필요가 있다. 우리가 현대의 이론적 생산의 장에 시선을 던진다면, 우리는 이러한 영역에서 작업하기 위한 몇몇 도구들을 우리가 이미 가지고 있다는 점을 확인할 수 있다. 분명 미셸 푸꼬에 의한 저항 개념의 발전은 그의 작업을 잇는 모든 작업 — 인류학자 제임스 스콧James Scott의 '약자의 무기'라는 개념 및 미시정치적 저항에 관한 다른 모든 작업들 — 과 함께 이러한 문제틀에 관한 모든 탐구의 토대가 될 수 있다. 하지만 이 모든 작업들의 커다란 한계는 저항이 반란 및 구성권력과 맺는 내적 연관을 발견하는 데 결코 성공하지 못하고 있다는 점이다. 달리 말해 저항이 강력한 정치적 무기일 수는 있지만, 고립된 개인적 저항 행위는 권력 구조를 변형시키는 데 결코 성공할 수 없다.[9] 하지만 오늘날 대항권력의 다

---

9. 우리 관점에서는 펠릭스 가따리가 (특히 들뢰즈와 함께한 그의 작업에서) 저항 개념을 분자혁명에 대한 이해를 향해 투사하는 데 있어서 가장 멀리 나아간 사람이다.

른 두 구성요소들은 전혀 발전되지 않은 채로 남아있다. 반란은 반항의 집단적 몸짓인데, 오늘날 반란의 의미는 무엇이며, 그것은 어떻게 실천될 수 있는가? 우리가 더 이상은 (근대 시기에 통상적으로 그러했던 것처럼) 반란을 직접적으로 내전內戰으로 옮겨 놓을 수 없다는 사실을 분명히 해야만 하는데, 그것은 내전이 국가 공간 안에서의 전쟁으로 이해될 경우에 그러하다. 사실 반란은 여전히 특정 사회 안에서 피지배자가 지배자에 맞서 벌이는 전쟁이지만, 이제 이 사회가 무제한적인 지구 사회, 하나의 총체로서의 제국적 사회가 되는 경향이 있으므로 반란도 이런 맥락에서 이해되어야 한다. 제국에 맞서는 그러한 반란은 어떻게 실천될 수 있는가? 누가 그것을 촉진할 수 있는가? 저항의 미시정치학과 제국적 반란의 내적 연관은 어디에 있는가? 그리고 오늘날 어떤 방식으로 구성권력이, 즉 새로운 사회적·정치적 구성의 공통적 발명이 이해될 수 있는가? 결국 우리는 저항, 반란, 구성권력을 하나의 분리불가능한 과정으로, 세 요소가 모여서 온전한 대항권력을 이루어내고, 최종적으로는 새로운 대안적 사회구성체를 이루어내는 그와 같은 하나의 분리불가능한 과정으로 사유해야만 한다. 이는 거대한 문제들이며 우리는 단지 이 문제들과 대면한 최초의 단계에 있을 뿐이다.

이 문제들과 직접적으로 대면하기보다는 차라리 레지스터를 변화시키고 전체 문제틀에 대한 상이한 관점을 취하는 것이 나은 것 같다. 우리는 합리적인 것의 족쇄를 떨쳐버리고 민주주의와 사회를 사유하는 통상적 형식에서 탈주하며 더 상상력이 풍부하고 창의적인 관점을 창출할 방법을 발견해야만 한다. 그 세 가지 요소들 ― 저항, 반란, 구성권력 ― 이 더 밀접하게 일치하는 곳에서 대항권력의 궁극적 토대를 고찰하기 시작해보자. 대항권력의 주된 질료는 살, 즉 신체적인 것과 지적인 것이 일치하고 또 구별불가능한 살아있는 공통적 실체이다. 모리스 메를로-뽕띠는 다음과 같이 썼다. "살은 물질도 아니고 정신도 아니며 실체도 아닌데, 그것을 나타내려면 '원소'라는 오래된 용어가 필요하다. 물, 공기, 땅, 불을 말할 때의 의미, 즉 어떤 일반적인 것이라는 의미 …… 한 점의 존재라도 있는 곳이라면 그 곳에 존재의 양식을 도입하는 일종의 육화된 원리라는 의미로 사용될 때의 그 용어가 필요하다. 이런 의미에서 살은 존재의 원소이다."10 살은 순수한 잠재성, 삶의 무형적 질료, 존재의 원소이다. 하지만 살을 벌거벗은 삶과 같은 개념과 혼동하지 않도록, 말하자면 그 모든 질적인 것을 벗은 형태의 삶, 삶의 부정적 한계와 혼동하지 않도록 유의해야만 한다.11 살은 다른 방향, 즉 삶의 충만함을 향해 있다. 우리는 살에 머무르지 않지만, 살은 존재의 원소이다. 우리는 우리의 살로 지속적으로 삶형태를 만든다.

삶형태의 발전에서 우리는 우리 자신이 신체들로 이루어진 다중인 것을 알게 되며 동시에 모든 신체가 그 자체 다중임을 인식한다. 분자들의 다중이며 욕망들의 다중이고, 삶형태들의 다중이며 발명행위들의 다중이다. 우리 모두 안에 괴물들의 레기온(군대)이 혹은 아마도 천사들의 레기온이 거주할 것이다. 이것이 다중의 궁극적 토대, 다중의 제

---

10. Maurice Merleau-Ponty, *Il visibile e l'invisibile*, tr. it. Bompiani, Milano 1999 [모리스 메를로-퐁티, 『보이는 것과 보이지 않는 것』, 남수인·최의영 옮김, 동문선, 2004], p. 156. 또 살에 대한 앙또냉 아르또의 이해를 보라. "지적 함성이, 골수의 섬세함에서 생겨난 함성이 있다. 이것이 내가 살이라 부르는 그것이다. 나는 나의 사유를 나의 삶에서 분리하지 않는다. 내 혀가 진동할 때마다 나는 나의 살 안에서 나의 사유의 모든 경로를 되풀이한다"(Antonin Artaud, *Position de la Chair*, in *Oeuvres complètes*, 1, 2, Gallimard, Paris 1976, p. 50).
11. Giogio Agamben, *Homo sacer: il potere sovrano e la nuda vita*, Einaudi, Torino 1995 [조르조 아감벤, 『호모 사케르』, 박진우 옮김, 새물결, 2008]을 보라.

로 지점이다. 살에 입각하여 행동하는 것 그리고 살에 형태를 부여하는 것은 발명의 힘, 즉 특이성들을 통해 움직이며 공간의 혼종화와 자연의 형태변형을 한데 엮어내는 힘, 요컨대 존재의 양태와 형태를 변형하는 힘인 것이다.

이 맥락에서 대항권력의 세 요소들 — 저항, 반란, 구성권력 — 이 모든 특이성으로부터 그리고 다중을 구성하는 신체들의 모든 운동으로부터 함께 용솟음친다는 것은 분명하다. 저항 행위, 반란의 집단적 몸짓, 새로운 사회적·정치적 구성의 공통적 발명이 셀 수 없는 미시정치적 회로를 통해서 함께 나아가며, 그리하여 새로운 힘, 대항권력, 제국에 맞서는 살아있는 것이 다중의 살에 새겨지는 것이다. 여기서 새로운 야만인들, 괴물들, 경이로운 거인들이 태어나는데, 이들은 제국적 권력의 내부에서 그리고 바로 그 제국적 권력에 대항하여 끊임없이 출현한다. 발명의 힘은 초과적이기 때문에 괴물스럽다. 모든 진정한 발명행위, 즉 단순히 규범을 재생산하는 것이 아닌 모든 행위는 괴물스럽다. 대항권력은 초과적이고 넘쳐흐르는 힘이며 언젠가는 무제한적으로 되고 측정불가능하게 될 것이다. 초과와 무제한 사이의 이러한 긴장이 살의 괴물스러운 성격과 대항권력이 막대한 중요성을 띠는 장소이다. 우리가 (저항적, 반란적, 구성적) 괴물의 온전한 출현을 기다리는 동안 제국 체제 — 다중이 가진 힘(활력)에의 의지를 억압하는 현대적 형태 — 는 이 시점에서 밧줄을 붙잡고 있음을, 즉 한계에 몰려있으며 불안정하게 지속적으로 위기에 처해 있음을 인식하는 능력이 증가한다. (여기가 한계, 차이, 벌거벗음에 관한 허약한 철학이 신비화하는 형상으로서, 제국적 헤게모니의 불행한 의식으로서 등장하는 지점이다.) 반면 발명의 힘(더 정확하게는 대항권력)은 살로부터 공통의 신체를 창출한다. 이러한 신체들은 홉스를 비롯한 근대 국가론자들이 리바이어던을 신성한 도구로, 소유욕에 찬 부르주아지의 충견으로 만들면서 상상한 거대한 동물과는 아무런 관련이 없다. 우리가 오늘날 말하는 다중은 이와 달리 신체들의 다양체이며, 그 각각이 지적인 힘과 물질적 힘의, 이성적 힘과 정동적 힘의 교차이다. 그것은 기계적인 것으로부터 인간을 분리시키는 오래된 경계선과는 아무런 관련이 없는, 자유롭게 움직이는 싸이보그 신체이다. 다중의 이러한 다형적 신체는 새로운 삶형태, 새로운 언어, 새로운 지적·윤리적 힘들을 지속적으로 발명하는 장소를 제공한다. 다중의 신체들은 괴물과 같으며, 제국의 조직구조 안에 지속적으로 다중을 수용하려는 자본주의 논리에 흡수될 수 없다. 이 신체들은 훈육 및 규범화의 힘을 받아들이지 않으며 오직 그 자신의 발명의 힘에만 민감한 기묘한 신체들이다. 발명의 힘을 제국 시대에 대항권력을 구성하는 데 핵심적인 것으로 지적할 때, 우리는 어떤 예술가나 철학자 그룹을 말하고 있는 것이 아니다. 제국의 정치경제학에서 발명의 힘은 생산의 일반적·공통적 조건이 되었다. 이것이 우리가 비물질노동과 일반지성이 자본주의 경제에서 지배적인 위치를 차지하게 되었다고 주장할 때 의미하는 바이다.

 우리가 주장하였듯이 만약 근대와 유럽 역사가 전해준 지배적인 민주주의 형태 — 국민을 대상으로 하는 대의적 민주주의 — 가 단지 실현되지 못했을 뿐만 아니라 실제로 실현불가능한 것이었다 하더라도, 다중의 대안적 민주주의에 대한 우리의 제안이 유토피아적 꿈으로 여겨져서는 안 된다. 오히려 오래된 민주주의 개념의 비실현성이 우리에게 앞으로 나아가도록 박차를 가하는 것이어야만 한다. 이는 또한 우리가 전적으로 제국적 지배 안에 그리고 제국적 지배에 힘껏 맞서며 존재한다는 것을 의미하는데, 여기서는 어떠한 변증법적 길도 가능하지 않다. 이제 남아있는 유일한 것은 새로운 민주주의를 발명하는 것, 경계가 없으며 척도가 없는 절대적 민주주의를 발명하는 것이다. 활력있는 다중의 민주주의이며, 동등한 개인들의 민주주의일 뿐만 아니라 협동과 소통과 창조에 동등하게 열려 있는 힘들의 민주주의이다. 여기서 우리가 제안하고자 하는 강령은 없다. 누가 20세기가 끝난 오늘날 그와 같은 일을 감히 하겠는가? 모든 근대의 주역들 — 사제들, 기자들, 설교자들, 정치인들 — 이 제국적 권력에게는 여전히 유용할지 모르지만, 우리에게는 아니다. 우리 모두에게 존재하는 철학적·예술적 요소들, 살을 가지고 작업하면서 그 환원불가능한 다양성을 다루는 실천들, 제한 없는 발명의 힘 — 이것들이 다중의 지배적 특징이다. 우리의 실현되지 않은 민주주의 너머에, 실현될 필요가 있는 공통의 삶에 대한 욕망이 존재한다. 아마도 우리는 살과 다중의 지성을 함께 용해시키면서 거대한 사랑의 기획으로 인류의 새로운 청년기를 일으킬 수 있을 것이다.

3

강의 3
정치적 주체 : 다중과 구성권력 사이에서

보론
다중의 존재론적 정의(定義)를 위하여

강의 3

정치적 주체 :
다중과 구성권력 사이에서

　이 강의에서는 **다중** 개념 정의의 방법론적 전제를 다루고 그 다음 **구성권력** 개념 정의의 방법론적 전제를 다룰 것입니다.
　주지하듯이 다중 개념은 스피노자의 작업에서 가장 의미심장한 정식화의 형태로 탄생하는데, 스피노자는 이 용어를 일정한 형태로 배열되어 있는 특이성들의 다양체로 이해합니다. 다중 개념이 스피노자 이전의 근대 정치사상에 없었던 것은 아니지만, 그것이 존재했던 경우에 그것은 부정적 특성을 띠었습니다. 다중 개념은 본질적으로 질서가 결여되어 있는 다양한 주체들의 집단을 가리켰으며, 다중은 자신 안에 형성 원리를 포함하는 질료로서 제시되기보다는 형성되어야 할 단순한 질료로서 제시되었습니다. 아리스토텔레스적 범주에 비춰볼 때 다중은 형상인, 작용인, 목적인을 갖지 않으며, 단순히 외부로부터 작용이 가해져서 그것을 형성해야 하는 다양한 질료적 존재였습니다. 이와 반대로 스피노자에게 다중 개념은 외적 인과성이라는 생각이 부재하는 바로 그만큼 고유한 의미를 갖습니다. 완고한 내재론자이자 유물론자인 스피노자는 실재 외부에 그 어떤 원인도 있을 수 없다고 봅니다. 인과적 원리를 수립하는 신은 존재하지 않으며, 외부에서 질서를 부여하는 힘에 의해서는 창조도 존재하지 않고, 어떤 궁극적 확정성도 형성되지 않습니다. 아니, 이보다는, 물질이 신적이며 창조는 물질에 내재한 과정이라고 말하는 것이 더 나을 것 같습니다.

그래서 다양체의 조직화 및 민주주의의 문제를 제기할 때 스피노자는 내재론적 평면에서 그 문제를 제기합니다. 즉 다중이 스스로를 직접적으로 조직할 수 있는 방식을 (더 정확하게는 현실적으로 조직될 수 있는 방식을) 묻는 것입니다. 이러한 관점에서 볼 때 다중은 이전에는 없었던 것을 모두 **자기 자신으로부터** 산출하는 개념입니다. 원인이 행위이자 과정으로 되며, **민주주의**는 다중이 (특이성들의 상호작용을 통해서) 공통의지를 표현하는 형식인데, 공통의지는 외부를 갖지 않으며 전적으로 자율적입니다. 그래서 우리가 절대적 의지라고 부르는 것입니다. 스피노자의 시기인 17세기 후반부에는 절대군주제가 정점에 도달합니다. 스피노자 사유에 출현한 이러한 다중의 절대성과 민주주의의 절대성은 ― 마키아벨리 이후에 ― 근대 최초로 그토록 강력하게 표현된, 진정으로 전복적인 개념을 나타냅니다. 이 전복적 개념은 어떤 점에서는 프로테스탄트 종파들이 발전시켰던, 특히 가장 급진적이고 혁명적인 프로테스탄트 종파들이 발전시켰던 바의 국가론 및 민주주의론과 연관됩니다. 그러한 종파들은 신성의 의미를 주체의 새로운 긍정과 결부시켰고 그리하여 다중을 신을 향하는 주체성의 총체로서, 그 불가해한 명령을 실현하고자 하는 주체성의 총체로서, 요컨대 초월적 가치를 추구하며 또한 그것을 생산하는 특이성의 다중으로서 자리매김했습니다. 다른 점에서 스피노자에게는, 즉 프로테스탄트 종파들의 사상과 동맹 관계에 있는 이러한 다중의 정의 안에는, 17세기에 확대 재생산된 공화주의 사유 전통이 존재합니다. 다중의 이념과 절대적 민주주의 이념이 **공화주의 사유의 유일한 기획으로 되는 것입니다**. 주지하듯이 그리고 우리가 이미 언급했듯이, 공화주의 사유는 이탈리아 르네상스에서 탄생했으며, 특히 피렌체 공화국의 위기에 대한 마키아벨리의 비판적 인식으로부터 태어났습니다. 『로마사 논고』 *Discorsi sopra la prima deca di Tito Livio* 에서 마키아벨리는 피렌체의 민주주의를 프롤레타리아(민중) 계급 운동에 근거를 둔 것으로서 서술하는데, 이 계급은 자유(공화국)를 재전유하기 위해서 그리고 도시의 노동을 조직하기 위해서 조직된 것이었습니다. 마키아벨리는 자유와 자유의 경제적 조건(노동, 노동조직) 사이의 관계, 자유와 발전의 시민적 조건 사이의 관계, 자유와 통치 형태 사이의 관계에 관한 분석과 이론화를 (앞선 시대에 다듬어진 이론들과 비교하여) 엄청나게 진전시켰습니다. 이제 스피노자는 **다중의 장치를 절대적 민주주의로서** 전개시키며 직접적으로 마키아벨리를 언급합니다. 결론을 말하면, 마키아벨리즘이 강력한 민주주의론으로 제시되는데, 그 민주주의론은 프로테스탄트 종파들에서 응용과 발전의 영역을 발견하고, 그 다음 중부 유럽과 영국의 혁명 운동에 자양분을 제공하며, 결국 대서양을 횡단하여 미국 헌법을 정초하는 데까지 관여합니다. 이것은 포콕Pocock에 의해서 폭넓게 연구되었습니다. 우리의 관심사는 이러한 전개에서 스피노자가 가지는 중심성을 강조하는 것입니다.

스피노자에게는 또한 또 다른 대단히 중요한 요소가 있습니다. 그 요소는 니체의 공헌을 경유하여 현대에 와서는 들뢰즈와 푸꼬의 철학 속에서 표현되었습니다. 이 요소는 바로, 주체성을 — 가장 초보적인 주체성 개념으로서의 정치적 주체성을 — **관계들의 총체의 산물로서** 정의하는 것입니다. 그래서 주체를 정의할 때 그 정의를 형이상학적 요소 위에 정초할 가능성은 더 이상 존재하지 않습니다. 특히 자기의식의 그 어떤 요소도 다중의 노동에 비하면, 특이성들 사이의 관계의 산물에 비하면 부차적인 것입니다. 특이성은 분명 그 고유의 힘을 유지하지만, 자기 자신과 전체를 동시에 구축하게끔 하는 관계들의 동학 안에서 그것을 유지하는 것입니다.

이런 방식으로 주체는 전체와의 관계를 통하여 정의되는데, 그것은 (반복하지만) 주체가 관계 안에서만 존재하며, 오직 상호작용의 놀이에 의해서만 주체에게 사법적·정치적 자격이 생긴다는 것을 의미합니다. 예컨대 소유 개념이 특이성들 사이의 관계에 종속되는 것입니다. 현대의 공화주의 사상은 사실 전유(소유)의 원천을 개인에게서 보는 사고방식을 인정하지 않습니다. 정치사상사의 관점에서 볼 때 근대의 구성 과정의 중심에 이러한 개인주의를 위치시킨 것은 바로 홉스입니다. 홉스는 개인을 이기적 존재, 전유하려는 존재로 생각합니다. 개인들은 사랑을 통해서가 아니라 공포와 이기주의를 통해서 타인과 관계를 맺게 됩니다. 개인들은 끊임없이 자연적 투쟁, 필연적 전쟁을 자신들에게 유리하게 해소하고자 합니다. 이 모든 것이 합의 혹은 계약이 수립되지 않는 한 지속됩니다. 오직 계약만이 평화를 수립할 수 있으며, 전쟁 상태로부터의 탈출을 가능하게 합니다. 이 계약은 두 가지 요소로 구성됩니다. 첫 번째 단계는 개인의 힘이 초월적, 주권적 권력으로 이전 혹은 양도되는 것입니다. 두 번째 단계는 이러한 중앙집중화된 주권적 권위의 권력을 정의하는 것과 관련됩니다. 즉 그것이 하는 일은 평화와 개인의 안전 그리고 소유의 안전을 보장하는 것입니다. 홉스는 여기서 (개인들의 자연권을 양도한 산물인) 주권적 권력에 대해서 뿐만 아니라 소유의 구조와 보장에 대해서도 세련된 관심을 보입니다. 홉스의 사유에는 군주제로의 권리이전을 보장하기 위해, 더 정확하게는 군주제로의 권리 이전을 절대적으로 중층결정하기 위해 신학과 신의 현존에 직접 호소하는 측면도 존재합니다(매우 유물론적인 홉스의 체계가 그 자체로 그것을 요구하지는 않더라도 말입니다). 그리하여 절대군주제는 지상의 신으로, 즉 모든 제약을 넘어서 있는 절대의지로 정의됩니다. 이 경우 '절대'는 오직 권위만이 자유로우며 모든 제약에서 벗어나 있다는 것을 의미합니다.

그런데 이 지점에서 개인들에게는 무슨 일이 일어났을까요? 권력을 양도한 순간 개인들은 **국민**(신민), 즉 주권자가 승인한 권리의 담지자들의 총체가 됩니다. 그래서 **국민 개념이 근대에 국가의 산물로서 나타나는 것입니다**. 재산을 가진 시민들의 총체로서 이해된 국민은 (재산은 근본적 권리입니다) 소유의 보장에 대한 대가로서 그들의 자유를 포기합니다. 그 전에는 절대적 자연권이었던 그들의 자유가 이제는 공적 권리(주체권)가 되는데, 즉 국가가 개인들의 자유의 정도와 한도를 국가 기구의 기능에 유용하며 소유 관계의 재생산에 유용한 만큼 보장하는 것입니다. 국민의 권리는 오직 사법 질서 안에 고정되는 만큼만 승인됩니다. 이러한 국가 개념, 국민 개념, 그리고 그로부터 귀결되는 권리 개념이 오늘날까지 바로 주권의 이념으로서 지속되고 있습니다. 전통적인 근대적 사고방식에서 국민 이념은 두 가지 홉스적 특징을 보존합니다.

첫 번째 특징은 주권의 이전이고, 두 번째 특징은 재산을 가진 개인들의 총체로서의 국민의 구성입니다.

이제 **다중** 개념으로 **되돌아갑시다**. 근대의 최종 국면에서 우리는 종종 다중에 관한 다른 정의들과 대면하게 됩니다. 그 정의는 거의 언제나 국민 개념 내에서 다중을 정식화하는 것이 불가능하다는 데서 생겨납니다. 자본주의가 발전함에 따라서, 그리고 여러 계급들로 마디결합된 복잡한 사회가 출현함에 따라서, **대중으로서의 다중**이라는 생각이 부각됩니다. 이 경우 다중은 혼잡하며 불분명한 덩어리 큰 총체로서 묘사되지만, 그럼에도 불구하고 공격의 힘 그리고/혹은 저항의 힘을 가진 총체로서 묘사됩니다. 이와 같이 정의된 대중 개념이, 대공업 생산 형태의 자본주의 발전에 종속된 다중의 어떤 특징적 요소를 제시한다는 것은 명백합니다. 그러나 이러한 대중 개념이 같은 기간에 실현된 노동 조직화의, 더 정확하게는 노동력 조직화의 발전과 잘 접목되지 않는다는 것도 마찬가지로 사실입니다. 사실 다중 개념의 재구축이 가능한 것은 이 개념이 노동 조직의 새로운 형태 및 사회의 새로운 형태와 대면하게 되는 순간입니다. 다시 말해서 계급의 기술적 · 정치적 구성의 어떤 형태로서 다중이 분석될 때에만 다중 개념은 재구축될 수 있습니다. 그런데 이때 다중 개념은 (16세기에서 18세기까지 공화주의 조류에서 그러했듯이) 단순히 정치적 관점에서만이 아니라, 바로 자본주의 발전, 사회 발전, 그리고 — 더 중요하게는 — 주체성 발전의 새로운 국면에 관한 물질적 · 존재론적 표지로서 재구축되는 것입니다.

탈근대적 국면에서 다중 개념은 비물질노동을 행하는 다중의 역량에 의해 그리고 비물질노동을 통해 (활동을 통해) 생산을 재전유하는 활력에 의해 정의되는 특이성의 존재와 연관됩니다. 우리는 탈근대적

노동력이 다중의 형상으로 주어진다고 (그리고 결과적으로 탈근대적 생산의 정치적 형상이 절대적 민주주의의 형상이라고) 말할 수 있습니다. 노동의 현실적 규정 및 그로부터 유래하는 주체성의 생산에 관한 이와 같은 철학적·정치적 논의는 우리를 『정치경제학 비판 요강』에서 맑스에 의해 제시되고 전개된 '사회적 개인'의 개념으로 데려갑니다. 맑스에게 사회적 개인은 협동으로 구성된 복합적 주체입니다. 하지만 이 입장은 **너무 경제주의적입니다**. 즉 맑스에게서 주체는 본질적으로 (어쩌면 전적으로) 생산적 요소로서 나타나는 것입니다. 반대로 우리가 재구축하고자 노력해온 바의 다중 개념은 (생산적 차원에서 그 무엇도 제거하지 않고서) 모든 방향으로 스스로를 표현하는 특이성의 활력을 보여주는, 그리고 자유의 증식으로 나타나는 특이성의 힘을 보여주는 어마어마한 이점을 갖고 있습니다.

 이제 논의를 요약하면서 개념화해 봅시다. 우리가 다중에 대해 말할 때, 우리는 근본적으로 세 가지를 주장하는 것입니다. 사회학적 관점 및 사회철학적 관점에서 우리는 다중을 무엇보다도 **총체**라고, **주체성의 다양체**라고, 더 정확하게는 **특이성의 다양체**라고 말합니다. 둘째로 우리는 다중을 비 노동 사회계급이라고 말합니다. (이 경우 주된 연관을 갖는 것은 포드주의로부터 포스트포드주의로의 이행에서, 물질노동의 헤게모니로부터 비물질노동의 헤게모니로의 이행에서 일어난 노동 변형의 경험입니다). 마지막 셋째로 다중을 말할 때 우리는 뭉개져 대중으로 되어버리지 않은 **다양성**을, **자율적이고 독립적이며 지적인 발전**이 가능한 **다양성**을 언급하는 것입니다. 이는 곧 노동의 활력의 발전인데, 이 발전은 노동력으로 하여금 노동수단 및 협동 장치의 재전유를 통해서 예속과 주권의 변증법을 종식시킬 수 있게끔 하는 것입니다. 이러한 관점에서 우리는 이 주제를 정치적 용어로 옮겨서 **민주주의적 활력으로서의** 다중이라는 가설을 제시할 수 있는데, 이는 다중이 자유와 노동을 한데 엮어서 '공통적인 것'의 생산에서 결합시키기 때문입니다. 이렇게 말할 경우 정치적인 것과 사회적인 것, 생산성과 삶의 윤리 사이의 모든 구별이 소멸된다는 것은 분명합니다. 이와 같이 정의된 다중은 열려 있는 역동적·구성적 개념으로 제시됩니다. 우리는 삶정치적인 것 안에 있습니다. 다중 개념도 전적으로 삶정치적인 것 안에서 살아가기 시작합니다.

생산 범주에서 정치 범주로의 이행은, 다중 개념의 정의에 관한 한 역사 과정과 깊이 연결되어 있습니다. 제가 보기에는 다중 개념을 비물질노동의 기반 위에 조직된 생산 범주에서 분리된 것으로 독해하지 않도록 대단히 주의할 필요가 있습니다. 그러나 동시에 중요한 것은 물질노동으로부터 비물질노동으로의 이행(일반지성의 구축을 구체화하는 이행)을 역사적으로 결정된 이행으로서 고찰하는 것입니다. 여기서 다루어진 주제들을 둘러싸고 최근에 전개된 논의에서는, 특히 일반지성의 언어학적 해석과 관련하여, 일반지성을 생산의 **불변적** 요소들의 결과로 간주하는 경향이 종종 존재합니다. 그렇기에 촘스키의 언어 구조 분석을 참조하는 일련의 이론적 요소들이 오뻬라이스모 방법론 안에 흡수되었던 것입니다. 하지만 일반지성의 생성과 긍정에 대한 역사적 해석은 촘스키류의 언어적 불변소에 관한 담론과 직접적으로 충돌합니다. 어쨌든 저는 여기서 푸꼬의 방법이 유력하다고 봅니다. 저는 우리의 방법론이 고정된 발생 구조에 국한될 수는 없다고 생각합니다. 계급투쟁이 결정하는 변형의 동학을 만족시킬 수 있는 **자연주의는 존재하지 않습니다**. 일반지성 개념에 언어적 특성이 속하게 된다면, 분석은 (언어적 불변소에 대한 연구를 향하기보다는) 일반지성 자체의 삶정치적 규정을 향하여 전개되어야만 합니다. 만약 일반지성이 다중 개념으로 확장되길 원한다면, 그것에 살과 피를 부여할 필요가 있습니다. 예의 언어적 특성도 강력한 인간적 특성을 재발견해야만 하며, 농밀한 것과 전투적인 것을 포착하기 위하여 매끄러운 것과 평화로운 것을 버려야 합니다. 언어는 존재의 줄무늬이며 모든 줄무늬들이 그렇듯이 특이성들의 총체입니다. 따라서 불변소는 다중의 활력으로 되돌려져야만 합니다.

이제 지금까지 전개된 논의가 이 글에서 다루어지지 않았던 몇몇 이론적 귀결들 및 다른 관련된 개념들을 심화시키도록 해줍니다.

이 지점에서 예를 들어 다중의 정의에서 나온 바의 '**공통적인 것**'의 **개념**(과 그것과 연관된 모든 용어들)을 더 분명히 하는 것이 필요합니다. 특히 공통적인 것을 동일성 그리고/혹은 합의와 결부시키는 몇몇 전통적 독해들을 넘어서는 것이 중요합니다. 여기서 분명 우리는, 공통적인 것을 통해서 그리고 공통적인 것의 정의 안에서, 종종 다중 개념과 교직되는 개념들과 대면합니다. 먼저 말하고 싶은 것은, 다중은 동일성의 재발견도 아니고 차이에 대한 순수한 찬양도 아니며, 오히려 동일성과 차이를 넘어선 '공통성'이 존재할 수 있다는, 즉 '어떤 공통적인 것'이 존재할 수 있다는 사실에 대한 인식인데, 이는 그것이 **창조적 활동들의 증식**으로, 다양한 연합적 관계들 혹은 형식들로 이해될 경우에 그러하다는 것입니다. 정치적 주체의 이러한 상(像)을 수립하는 것은 전통적 정치 이론과 비교하여 결정적으로 새로운 정치적 이행을 나타내는 것입니다. 다중은 특이성들의 **총체**인데, 사실 여기서 총체는 차이들의 공통성으로 간주되며, 특이성은 차이의 생산으로 인식됩니다. 다중에게 공통적인 것은 결코 동일한 것이 아니며, '공동체'Gemeinschaft도 아니고, 심지어는 단순히 사회Gesellschaft도 아니며, 따라서 소유의 주체인 개인들의 다양성도 아닙니다. 이제 만약 이러한 존재론적 정의로부터 정치적인 것으로 내려온다면, 우리는 곧장 오늘날 정치적 활력을 표현할 수 있는 민주주의적 주체들의 조직 과정의 새로운 형상으로서 '운동들의 운동'을 말하는 것이 우연이 아니라는 사실을 보게 됩니다. 그렇다면 이 영역에서는 합의라는 전통적 개념을 비판하고 넘어서는 것이 중요합니다. 합의라는 이름 혹은 관념은 국민과 대의라는 이름 혹은 관념과 결부되어 있습니다. 합의는 충실한 지지이자 양도이며 대의자와의 동일시입니다. 합의 개념이 점점 더 소비 개념과 동화되는 것은 우연이 아닙니다. 합의를 이렇게 보는 것은 새로운 정의定義의 문제를 제기하는데, 이는 대의의 극복 없이는 의미가 없습니다. 대의가 근대 주권을 위해 시민적 힘들을 **양도**하는 개념이고, 합의가 이 과정의 은유라면, 우리의 문제는 이와 달리 이 과정 안에서 **다중의 표현**에 정치적 형식을 부여하는 것, 주체의 생산적 활력과 자유를 양도하지 않는 그러한 정치적 형식을 부여하는 것입니다. 이것은 아직 확정되지 않고 완전히 열려있는 문제이며, 따라서 우리는 새로운 생각을 다듬어내야 하고 **네트워크를 통해 형성되고 확장되는 협동의 장치**를 분석해야 합니다. 자유에 부합하는 생산적 협동형태들이 (고용주가 없으며, 생산 능력을 어떤 통제 능력에 의거시킬 필요가 없는 협동형태들이) 과연 존재하는 것일까요?

나중에 우리는 우리가 언어의 기능에서 의미를 표현할 동등한 가능성을 가질 뿐만 아니라, 또 의미가 언어적 협동에서 태어나고 그 협동에서 형성된다는 것을 인식할 가능성 또한 가진다는 점을 살펴볼 것입니다. 이러한 관점에서 우리는 생산 혁명과 언어 혁명의 교직을, 존재론적 생산 변형의 진행을 식별해낼 수 있는데, 이 변형에서는 생산적 가치와 언어적 의미가 공통의 궤적을 구축합니다.

　이러한 문제들에 대한 논의를 진전시키는 데에는 다중 개념 분석을 더 심화시키는 것이 유용할 것입니다. 다중 개념은 **포스트모더니즘 철학**의 저자들에 의해서도 다양한 관점에서 전개되었는데, 우리는 이러한 다양한 관점들과 대면할 필요가 있습니다. 포스트모더니즘 이론가들이 제시하는 주체의 정의는 덧없는 '약한 주체'입니다. 료따르, 보들리야르, 로티 및 기타 유럽과 미국의 철학자들의 기획은 주체를 미리 구성되고 미리 파악되어 있으며 존재론적 토대를 따로 가진 정체성이 없는 그러한 형상으로 정의하는 것이었습니다. 이 모든 것은 철학 영역에서 일어났던 일일 뿐만 아니라, 권리론에도 강력하게 적용되었습니다. 예를 들어 우리는 롤즈에게서 포스트모더니즘 철학 사상이 표현한 것과 일치하는 주체에 대한 긍정을 발견합니다. 롤즈는 주체가 그림자 안에 살며, 그를 둘러싼 베일을 들어 올림으로써만 공동체를 구성하는 것을 배울 수 있다고 말합니다. 포스트모더니즘 이론가들에 동의하는 롤즈는 결국 총체, 협동, 공통적인 것을 생산하는 주체가 불가능함을 입증하려는 것처럼 보입니다. 만약 그가 이것에 성공하지 못한다면, 주체성에 대한 분석을 홉스적 전제로 되돌리는 것이 필요할 것입니다. 그리고 실제로 주체가 성공하지 못했기 때문에, 오직 외부 권력, 즉 국가 권력, 자본 권력만이 총체를 창출할 수 있을 따름입니다. 그러나 이는 약한 방식으로 일어납니다. 전쟁은 존재하지 않지만 무지가 존재하며, 어둠의 베일은 계속 드리워져 있는 것입니다. 롤즈 입장 이외에 또 다른 입장이 유사한 의미에서 포스트모더니즘적 정치 주제에 몰두했습니다. 예를 들어 로티의 입장이 대표적인데, 그는 (부르주아적 내전이라는 가설 및 개인의 독립성에서 출발하여) 고전적인 부르주아적 관점에서는,

따라서 건설적인 부르주아적 관점에서는, 주체화가 더 이상 주어질 수 없다는 사실을 강력하게 강조했습니다.

또 이러한 철학적·정치적 인식에서 도출되는 또 다른 입장이 있습니다. **공동체주의적 유형**의 서사를 다시 도입하는 저자들입니다. 영어권 철학에서 가장 분명한 사례는 마이클 쌘들Michael Sandel의 입장입니다. 그와 연관된 학파에서 일반적으로 그러하듯이, 쌘들의 사유에서는 주체가 약한 주체로서 제시되며, 오직 국가에 의해 규정되는 한에서만 주체는 강해질 수 있습니다. 여기서는 실제로 시민사회의 약한 관계를 매개할 수 있는 중간 형태를 구축하는 일이 시도됩니다. 주체성에 대한 약한 사유의 이러한 **좌파**적 전개를 살펴보면서, 우리는 주체성과 공통적인 것의 구성을 제도적(법적, 규범적)으로 연결하려는 기획이 실패했음을 확인할 수 있습니다. 이러한 실패는, 그 시도가 더 이상 일국의 내적 제도 영역에서 행해지는 것이 아니라 오히려 국제적 지형에서 행해질 때 그만큼 더 분명하게 나타납니다. 이 학파는 사실 국제적 지형에서 국가의 이해와 지구적 공통성을 매개하는 일종의 '시민사회'를 상상할 수 있다고 주장합니다……. (이러한 시도의 귀결은 종종 재앙을 불러왔습니다.).

이렇게 말하고 나면, 다중이 어떻게 약한 개념이 아니라 **강한 개념**으로 정의되는지를 이해하는 것이 핵심이라는 점이 분명해집니다. 이 문제를 해결하는 것은 **한계**와 **장애**를 구별하고, 그 구별 위에서 더욱 앞으로 나아감을 의미합니다. 활동의 봉쇄가 더 이상 어떤 활동도 할 수 없을 정도일 때 우리는 한계가 존재한다고 말합니다. 한계는 전적으로 부정적인 어떤 것입니다. 반면에 앞으로 나아가거나 다르게 행동하는 것을 방해하는 어떤 것이 우리 밖에 혹은 우리 앞에 존재할 경우에 우리는 장애가 존재한다고 말합니다. 한계는 존재론적 규정이며 파괴될 수 없는 어떤 것입니다. 한계의 정의를 강조하는 것은 다중을 주권(권력)이 더 이상 파괴할 수 없는 어떤 것으로, 주권(권력)이 여하튼 감내해야 하거나 때로는 매개해야만 하는 어떤 것으로 이해한다는 것을 의미합니다. 이제 장애의 정의로 되돌아갑시다. 장애를 강조하는 것은 주권의 한계로서 부정적으로 이해되는 다중이 (언제나 장애와 연관되는) 특이성들, 계급, 활력의 총체로서 어떻게 적극적으로 제시되는지를 이해하는 것을 의미합니다. 다중은 장애를 어떻게 다루어야 할까요? 정치사상사에는 이 문제를 둘러싸고 다양한 입장들이 존재합니다. **전통적인 코뮤니즘적 이해에서는**, 또한 이미 예컨대 자코뱅주의 등의 급진적 민주주의론에서도, 장애가 파괴되어야만 하는 어떤 것으로 제시됩니다. 장애는 언제나 우회하기에는 너무도 강력한 것입니다. 여기에는 다음과 같은 특이한 전도가 존재합니다. 다중이 자신을 주권에 의해 극복될 수 없는 한계로서 느끼지 않고 단지 장애로서 이해하고 자신의 가치를 낮추며 과소평가합니다. 결국 다중은 오직 주권의 파괴를 통해서만 스스로를 표현할 수 있다고 생각합니다. 이 경우 다중은 주권을, 적을 과대평가합니다. 이렇게 되면 다중의 문제는 국가로부터 해방되는 것, 프롤레타리아 독재를 수립하는 것이 됩니다. 이는 작은 해결책인데, 프롤레타리아 독재란 설사 전도되었을지라도 여전히 국가의 상(像)이기 때문입니다. 우리의 입장은 이와 반대입니다. 파괴불가능한 활력인 다중의 힘이 제대로 발휘되게 하는 것이 관건입니다. 혁명 과정을 추동하기 위하여 다중이 독재를 (따라서 전도된 국가 행위 및 정당성을) 필요로 하지는 않습니다. 노동, 고용주, 자본가로부터의 해방이라는 문제가 이와 동일한 방식으로 또 동일한 관계로 제기됩니다. 장애가 저 앞에 있습니다. 다중은 국가의 한계이지만 다중에게 국가는 장애일 뿐입니다. 이 모든 것은 대결을 발전시키고/발전시키거나 유지할 수 있고 힘에 대해 결정할 수 있는 타격세력의 존재를 필요로 합니다. 이런 관점에서 볼 때 긴밀하게 연관되는 사례가 (우리가 문제틀의 지표로서, 또 예의 한계의 존재론적 기능에 대한 강조로서 다시 논의해야 하는) 레닌주의적 당 개념입니다. 이제 논의를 좀 더 복잡하게 진전시켜 다음과 같이 묻도록 합시다. 급진적 민주주의 이론에서 다중과 장애 사이의 관계 혹은 충돌은, 그런 일이 일어날 수 있는 장소를 필요로 하거나 아니면 요구하게 됩니다. 하지만 다중이 생산적이며 증식하는 특이성들의 총체로서 제시된다면, 이 경우에는 충돌의 장소가 문제적이 됩니다. 더 정확하게 말하자면, 충돌의 특정 장소는 더 이상 존재하지 않습니다. **충돌은 어디에나 존재합니다**. 만약 논의를 일반적 방법론과 연결시킨다면, 여기서 제국이 장소를 갖지 않는다는 사실이 상기됩니다. 그리고 제국이 장소를 갖지 않는다고 말하는 것은 다중도 장소를 갖지 않는다고 말하는 것이 됩니다. 즉 우리는 다중이 도처로 확산되는 상황에 있는 것입니다. 제국과 다중은 그것들의 절대적 차이 및 절대적 대립에도 불구하고 어떤 점에서는 유사한 형성 메커니즘을 갖는 것입니다. 그렇다면 이러한 구도에서 어떻게 장애에 맞설 수 있을까요?

장애를 분쇄하는 이론을 구축하기 위하여 우리는 맨 먼저 우리 논의 과정에서 출현한 몇몇 주장들로 되돌아가야만 합니다. 최초의 주장은 노동의 사회적 조직화에서 헤게모니를 잡은 것으로 우리가 인식했던 비물질노동에 대한 분석과 연관됩니다. 이제 **비물질노동은 명령을 필요로 하지 않습니다**. 따라서 네트워크 형태로 이루어지는 지성의 확산은 그것이 직면한 장애의 총체에 대하여 잠재적으로 초과로서 나타납니다다. 그래서 비물질노동의 다중은 초과, 엑서더스를 통해 살아가는 것입니다. 이 지점에서 비물질노동 및 엑서더스의 장치(즉 관계 그리고/또는 연쇄적 연관)에 대한 우리의 주장에 두 번째 정의가 추가됩니다. 이 정의는 오늘날 **노동이 창조적이기 위해서는 '공통적'이어야만 한다는 사실, 즉 협동의 네트워크에 의해 생산되어야만 한다는 사실**과 결부되어 있습니다. 노동은 공통적인 것을 통한 자유로서 존재론적으로 정의됩니다. 노동은 그것이 자유로울 때 생산적이지만 그렇지 않으면 죽은 것인데, 노동은 그것이 오직 공통적일 때에만 자유롭습니다. 그래서 장애의 문제는 이러한 의미에서 공통적 차원 앞에 가로놓여 있는 어떤 것으로 제시됩니다. 그래서 장애를 극복하는 것은 공통적 차원과 자본주의로부터의 엑서더스 모두를 살아있게 하는 것이 될 것입니다.

몇 가지 결론을 내봅시다. 첫째로 다중의 활력이 절대적인 한계로서 나타나는 한에서, 그 활력은 주권 관계를 제거할 수 있다고 우리는 말합니다. 이와 유사하게 주권 권력의 생산이 장애를 극복할 수도 있겠지만, 그 경우에도 그것은 여하튼 다중이 제시하는 한계를 제거할 수는 없다고 말할 수 있습니다. 둘째로 다중의 생산은 존재이자 동시에 한계라고 말해질 수 있을 것입니다. 이 마지막 논점은 추가적인 설명을 필요로 하는 것입니다. 우리는 주권이, 자본주의적 관계의 두드러진 형상으로서, 명령하는 자와 복종하는 자의 관계라고 말했습니다. 이제 물어야 할 것은 '주권의 진정한 한계가 어디에 존재하는가'입니다. 주권의 한계는 **명령하는 자와 복종하는 자 사이의 관계 자체에 있습니다.** 다중의 힘의 핵심은 이 관계를 파괴하는 가능성에 있다기보다는 발본적인 부정을 통해서 이 관계를 공동화하고, 이 관계를 떠나고, 이 관계를 실패하게 하는 가능성에 있습니다. 다중은 관계의 부정입니다. 사실 세계를 생산하고 재생산하는 것은 다중입니다. 바로 이런 이유로 다중은 주권 관계의 한계를 구성하는 것입니다. 이것이 우리가, 근대 정치학의 전통과 대안을 넘어, 다중 개념에 의미를 부여할 수 있는 진정한 가능성입니다. 그것은 노동 영역, 정치 영역, 소유 영역, 전유 영역, 나머지 세계와의 법적 관계의 영역에서 이루어지는 구체적이고 실제적인 실험이자, 매우 광범위한 현상학입니다. 달리 말해 정치를 정의하는 데 근본적으로 관여되는 논점들입니다.

다중 개념 및 이 개념이 제기하는 정의定義의 문제와 관련하여 참고문헌이 많아지기 시작하지만, 저는 여기서 다음의 두 저작을 언급하는 것으로 충분하다고 봅니다. 빠올로 비르노의 『다중의 문법』(Paolo Virno, *Grammatica della moltitudine. Per un'analisi delle forme di vita contemporanee*, Rubbettino, Soveria Manelli 2001 1, 마르코 바세따의 「다중, 민중, 대중」(Marco Bascetta, "Moltitudine, popolo, massa", in AA.VV., *Controimpero. Per un lessico dei movimenti globali*, Manifestolibri, Roma 2002, pp. 67~80.

다중 개념의 역사적 발생에 대해서는 저의 『야만적 별종』*L'anomalia selvaggia. Potenza e potere in Baruch Spinoza* 2을 보는 것이 유용할 수 있다고 생각합니다. 이 책은 1983년 펠트리넬리Feltrinelli에서 출판되었으며, 지금은 데리베아프로디 DeriveApprodi(Roma 1998)판으로 다시 볼 수 있습니다. 스피노자에 관한 작업에서 저는, 그의 정치철학의 독창성을 탐구하는 것을 넘어서, 근대에 마키아벨리로부터 스피노자를 거쳐 맑스에 이르는, 주권 국가의 정치학에 대한 대안적 노선을 재구축하고자 했습니다. 그래서 다중 개념은 이 역사적 배경에서 전개

---

1. [한국어본] 빠올로 비르노, 『다중』, 김상운 옮김, 갈무리, 2004.
2. [한국어본] 안토니오 네그리, 『야만적 별종』, 윤수종 옮김, 푸른숲, 1997.

되며, 근대의 대안적 전통을 구성합니다.

다중 개념에 대한 근대의 선구적 통찰들에 관한 또 다른 책으로는 『코나투스의 전략 : 스피노자의 긍정과 저항』Laurent Bove, La stratégie du conatus. Affirmation et resistance chez Spinoza, Vrin, Paris 1996과 마지막으로 필리뽀 델 루케세의 논문 「봉기와 분노 : 마키아벨리와 스피노자에게서 대립, 권리, 다중」Filippo Del Lucchese, "Tumulti e indignatio. Conflitto, diritto e moltitudine in Machiavelli e Spinoza", dottorato Università di Pisa 2002을 보십시오.

다중 개념에 관해서는 추가로 이 책 168쪽을 보십시오. 거기서 다중 개념은 세 가지 관점에서 고찰됩니다. 특이성의 다양한 총체로서의 다중, (단순한 노동계급이 아닌) 계급 개념으로서의 다중, 그리고 마지막으로 존재론적 활력으로서의 다중이 그것입니다. 이 책 도처에서 주장하듯이 이러한 대안들은 생산 패러다임의 변화(여기서 생산성은 삶정치적 용어로 이해됩니다) 안에서 전적으로 형성되는 것이며 작동하는 것입니다.

지금까지의 강의에서 우리는 아직 구성이라는 주제를 고찰하지 않았습니다. 다중은 (더 이상 단순하게 주권에 대한 장애로서가 아니라) 주권의 한계로서 제시됩니다. 하지만 한계인 것, 삶정치적 용어로 한계인 것은 강력한 것을 의미합니다. 다중은 활력이며, 그 존재는 구성적입니다. 다중은 전적으로 새로운 생산적 패러다임에 뿌리를 두고 있지만, 바로 이 때문에 다중을 그 전제로서 특징짓는 공통적인 것은 그 자체 생산적인 것이자 구성적인 것입니다. 개인적으로 저는 『구성권력 : 근대의 대안에 관한 에세이』Antonio Negri, Il potere costituente. Saggio sulle alternative del moderno, seconda edizone ampliata, Manifestolibri, Roma 2001에서 구성적 다중에 대해 폭넓게 논했습니다. 하지만 구성적 다중과 관련된 모든 일련의 요소들은 『디오니소스의 노동』M. Hardt e A. Negri, Il lavoro di Dioniso,

Per la critica dello Stato postmoderno, seconda edizione, Manifestolibri, Roma 2001에서 도 찾을 수 있습니다. 구성적 다중 개념과 그 선구적 형태들을 더 엄밀하게 철학적으로 탐구한 것으로는 『천 개의 고원』(G. Deleuze e F. Guattari, *Mille piani*, tr. it. Istituto dell'Enciclopedia Italiana, Roma 1987 3과 또한 『카이로스, 알마 비너스, 다중 : 나 자신에게 주는 아홉 개의 교훈』(A. Negri, *Kairos, Alma Venus, Multitudo, Nove lezioni impartite a me stesso*, Manifestolibri, Roma, 2000 4을 참조할 수 있습니다.

특히 마지막 두 저작은 포스트모더니즘 철학이 다중의 경험에 접근하는 방법을 비판적으로 명확히 하는 데 출발점을 제공합니다. 주지하듯이, 모두 니체 사유의 허약한 버전에 빚지고 있는 약한 사유와 부정적 사유는 공통적인 것을 새로운 구성 능력의 표시로 간주하기보다는 다중을 쇠퇴하고 있고 또 불확실하게 되고 있는 주체들의 총체로 보고 싶어 합니다. 종종 포스트모더니즘 철학은 신비적/종교적 경험에 근접하기도 했습니다. 특히 다중(즉 새로운 주체화와 새로운 다원주의)이라는 주제를 둘러싸고 그러합니다. 반면 탈근대성(포스트모더니티)이 긍정적으로 받아들여지고 다중의 주체성이 다시 획득된다면 새로운 거대 서사가 가능해집니다. 주체는 형이상학적 실체로서 그리고/혹은 목적론적 과정에서 미리 구성된 실체로서 나타나는 것이 아닙니다. 이와 달리 공통적인 것의 텔로스는 시시때때 구축되는, 구성되는 어떤 것입니다. 불안정하지만 그럼에도 불구하고 효과적으로 스스로를 구성하는 것은 바로 상상적인 것의 불시적 특징입니다. 구성권력은 바로 여기서 정의됩니

---

3. [한국어본] 질 들뢰즈·펠릭스 가타리, 『천 개의 고원』, 김재인 옮김, 새물결, 2001.
4. [한국어본] 안또니오 네그리, 『혁명의 시간』, 정남영 옮김, 갈무리, 2004.

다. 즉 다중이 주체성의 형태로 언제나 새로이 스스로를 구성하는 힘을 추구하고, 그래서 잠재적인 것이 실재적인 것보다 더 실재적인 것으로 나타나는 곳에서 정의되는 것입니다. 구성권력은 미리 형성된 어떤 것이 아니라, 불시적이고 우발적이지만 그럼에도 효율적인 방식으로 스스로를 형성하는 어떤 것입니다. 새로운 실재를 발명하고 구성하는 것은 바로 투쟁의, 다중의 요구의, 다중 운동의 활력의 효율성입니다. 이러한 과정은 근본적으로 정치적인 것의 지형에서 진행됩니다. 따라서 **다중과 구성권력 사이에는 전적으로 구별불가능한 유사성이 존재합니다.** 저는 우연하게도 다중 개념을 풍부하게 이론화하기 전에 구성권력을 이론화하였는데, 이는 오류였습니다. 저의 연구가 정치적·역사적 수준에서 정치적·제도적 수준으로 더 명확하게 이동하면서 점점 진전됨에 따라 그 관계는 전도되었고 다중이 구성권력에 선행하게 되었습니다. 근대사에서 구성권력은 장차 도래할 역사를 발명하는 한 계기입니다. 근대 정치사상에서 구성권력은 돌연한 출현으로 간주되었으며, 바로 이러한 즉발성의 측면에서만 정의될 수 있었습니다. 구성권력에 대한 가장 훌륭한 대목들이 있는 『국가와 혁명』의 저자인 레닌도 구성권력을 오래 지속될 수 없는 권력으로 보았습니다 ……. 반면 다중 개념은 구성권력에 완전히 다른 차원을 부여하는데, 말하자면 그 시간과 공간을 변경하는 것입니다. 사실 다중이 행동하는 특이성들의 총체라면, 구성적 활력은 다중의 공통적 텔로스의 행위 이외의 다른 것일 수 없습니다. 구성권력은 다중의 조직화의 동학이며, 다중의 생성입니다. 이어질 강의에서 우리는 이 과정을 더 심화시킬 것인데, 이는 다중이 정치 질서를 구성할 뿐만 아니라 (삶정치적 지형에서는) 또한 분명히 존재를 구성한다는 점을 결코 잊지 않으면서 이루어져야 합니다.

여기에서 활력이 권력으로 환원될 수 없다는 사실을 재차 강조하는 것이 필요합니다. 마치 다수가 일자로 환원될 수 없듯이 말입니다. 활력과 권력의 변증법은 존재하지 않으며, 다수와 일자의 변증법 또한 존재하지 않습니다. 우리의 논리는 (근대에서의 다중을 국가의 틀에 가두는 데 반대하는 논리처럼) 다른 **텔로스**, 다른 형성원리, 삶을 다르게 구성하는 방식에 대해 말하는 것입니다. 이 모든 경우들에서 가장 중요한 말은 맞섬보다는 **다름**인데, 다름은 특이한 반면 맞섬은 주권 관계 안으로 혹은 자본 관계 안으로 우리를 다시 끌어들이면서 전도된 상동성을 초래할 수 있기 때문입니다. 다름은, 들뢰즈가 가르쳐 주었듯이 '이것임'haecceity과 연관시켜 이해될 수 있는, 절대적 특이성의 개념입니다. 특이성과 '이것임'은 그 자체로 포착되는 것이 아니며, 그것들이 초과를 표현하는 한에서만 포착되는 것입니다. 실제로 둔스 스코투스는 '이것임'을 다음과 같이 설명합니다. 그것은 특수하고 창조적인 차이의 개념입니다. 그것은 척도를 가지지 않으며, 그것이 **텔로스**를 가질 때 그 **텔로스**는 목적론과는 아무런 관련이 없습니다. 그것이 세계의 운명을 미리 구성하지 않기 때문입니다. 여기서 우리는 절대적 자유의 영역에 있으며, **텔로스**는 초과의 산물, 활동의 산물인 것입니다······. 비록 오랜 전통 때문에 그렇게 하기는 하지만, 둔스 스코투스에게서 '이것임'에 대한 정의의 책임을 묻는 것은 다소 이상한 일입니다. 실제로 우리가 다중에 대한 정의에 사용하는 바의 특이성 개념은 탈구조주의의 개념입니다. 즉 그것은 전체의 산물이 아니면서 전체에 참여하는 주체 개념, 계급의 기능이 아니면서 계급에 참여하는 결정 개념, 추상적인 산물을 생산하는 것이 아니라 (그리하여 소외된 노동을 하는 것이 아니라) 구체적으로 그 활력의 표현인 산물을 생산하는 노동자의 개념인 것입니다. 그래서 우리가 다중을 '특이성들의 총체'라고 부를 때, 우리는 결코 총체 속에서 동일하게 되지 않으며 또 분리된 개체들로 실체화될 수도 없는 상이한 특이성들에 대해 말하는 것입니다. **특이성은 총체에 의해서 만들어지는 동시에 총체를 만듭니다.** 프랑스 탈구조주의 사유에서 그리고 특히 들뢰즈에게서, 특이성에 강력한 성격을 부여하려는 시도는, 특이성에서 모든 실체를 제거함으로써, 때때로 무차별성으로 후퇴하는 듯합니다. 하지만 그것은 단순히 외양의 문제입니다. **사실 특이성을 지탱하는 것은, 설령 그것이 실체 없이 현존하는 경우라도, 그것의 구성능력이며 활력입니다.** 구성권력, 전쟁기계, 새로운 주체성, 이 모든 것이 공통적 존재의 생산을 강력하게 특징짓고 결정합니다. 이것이 바로 우리가 말하는 바의 특이성 개념입니다. 여기서 재차 우리가 참고하는 것은 스피노자가 말하는 활력입니다. 비목적론적 원인이 궁극목적론과 운명을 (모든 경우들에 있어) 구성하는 원인과 다르듯이, 스피노자가 말하는 활력은 아리스토텔레스가 말하는 활력과 다릅니다.[5] 이는 또한 욕망이 (본능에서부터 신에 대한 사랑으로 당신을 추동하는 이 거대한 활기찬 힘, 지속적으로 생산하는 이 초과가) 자연주의적 사전 결정성과 다른 것과 같습니다. 초과를 낳는 원인의 유물론이 그리고 내재적 **텔로스**의 유물론이 모든 주체성 생산 과정의 기초로서 존재하는 것입니다. 씨애틀과 제네바 투쟁 이후 일어난 일을 생각해봅시다. 여기에 바로 그런 식으로 특이성은 공통적으로 새로운 상상력을 실현하고, 노동을 활동으로 옮겨놓는 것입니다.

---

5. [영역자 주] 여기서 언급된 것은 아리스토텔레스의 '뒤나미스'(잠재력) 개념인데, 이는 이탈리아어로 'potenza'(활력)로 표기되어 있다.

마지막으로 일반지성에 대해서 살펴봅시다. 주지하듯이 (1954년에 비로소 러시아의 맑스·엥겔스 연구소에서 출판된) 1858~59년의 『정치경제학 비판 요강』에 들어있는 이 개념은 이미 오랜 역사를 가지고 있습니다. 이 역사에서 첫째로 주목할 만한 것은, 이미 공고화된 맑스주의 해석의 도그마에 너무 늦게 도착한 일반지성이, 인용을 쏘는 것이 실제로 총을 쏠 여지를 남겼던 그러한 논쟁에서는 불가피하게 홀대를 받게 되었다는 사실입니다 ……. 나중에 『정치경제학 비판 요강』은 출판되는 행운을 가졌습니다. 1962년 『붉은 노트』*Quaderni Rossi* 2호에 쏠미Solmi가 '기계에 관한 단상' 부분을, 즉 생산의 근본 중추이자 가치법칙 극복의 근본 중추이며 (부의 독점적 생산자인) '사회적 개인'을 긍정하는 근본 중추인 일반지성이 말해진 부분을 번역했습니다. 이때부터 일반지성에 대한, 언제나 '정통'과는 다른, 해석들이 시작됩니다. 비록 이 대목의 '예언적 힘'을 강조함으로써 그것을 희화화하고 긍정적 해석을 제거하려는 경우들이 없지 않았지만, 이와는 다른 독해도 시작되었습니다. 비물질노동 및 기술적·과학적 지성에 입각한 노동자 주체성이 (포드주의가 성공한) 대중노동자 시대를 가로질러 스스로를 생산의 헤게모니로 제시하기에 이른다는 독해입니다. 우리 오뻬라이스띠(노동자주의자들)는 이미 1968년에 이 일반지성의 활력을 포착했습니다. 바로 이 해에 학생 반란이 지적 노동력에 관한 논의를 열었으며 이에 대한 반작용으로 자본은 지적 노동력을 발전의 재조직화의 핵심적 계기로 삼으려했기 때문이었습니다. 이 지점에서 더 나아간 논쟁이 출현했습니다. 일반지성을 더 이상 단순하게 생산의 지성화라는 패러다임으로 보는 것이 아니라, 생산의 사회화의 징후이자 상징으로 보는 것이 그 핵심이었습니다. 이러한 이행에서 해석들이 서로 엇갈리기도 했습니다. 한편으로는 사실상 지성을 단순히 혁명적 힘으로 간주하는 사람들이 있었고, 다른 한편으로는 지적 노동력을 전복적 힘으로 간주하는 사람들이 있었습니다. 이러한 분열은 프랑스와 독일에서 특히 강력했고 또 미국에서도 강력했습니다. 논의가 더 진전된 그 다음 국면은 1980년대에, 특히 이미 사회화된 일반지성이 주체적 관점에서 해석되기 시작한 1980년대 말경에 개시되었습니다. 자본의 기능이었던 일반지성이 이와 같이 직접적으로 주체적인 장치, 혁명적인 장치로 간주되기 시작했습니다. 물론 일반지성을(그 구조를 언어의 구조에 접근시키면서) 계속해서 객관적 관점에서 정의하려는 또 다른 사람들이 있었습니다. 이것은 일반지성에 전형적으로 부합되는 생산방식(일반지성과 정보생산방식)의 영역에서 전진하기 위해서는 대단히 중요했습니다. 하지만 앞서 말했듯이 이 경우에, 즉 일반지성과 언어가 융합되는 경향이 있을 때, 이 융합에 살과 피를 부여하는 것이 그 만큼 더 필요합니다.

보론

다중의 존재론적 정의(定義)를 위하여[1]

1. 다중은 내재성의 이름이다. 다중은 특이성들의 총체이다. 이러한 인식에서 시작할 경우, 우리는 국민(민중) 개념이 일단 초월성에서 해방된 다음에 남게 되는 실재에 대한 존재론적 정의의 자취를 곧바로 파악할 수 있다. 근대의 지배적 전통에서 국민 개념이 형성된 방식은 잘 알려져 있다. 홉스, 루소, 헤겔은 주권의 초월성에서 시작하는 국민 개념을 각자 자신의 계산에 따라서 다양한 형태로 만들어냈다. 이 저자들의 머리에서 다중은 혼돈과 전쟁으로 여겨졌다. 근대의 사유는 이러한 기반 위에서 두 가지 방식으로 작동한다. 한편으로 그것은 특이성이 가

---

[1] *Multitudes*, n.9, Paris, maggio-giugno 2002에 게재되었던 글이다.

진 다양성을 제거하고, 그것을 선험론적transcendental 방식으로 국민 개념에 통합시킨다. 다른 한편으로 그것은 (다중을 구성하는) 특이성들의 총체를 해체하여 대중 즉 개인들의 단순한 집합으로 만든다. 근대의 자연법사상은, 그것이 경험론적 기원이든 관념론적 기원이든, 여하튼 초월성의 사유이며, 내재성의 평면을 해체하는 사유이다. 반대로 다중론은 주체가 자기를 위해서 말할 것을, 여기서는 **소유의 기반을 이루는 개인들이 아닌 대의될 수 없는 특이성들**이 중요하다는 것을 요구하는 것이다.

2. 다중은 **계급** 개념이다. 사실 다중은 항상 생산적이며, 언제나 운동 중에 있다. 공시적 시간의 관점에서 고찰할 경우 다중은 생산에서 착취당하며, 통시적 공간의 관점에서 보아도 다중은 생산적 사회를, 생산을 위한 사회적 협동을 구성하는 한에서 착취당한다.

다중이라는 계급 개념은 노동계급 개념과는 다른 방식으로 고찰되어야만 한다. 사실 노동계급 개념은 본질적으로 산업노동자로 이루어져 있다는 점에서 생산의 관점에서 제한적인 개념인 동시에 사실상 사회적 생산복합체에서 일하는 소수의 노동자들만을 포함한다는 점에서 사회적 협동의 관점에서도 제한적인 개념이다. 제2인터내셔널의 편협한 노동자주의 및 노동귀족론에 대한 룩셈부르크의 비판은 다중이라는 이름을 앞질러 구현한 것이었다. 룩셈부르크가 노동귀족에 대한 비판을 그 시대 노동운동에 출현한 민족주의에 대한 비판으로 연장한 것은 우연이 아니다.

만일 다중이 계급 개념으로 제시된다면, 착취 개념은 협동에 대한 착취로 정의될 것인데, 이때 협동은 개인들의 협동이 아닌 특이성들의 협동이며, 착취는 특이성들의 총체에 대한 착취, 총체를 구성하는 네트워크 및 네트워크를 구성하는 총체에 대한 착취이다.

(맑스가 서술한) 착취에 대한 '근대적' 이해는 개인들이 행위의 주체가 되는 생산에 적용된다는 점을 유의하자. 오직 일하는 개인들이 존재하는 까닭에, 오직 그 때문에 노동이 가치법칙에 의해 측정될 수 있는 것이다. 또 (개인들의 불특정한 다수인) 대중 개념도 **척도에 기반을 둔** 개념이다. 더 정확하게는, 노동의 정치경제학에서 척도를 목적으로 구성된 것이었다. 이런 의미에서 국민이 주권의 상관물인 만큼 대중은 자본의 상관물인 것이다. 여기에 덧붙일 수 있는 것이, 특히 케인즈주의적·복지국가적으로 세련되게 다듬어진 정치경제학에서 국민 개념이 하나의 척도라는 것이 우연이 아니라는 점이다. 반면 다중에 대한 착취는 측정불가능성과 접한다. 즉 척도 외부의 특이성들 및 척도를 넘어선 협동과 맞선 권력인 것이다.

역사적 이행을 획기적인 것(존재론적으로 획기적인 것)으로 정의할 경우, 이는 한 시대에 유효한 측정 기준 혹은 측정 장치가 발본적으로 논의에 부쳐진다는 것을 의미한다. 우리가 이러한 이행기에 살고 있긴 하지만, 새로운 측정 중심 혹은 측정 장치가 제안되었다는 말은 없다.

3. 다중은 **활력** 개념이다. 이미 협동을 분석하면서 우리는 실제로 특이성들의 총체가 **척도를 넘어서** 생산한다는 것을 밝혀낼 수 있었다. 이 활력은 확장되고자 할 뿐만 아니라, 무엇보다도 신체를 획득하고자 한다. 다중의 살은 스스로를 **일반지성의 신체**로 변형하고자 한다.

우리는 이러한 이행을, 더 정확하게는 활력의 이러한 자기표현을 다음의 세 가지 선을 따라서 고찰할 수 있다.

가. 근대에서 탈근대로의 (혹은 달리 말해 포드주의에서 포스트포드

주의로의) 이행이라는 다중의 계보학. 이 계보학은 '근대'의 사회적 훈육의 여러 형태들을 해체시킨 노동계급 투쟁으로 구성된다.

나. 일반지성을 향하는 경향. 다중을 구성하는, 생산이 점점 더 비물질적이고 지적으로 되는 경향이 일반지성이 산 노동에 절대적으로 결합되는 것으로서 나타난다.

다. 내부에 연속성과 불연속성을 포함하는 이러한 혁신적 이행의 자유와 기쁨(또한 위기와 피로). 요컨대 특이성들의 재구성에서 수축과 이완으로 정의될 수 있는 어떤 것.

또다시 다중 개념과 국민 개념의 차이가 강조될 필요가 있다. 다중은 계약론의 관점에서는 더 이상 포착될 수도 설명될 수도 없다. (나는 계약론을 경험론적 경험보다는 선험론적 철학에 의존하는 것으로 이해한다.) 더 일반적인 의미에서 다중은 대의(代議)를 신뢰하지 않는데, 다중은 측정불가능한 다양성이기 때문이다. 민중은 언제나 하나의 통일체로서 대의(재현)되지만, **다중은 대의될 수 없는데**, 이는 그것이 근대의 목적론적이고 선험론적인 합리주의의 입장에서는 괴물스럽기 때문이다. 국민 개념과 반대로 다중 개념은 특이한 다양성이며 구체적 보편자이다. 국민은 사회적 신체를 구성하지만 다중은 그렇지 않은데, 다중은 삶의 살이기 때문이다. 우리가 한편으로 다중을 국민과 대조했다면, 다른 한편으로는 대중 및 군중과 대조해야만 한다. 대중과 군중은 종종 그것이 바로 손쉽게 조작될 수 있다는 점 때문에 비합리적이고 수동적이며 위험하고 폭력적인 사회 세력을 명명하기 위한 용어였다. 반면 다중은 능동적인 사회적 행위자, 행동하는 다양성이다. 다중은 국민과 달리 통일적이지 않지만 대중 및 군중과 대비했을 때에는 **조직된 어떤 것**

으로 볼 수 있다. 실제로 다중은 자기조직화하는 능동적 행위자이다. 그래서 다중 개념의 매우 큰 이점은 그것이 '대중에 대한 공포'에 근거한 모든 근대적 논의들 및 '다수의 전횡'과 관련된 모든 근대적 논의들 — 이는 종종 예속을 받아들이도록 강제하는, 심지어는 예속을 필요로 하도록 강제하는 일종의 공갈로서 복무한다 — 의 허를 찌르는 데 있다.

권력의 관점에서는 다중에 대해 무엇을 할 것인가? 사실 권력이 할 수 있는 것은 정말 아무 것도 없는데, 그 이유는 권력이 관심을 갖는 범주들, 즉 주체의 통일성(국민), 그 구성 형식(개인들 사이의 계약) 그리고 통치방식(분리되어 나타나거나 결합되어 나타나는 군주제·귀족제·민주제)이 다중에게 존재하지 않기 때문이다. 반면 비물질적 노동력 및 협동하는 산 노동의 헤게모니를 통해 이루어진 생산양식의 저 발본적인 변형 — 진정하고도 고유한 존재론적·생산적·삶정치적 혁명— 이 '선정'善政의 모든 매개변수들을 전복시키고 (자본가들이 처음부터 욕망했던) 자본주의적 축적을 위해 기능하는 공동체라는 근대적 이념을 파괴한 것이다.

이와 같이 다중 개념은 실현되고 있는 혁명 안에서 완전히 새로운 세계로 우리를 인도한다. 이 혁명 안에서 우리 자신은 우리 스스로를 단지 괴물로서 상상할 수 있을 따름이다. 근대를 구성하는 혁명의 한가운데인 16, 17세기에 가르강뛰아와 빵따그뤼엘은 자유와 발명의 최고의 형상에 대한 상징으로 기능했던 거인들이었다. 그들은 혁명을 가로지르며 '자유롭게 되기'의 거대한 기획을 제안한다. 오늘날 일반지성의 탄생과 비물질노동의 헤게모니 그리고 다중 활동의 새로운 추상적 열정이 인간에게 부여하는 새로운 힘을 보여주기 위해서는 자연과 역사, 노동과 정치, 예술과 발명을 결합시키는 새로운 거인들, 새로운 괴물들이 필요하다. 새로운 라블레, 더 정확하게는 많은 라블레들이 필요한 것이다.

그래서 **다중**의 제1의 질료는 **살**, 다시 말하면 **신체와 지성이 일치하고 구별불가능한 살아있는 공통적 실체**이다. 모리스 메를로-뽕띠는 다음과 같이 썼다. "살은 물질도, 정신도, 실체도 아니다. 그것을 지칭하려면 낡으면서도 새로운 용어인 **원소**를 필요로 한다. 그것은 물, 공기, 흙, 불에 대해 말하기 위해 이 용어가 사용되는 것과 같은 의미에서, 즉 **일반적 사물**이라는 의미에서 …… 존재의 단편이 있는 곳에 존재의 양식을 가져오는 일종의 육화의 원리라는 의미에서 그렇다. 이러한 의미에서 살은 존재의 원소이다." 그래서 다중은 살처럼 순수한 잠재성, 삶의 무정형적 힘, 존재의 **원소**이다. 또 살처럼 다중은 삶의 충만으로 향해 있다. 다중이라 불리며 근대의 끝에서 출현한 혁명적 괴물은 우리의 살을 지속적으로 새로운 삶형태로 변형시키고자 한다.

우리는 살에서 새로운 삶형태로 나아가는 다중의 운동을 또 다른 관점에서 설명할 수 있다. 이 운동은 존재론적 이행에 내재하며 그것을 구성하는 것이다. 다중의 활력은 다중을 구성하는 **특이성들의 측면에서 본다면** 그 풍부함·공재[2]·자유의 동학을 보여준다고 할 수 있다. 사실 특이성의 생산은 (전지구적 규모의 상품 생산 및 사회 재생산 이외에) 새로운 주체성의 특이한 생산이다. 다른 한편 오늘날 (우리 시대를 특

---

2. [옮긴이] 공재(consistency)는 들뢰즈·가따리의 개념으로서 특이성들이 서로 수평적으로 연결되어 존재하는 방식을 가리킨다.

징짓는 비물질적 생산방식에서) 상품 생산과 주체성의 사회적 재생산을 구별하는 것은 대단히 어려운데, 새로운 욕구 없이는 새로운 상품이 존재하지 않으며 특이한 욕망 없이는 삶의 재생산이 존재하지 않기 때문이다. 이 지점에서 우리에게 흥미로운 것은 운동과정에서 표현되는 활력의 전지구성을 강조하는 일이다. 사실 이 과정은 강도가 경우마다 다소 다른 (뿌리줄기적이라 불리는) 연결들이라는 첫 번째 리듬(공시적 리듬)에 따라서, 또 흐름의 수축과 이완, 전개와 위기, 집중과 분산이라는 또 다른 리듬(통시적 리듬)에 따라서 전지구성과 특이성 사이에 펼쳐져 있다. 요컨대 주체성의 생산, 즉 주체가 그 자신을 만드는 생산은 **동시**에 다중의 공재의 생산인데, 이는 다중이 특이성들의 집합체이기 때문이다. 물론 혹자는 다중이 (본질적으로) 제안될 수 없는, 심지어는 은유적인 개념이라고 넌지시 비판하면서 그 이유로 (플라톤에서 홉스, 헤겔까지의 철학이 했던 것처럼) 정도 차이는 있더라도 결국 변증법적인 초월적 몸짓을 통해서만 다양한 것들에 통일성을 부여할 수 있다는 점을 든다. 게다가 다중(즉, 변증법적 **지양**의 방식으로 대의되길 거부하는 다양성)이 또한 특이하고 주체적이라고 주장하면 할수록 더욱 그러하다고 한다. 그러나 이러한 반론은 허약하다. 여기서 사실 변증법적 **지양**은 효력을 발하지 못하는데, 이는 다중에게는 다양성의 통일이 살아있는 것과 동일하며 살아 있는 것을 변증법으로 포섭하기는 매우 어렵기 때문이다. 게다가 다중에게서 공통적 형상을 갖는 주체성 생산의 장치는 집단적 실천으로서, 즉 언제나 혁신되는 존재구축의 활동으로 나타난다. '다중'이라는 이름은 집단적 실천의 주체인 동시에 산물이다.

다중에 관한 담론의 기원이 스피노자 사상에 대한 전복적 해석에 있음은 명백하다. 이 주제에 대한 논의에서 스피노자적 전제의 중요성은 아무리 강조해도 지나치지 않다. 스피노자와 관련된 모든 주제는 무엇보다도 먼저 신체에 관한 것, 특히 활력있는 신체에 관한 것이다. "우리는 신체가 얼마나 많은 것을 할 수 있는지 알지 못한다." 이제 다중은 신체들의 다중에 붙여진 이름이다. 우리는 "활력으로서의 다중"을 강조하면서 이러한 규정에 대해 말한 바 있다. 따라서 신체는 계보학에서나 경향성에서나, 또 다중 구성 과정의 국면들에서나 그 귀결에서나 **첫째**이다. 그러나 이것으로는 충분치 않다. 우리는 지금까지 이루어진 모든 논의를 신체의 관점에서 다시 살펴보아야 한다. 다시 말해 앞서 다룬 1, 2, 3의 논점들로 되돌아가서 그것들을 이 관점에서 보완해야 한다.

1에 대하여. 다중이라는 이름이 국민 개념과 대조되어 정의되고 다중이 특이성들의 총체임이 상기된다면, 우리는 그 이름을 신체의 관점에서 번역해야 한다. 달리 말해 신체들의 다중이 이루는 장치를 분명히 해야만 한다. 신체들을 고찰할 때, 우리는 우리가 신체들의 다중을 마주하고 있음을 느낄 뿐만 아니라 **모든 신체가 하나의 다중이라는 것** 또한 이해한다. 신체들은 다중 안에서 서로 교차하고 또 다중과 다중을 교차시키면서 섞이고, 혼종화되고, 변형되는데, 마치 바다의 파도들처럼 언제나 움직이고 언제나 상호변형된다. 개별성(그리고/혹은 인격)의 형이상학은 신체들의 다중에 대한 끔찍한 신비화를 구성한다. 단독으로 **존재하는 신체란 있을 수 없다**. 그것은 상상조차 할 수 없는 것이다. 인간이 개인으로 정의될 때, 인간이 권리와 소유의 자율적 원천으로 간주될 때, 그는 단독적 존재가 된다. 그러나 타자와 연관되지 않은 '자기'는 존재하지 않는다. 개별성의 형이상학은 신체와 대면할 때 신체들의 다중을 부정하기 위해서 신체를 구성하는 다중을 부정한다. 초월성은, 그것이 모든 주권의 형이상학의 핵심이듯이, 모든 개별성의 형이상학의 핵심이다. 신체의 관점에서는 관계와 과정 이외에 다른 아무 것도 존재하지 않는다. 신체는 산 노동이며, 따라서 표현과 협동이고, 따라서 세계와 역사의 물질적 구축이다.

    2에 대하여. 다중을 계급 개념으로 말했던, 따라서 다중을 생산의 주체이자 착취의 객체로 말했던 지점에 신체의 차원을 도입하는 것이 직접적으로 가능할 터인데, 이는 생산에서, 운동에서, 노동에서, 이주에서 명백히 신체들이 활동하고 있기 때문이다. 그 모든 삶의 차원들 및 결정들에서 말이다. 신체의 활동은 생산에서 언제나 생산력으로 나타나며 또 종종 주요한 원료이다. 다른 한편 상품 생산과 관련된 것이든 삶의 재생산과 관련된 것이든, 착취에 대한 담론으로서 신체들과 직접적으로 관련되지 않는 것은 있을 수 없다. 이제 우리가 (한편으로는 부를 위한 생산이며 다른 한편으로는 다중에 대한 착취인) 자본 개념을 고찰할 때에는 언제나, 신체들이 얼마나 괴로움 당하는지, 침해당하거나 훼손되거나 상처받는지, 어떻게 생산 원료로 환원되는지를 분석하는 리얼리스틱한 방법을 취해야 한다. 원료는 상품과 동등하다. 신체들이 자본주의 사회의 생산과 재생산에서 단순히 상품화된다고만 생각할 수 없고, 재화의 재전유와 욕망의 충족 또한 강조되어야 하며 (자본에 맞선 지속적 **투쟁**이 결정하는) 신체들의 변형과 활력증가 역시 강조되어야 한다면, 일단 역사적 축적 과정에서 이러한 구조적 양면성이 인식된 후에는 그에 따라 **신체들의 해방**이라는 관점에서 그리고 이러한 목적을 위한 투쟁의 기획이라는 관점에서 그것의 해결의 문제가 제기되어야만 한다. 요컨대 다중의 유물론적 장치는 신체를 그리고 그것의 착취에 맞선 투쟁을 우선적으로 고려함으로써만 가동될 수 있는 것이다.

3에 대하여. 다중이 활력의 이름, 그리고 계보학과 경향의 이름, 위기와 변형의 이름이라고 한다면, 결국 논의는 신체들의 **형태변형**에 이르게 된다. 다중은 신체들의 다중이며, 활력을 총체로서만이 아니라 특이성으로서도 표현한다. 인간의 발전(노동과 힘의 발전, 욕구와 변형 의지의 발전)이 이루어진 모든 역사시기는 신체들의 특이한 **형태변형**을 동반한다. 역사적 유물론 역시 진화의 법칙을 포함하지만, 이 법칙은 어떤 필연적·단선적·일방적 법칙이 결코 아니다. 그것은 불연속, 도약, 예기치 않은 종합의 법칙이다. 그것은 헤라클레이토스적 대립과 우발적 목적론을 통해 아래로부터 산출된다는 점에서 좋은 의미에서 다원적 법칙이다. 총체로서의 다중과 다중으로서의 특이성에 일어나는 형태변형의 원인이 다름 아닌 투쟁, 변형의 운동과 욕망이기 때문이다.

이것으로 우리가 주권적 권력 자체가 역사와 주체성을 생산할 능력이 있다는 점을 부정하려는 것은 아니다. 하지만 주권적 권력은 **두 얼굴의 권력**이다. 권력의 생산은 관계 안에서 일어날 수 있지만, 그 관계를 제거할 수는 없다. 더 정확하게 말하자면 (힘들의 관계인) 주권적 권력은 이질적 힘(권력)을 자신의 **장애**로서, 즉 문제로서 대면할 수 있다. 이것이 첫째 얼굴이다. 둘째로, 주권적 권력은 그것을 구성하는 관계 자체에서 그리고 그 관계를 반드시 유지해야 한다는 데서 **자신의 한계를** 발견한다. 그러므로 주권에게는 관계가 처음에는 장애로서(이 경우 주권은 관계 안에서 행동한다), 다음에는 한계로서 제시된다(이 경우에 주권은 관계를 제거하고자 하지만 성공하지는 못한다). 반면 **다중의 활**

력은(즉 노동하고 행동하며 때로는 불복종하는, 어떤 경우가 되었든 공재하는 특이성들의 활력은) 주권적 관계를 제거할 수 있다.

따라서 우리는 다중의 존재론으로의 열림을 뒷받침할 수 있는 두 가지 점을 확증하게 된다. 첫째, '주권적 권력의 생산은 장애를 넘어서지만, 주권 관계에 의해 구성된 한계를 제거할 수는 없다.' 둘째, '반대로 다중의 힘은 주권적 관계를 제거할 수 있는데, 이는 다중의 생산만이 존재를 구성하기 때문이다.' 이 존재론은 다중의 생산이 이룩하는 존재의 구성이 실천적으로 결정될 수 있을 때 드러나기 시작할 것이다.

이론적 관점에서는 적어도 세 영역에서 다중의 존재론적 활력의 공리公理를 발전시킬 수 있을 것 같다. 첫째는 명령 관계가 (내재성의 지형에서는) 존재하지 않는 것으로 간주될 수 있는 노동이론의 영역이다. 비물질적·지적 노동, 요컨대 지식이 협동적이 되기 위해서 그리하여 보편적 효과를 내기 위해서 명령을 필요로 하는 것이 사실이다. 그러나 다른 한편 지식은 그것을 가두고자 하는 (상업적) 가치들을 언제나 초과한다. 둘째, 직접적으로 존재론적 영역에서 입증될 수 있다. 즉 인간의 모든 생산적 그리고/혹은 재생산적 표현의 토대이자 전제가 되는 (명령도 착취도 요구하지 않는) 공통적인 것을 구축하는 경험에서 입증될 수 있다. 언어는 공통적인 것의 주요한 형태인데, 산 노동과 언어가 교차되고 그것이 존재론적 기계로 정의될 때, 바로 그때 공통적인 것의 토대를 구축하는 경험이 구체화된다. 셋째, 다중의 활력은 탈근대의 정치 영역에서 드러날 수 있다. 자유로운 사회가 현실화되고 또 스스로를 재생산하는 조건들이 어째서 지식의 확산과 공통적인 것의 출현 없이는 주어질 수 없는지가 여기서 입증될 수 있다. 사실 명령으로부터의 해방인 자유는 오직 다중이 발전함으로써만, 그리고 특이성들이 사회적 신체로 구성됨으로써만 물질적으로 주어진다.

이 지점에서 나는 다중론에 제기된 몇몇 비판들에 답하고자 하는데, 이는 오직 다중 개념 구축을 더 진전시키기 위한 것이다.

비판의 첫 번째 부류는 푸꼬에 대한 해석 및 그 해석을 다중을 정의하는 데 활용하는 것과 관련된다. 이 비판자들은 고전적 프롤레타리아 개념과 다중 개념 사이의 상동성이 부적절함을 지적한다. 그들의 주장에 따르면, 그러한 상동성은 이데올로기적으로 위험하다. 탈근대적인 것을 근대적인 것으로 환원시키기 때문이다. (예를 들어 **후기 근대**Spät-modernität의 저술가들, 즉 우리 시대는 근대의 쇠퇴기라고 주장하는 사람들이 그렇게 한다.) 그러한 상동성은 또한 다중을 권력과의 변증법적 대립 속에 놓고 있는 한에서는 형이상학적으로도 위험하다고 한다. 나는 첫 번째 지적에 완전히 동의한다. 우리의 시대는 '후기 근대'가 아닌 '탈근대', 획기적인 단절이 일어나는 탈근대이다. 반면 나는 두 번째 논평에 동의하지 않는데, 내 생각에는 푸꼬를 언급할 경우 권력에 대한 그의 이해가 적대를 배제한다고 생각할 수 없기 때문이다. 그의 이해는 결코 원환적이지 않았으며, 권력에 대한 규정은 그의 분석에서 중립화의 놀이에 빠진 적이 결코 없었다. 미시권력들 사이의 관계가 지배자와 피지배자 사이의 제도적 단절 **없이** 사회의 모든 수준에서 발전했다는 것은 사실이 아니다. 푸꼬에게는 언제나 물질적 규정들과 구체적 의미들이 있었다. 평탄해져서 균형을 이루게 되는 발전은 존재하지 않으며, 역사 발전의 관념론적 도식은 존재하지 않는다. 어떤 개념이라도 특수한 고고학 안에 끌어들여지면, 그 다음 그것은 무엇보다도 우리가 그

미래를 모르는 계보학으로 **열린다**. 특히 주체성의 생산은, 설사 그것이 권력에 의해 생산되고 결정되더라도, 봉쇄될 수 없는 장치를 통해 개시되는 저항들을 언제나 발전시킨다. 실로 투쟁이 존재를 결정하며 존재를 구성한다. 그리고 투쟁은 언제나 열려있다. 오직 삶권력만이 그것의 전체화를 추구한다. 이론은 사실상 제도의, 투쟁의, 충돌의, 교차의 지역적 체제에 대한 분석으로 제시되며, 이 적대적 투쟁은 전방위적 지평으로 열린다. 이것은 힘의 관계들의 표면에 유효할 뿐만 아니라 바로 그 힘의 존재론 내에서도 유효하다. 그러므로 어떤 경우에도 문제는 권력과 다중 사이의 (순전한 외재성의 형태를 띤) 적대로 되돌아가는 것이 아니라, 다중이 (다중을 구성하는 측정불가능한 네트워크 안에서 그리고 다중이 산출하는 불확정적인 전략적 결정 안에서) 권력으로부터 스스로를 해방시킬 수 있게 되는 것이다. 푸꼬는 권력의 전체화를 부정하였지만, 분명 복종하지 않는 주체들이 '투쟁의 장소들'과 존재를 생산하는 장소들을 끝없이 증식할 가능성을 부정하지는 않았다. **푸꼬는 혁명적 사상가이다**. 그의 체계를 홉스적인 등가관계의 메커니즘으로 환원하는 것은 가능하지 않다.

비판의 두 번째 부류는 활력과 구성권력으로서의 다중 개념을 겨냥한다. 첫째로, 이러한 강력한 다중론에는 구성 과정에 대한 생기론적 사고가 지속된다고 비판한다. 이러한 비판의 관점에서는 구성적 활력으로서의 다중이 구성된 권력의 형상인 국민 개념과 대립될 수 없다. 이러한 대립은 다중의 이름을 견고하게 만들기보다는 깨지기 쉽게 만들며, 실재적으로 만들기보다는 가상적으로 만들 것이다. 이러한 관점을 가진 비판자들은 일단 국민 개념으로부터 분리되고 순수한 활력과 동일시된 다중이 윤리적 형상(베르그송이 생각한 윤리적 창조성의 두 원천 중 하나)으로 환원될 위험이 있다고 주장한다. 또한 이 주제를 둘러싸고서(그러나 말하자면 반대편에서) 다중 개념은 존재론적으로 타자가 될 수 없다는, 즉 주권에 대한 충분한 비판으로 제시될 수 없다는 비판이 존재한다. 이러한 비판적 관점에서는 다중의 구성적 활력이 상대방에 이끌릴 것이며, 그리하여 실재적인 것의 혁신에 대한 발본적 표현으로도 생각될 수 없고, 또 장차 도래할 자유로운 민중을 나타내는 기호로도 생각될 수 없다. 그들의 주장에 따르면 다중이 권력과의 모든 변증법을 제거한 근본적 혁신성을 표현하지 않는 한 다중은 근대 정치 전통에 형식적으로 포함될 위험이 있는 것이다.

이러한 두 비판 모두 근거가 취약한 것이다. 사실 활력으로서의 다중은 근대 주권이라는 예외적 권력과 상동적인 형상으로서 그 권력과 대립하는 것이 아니다. 다중의 구성적 힘은 이와 다른 어떤 것, 정치적 예외일 뿐만 아니라 **역사적 예외이기도** 한 어떤 것이며, **발본적인 시간적 불연속성의 산물**이자, **존재론적 변형**이다. 그래서 다중은 하나의 궁극적이며 항상 동등한 생기론적 기능의 반복적 교체(베르그손)로 수렴될 수 없는 활력적인 특이성으로 제시되는데, 이 특이성은 고압적인 상대, 즉 주권에 의해 매혹될 수도 없다. 특이성은 그것이 존재한다는 사실 자체에 의해서 주권 개념을 구체적으로 해체하기 때문이다. 다중의 이러한 실존은 자신의 외부에서가 아니라 자신의 계보에서만 토대를 찾는다. 다른 한편, 외부가 더 이상 존재하지 않듯이, 순수한 토대 혹은 벌거벗은 토대도 더 이상 존재하지 않는다. 이러한 것들은 환상이다.

철학보다는 사회학에 그 기원을 두는 비판의 세 번째 부류는 다중 개념을 '과도한 비판의 파생물'로 정의하면서 공격한다. '과도한 비판'의 의미가 무엇인지 점쟁이에게 해석해달라고 해야겠다. '파생물'이라는 말에 대해서는, 이것이 근본적으로 다중을 거부 혹은 단절의 장소에 놓여 있는 것으로 가정하고 있다는 점을 지적해야 할 것이다. 그런데 그렇다면 그것은 행동을 결정할 수 없으며 오히려 그 자신의 이념 자체를 파괴할 것인데, 이는 다중이 정의상 절대적 거부의 장소에서 출발하기에 다른 사회적 행위자들과의 관계 그리고/혹은 매개를 닫아버릴 것이기 때문이다. 이 경우 다중은 신화적 프롤레타리아트 혹은 (똑같이 신화적인) 행동하는 순수한 주체성을 재현하는 것으로 끝날 것이다. 이러한 비판이 우리가 첫 번째 부류에서 보았던 비판과 정반대를 나타낸다는 것은 명백하다. 그래서 이 경우에도 우리의 대답은 다중이 친구/적 쌍에 종속된 논증의 논리와는 아무런 상관이 없다는 점을 상기시키는 것이 될 수밖에 없다. 다중은 공허에 대립되는 충만에, 기생적 생존에 대립되는 생산에 붙여지는 존재론적 이름이다. 다중은 그 외부에서도 또한 그 내부에서도 도구적 이성을 알지 못한다. 그리고 다중은 특이성들의 총체이기 때문에 그 내부에서 최대의 매개 및 구성적 타협을 행할 수 있는데, 이는 그것들이 공통적인 것의 징표일 때 그러하다. (여하튼 다중은 정확히 언어와 같은 방식으로 작동한다.)

4

강의 4

주체성의 생산에 대하여 : 전쟁과 민주주의 사이에서

보론

대항권력

『무엇을 할 것인가?』로 오늘날 무엇을 할 것인가 혹은 일반지성의 신체

강의 4

주체성의 생산에 대하여 :
전쟁과 민주주의 사이에서

저는 **주체성의 생산**이라는 새로운 논의를 소개하기 위하여 이전 강의의 결론에서부터 시작하고 싶습니다. 문제는 우리가 짚어낸 몇몇 주제들이 말하자면 **아래로부터** 가동될 수 있는가를 파악하는 것입니다.

다중을 자본 관계 및 주권 관계의 한계로서 정의하는 것은, 우리가 그것을 사회적 존재론의 현실적 경험과 관련시킬 때, 노동이 협동으로서 구성되는 것에 대해, 비물질적 노동력이 경향이 되어가는 것에 대해, 비물질적 노동력이 생산방식 전체에서 헤게모니를 쥐는 경향적 과정에 대해 사유하는 것을 의미합니다. 문제는 이러한 헤게모니의 긍정에 뒤따르는 전략적·전술적 노선에 대한 논의를 개시하는 것입니다. 맑스의 예언적 예측에서 지성의 헤게모니(노동력의 헤게모니)가 제시되었다는 점, 자본주의 발전의 파국적 한계를 결정하는 일반지성이 제시되었다는 점이 고려되어야 할 것입니다.

먼저 **전술적** 논리를 정의해봅시다. 이는 주체가 무엇을 의미하며 주체성의 생산은 무엇을 의미하는지를 엄밀하게 검토하기 위해서 필요합니다. 전술은 우선 주체가 권력의 무한한 그물망과 마주치는 것에 대한 실천적 분석으로 정의됩니다. 이와 같이 출현한 주체성의 전술의 핵심은 대립하는 능력, 더 정확히 말하자면 **적대적 형태들을 실험하는 능력**입니다. 그런데 이러한 대립과 실험은 권력 구조의 모든 지점 — 권력이 가동시키는 관계들, 장치들, 테크놀로지들 — 에서 일어나며, 권력 자체를 전복하고 공동화_{空洞化}하기 위해 이 관계들, 장치들, 테크놀로지들을 활용하려는 시도와 함께 일어납니다. 우리는 미리 구성된 권력으로 이루어진 세계의 한가운데에서 전진해야 한다는 것을 알고 있습니다. 전술은 전복적 이성의 간지_{奸智}입니다.

하지만 전복적이기 이전에 주체적입니다! 이 지점에서 문제는 주체, 주체화, 윤리, 정치가 무엇을 의미하는지를 검토하고 논의를 구체화하는 것인데, 이는 아래로부터 오는 에너지 위에 논의를 정초하는 것으로는 충분하지 않으며, 이 에너지 또한 **특이화하는** 것이 필요하기 때문입니다. 그래서 우리는 주체성에 대한 푸꼬의 정의, 주체성 생산에 대한 푸꼬의 정의로부터 시작합니다. 푸꼬는 그리고 일반적으로 프랑스 탈구조주의는 주체의 형이상학에 대한 비판에서, 즉 정신의 형이상학 위에 자신의 자율성을 정초하는 (절대적 자유가 부여된) 자기존립적 주체에 대한 비판에서 시작합니다. 주지하듯이 근대 형이상학은 의식에 호소하여 주체를 파악했습니다. 여기서 데까르트와 싸르트르의 차이는 그리 크지 않습니다. 주체 철학에 맞서 푸꼬는 역사의 짜임새 안에서 주체의 구성을 설명할 수 있는 분석을 전개시키고자 합니다. 역사(계보학) 속에서 주체의 구성을 분석한다는 것은 (자기동일화 혹은 전제된 동일성으로서의) 주체를 일련의 이질적인 요소들, 주체의 외부에 있는 규정들의 산물로서 고찰한다는 것을 의미합니다. 그렇다면 우리는 주체를 각 시대에 특수한 지식의 양상들과 관련시켜 고찰하기 시작해야 합니다. 이렇게 보면 주체는 각 시대에 작용하는 상이한 테크놀로지의 상이한 산물입니다. 그 테크놀로지는 지식의 테크놀로지이자 동시에 권력의 테크놀로지입니다. 그래서 모든 주체는 주체화 과정의 결과인 것입니다. 푸꼬는 주체화의 세 가지 형태를 정의합니다. 주체화의 첫 번째 형태는 지식의 다양한 양태들을 통해서, 즉 그와 같은 지식이 과학의 지위에 도달하는, 즉 제도로 굳어지게 되는 상이한 양태들을 통해서 주어집니다. 가령 주체는 언어를 통해서 구성될 수 있지만, 일반적 언어를 통해서가 아니라 주체가 자신의 문법, 방언, 특유한 언어 형식을 말하는 방식을 통해서 구성되는 것입니다. 두 번째 형태는 분할의 실천, 혹은 분류의 실천과 연관되는 것입니다. 여기서 중요한 것은 주체를 분류하여 객체로 만들기 위해서, 주체를 그 내부에서 분할하거나 혹은 다른 주체들과 관련하여 분할하는 그러한 실천입니다. 가령 광인과 정상인, 환자와 건강한 사람, 신사와 범죄자 등의 분할이 그것입니다. 세 번째 형태는 훈육 기술과 통제 기술을 통해서 중층결정하기 위해 이러한 과학적 분할 및 분류의 씨실을 상정하는 권력에 전형적인 것입니다.

이 지점에서, 말하자면 외부로부터의 주체 생산 개념을 발전시키기 위해 그토록 노력한 다음에 푸꼬는 다음과 같이 묻습니다. 하지만 그와 같이 구성된 이 주체가 어떻게 자신을 움직이는가? 권력의 기술은 주체를 구축하는 경향이 있는데, 주체는 어떻게 이 테크놀로지에 반응하는가? 이것이 푸꼬의 논의에서 중요한 지점입니다. 여기서 구조주의가 이론화한(그리고 형이상학의 종말을 의미할 뿐인) 신의 죽음(혹은 인간의 죽음)은 푸꼬에 의해서 강력한 인간적 행위의 요청으로 변형됩니다. 여기서 구조주의의 파괴적 이행은 계보학적 이행으로 변형되는데, 여기서 중요한 것은 우리 실존의 계보학이며, 따라서 활력의 표현, 실존의 윤리인 것입니다.

우리는 이런 식으로 윤리 개념에 집중된 푸꼬 사유의 두 번째 국면에 들어섭니다. 이와 관련하여 푸꼬는 어떻게 움직일까요? 그는 무엇보다도 먼저 도덕과 윤리를 구별합니다. 일반적으로 도덕은 삶을 수행하는 방식을 제공하는 데 복무하는 규칙들의 총체입니다. 광의의 도덕은 규범을 가진 구조들(가족, 교육제도, 교회, 정당 등)을 통해서 개인들에게 제시되는 행위 가치 및 행위 규칙의 총체입니다. 반면 윤리는 각자가 스스로를 도덕적 주체로 구축하는 방식과 관련됩니다. 푸꼬에게서 윤리라는 용어는 들뢰즈와 가따리의 『반$\times$오이디푸스』에 대한 서평에서 처음으로 참으로 유의미한 방식으로 다음과 같이 등장합니다. "저자들이 용서해준다면 말하겠는데, 『반$\times$오이디푸스』는 본격적인 윤리학 저서이며, 너무도 오랜 시간이 지나고 나서야 프랑스에서 쓰인 최초의 윤리학 저서이다." 그러므로 여기서 윤리는 욕망의 선으로, 쿠피디타스^{cupiditas}의 전개로, 구축적 활력으로 정의되는 것입니다.

쾌락의 활용에 관한 그의 책에서 푸꼬는 이러한 구축적 방법론을 전개시킵니다. 그리스인들과 기독교도들이 주체를 실제로 구축한 방식에 관한 긴 분석을 해내면서 푸꼬는, 전자의 경우에는 행복의 추구가 후자의 경우에는 신에 대한 인간의 예속이 중심극을 구성함을 강조합니다. 한편에서는 고대 문명의 **최음제**가, 다른 한편에서는 중세적인 '살의 통제'가 있는 것입니다. 여기서 흥미로운 것은 객체, 즉 고대의 최음제나 중세적 살이 아니라 힘의 실천적 발휘를 통해 주체를 구축하는 능력입니다. 여기서 그것은 주체화라는 실천입니다. 우리는 인간으로, 주체로 구성되는 것입니다. 그래서 우리가 중요하게 다루어야 할 것은 단순히 권력, 주체를 구축하는 권력의 능력일 뿐만 아니라 무엇보다도 권력에의 대응, 주체 편에서의 저항이기도 합니다. 사람들은 스스로를 주체로 구축할 수 있는 능력을 가진 경우에만 저항하며, 오직 이러한 방식으로만 구성적 전략, 주체의 계보학적 구성, 엑서더스를 말할 수 있는 것입니다.

씨애틀 봉기(1999)를 예로 들어봅시다. 이것은 분명 푸꼬가 논의할 수 있었던 것은 아니지만, 우리는 그것을 푸꼬적 의미에서 해석할 수 있습니다. 실제로 **씨애틀**은 권력에 맞서는 윤리의 생산을 의미합니다. 그래서 푸꼬적 의미에서 그리고 분명 삶정치적 의미에서 씨애틀은 우리가 삶을 이해하는 방식, 말하는 방식의 발본적 변형을 보여줍니다. 그것은 도덕으로부터 윤리로 이행하는 계기, 특이성들로 이루어진 다중이 주체적 힘으로 드러나는 계기입니다. 그것은 사건입니다.

갈 수 있는 또 다른 길이, 푸꼬의 길이 도달한 것과 동일한 결론으로 이르게 하는 또 다른 길이 존재합니다. 이것은 엄밀한 의미의 사회철학, 사회학, 정치철학의 내부에 훨씬 더 들어와 있는 길입니다. 이것은 **맑스주의의 개혁**으로부터 생겨난 길이며, 제 경우에는, 제가 오뻬라이스모 안에서 가고자 했던 길입니다. 이 경우에도 문제는 말하자면 범주를 정의하는 관점을 전도시키는 것, 즉 아래로부터 범주를 구성하여 그것으로 하여금 행위 규칙, 집단적 실천의 규칙을 따르게 하는 것입니다다. 지식으로부터 도덕으로 그리고 도덕으로부터 윤리로 이동하는 것, 이는 오뻬라이스모에서도 거쳐 갔던 경로인 듯합니다. 여기서 중심 주제는 시간의 차원과 관련됩니다. 맑스주의는 가치가 시간이라고 말했습니다. 가치법칙은 노동으로 환원된 인간 활동의 일종의 투사였습니다. 이 지점에서 맑스주의는 이중성을 띤 것으로 제시됩니다. 한편으로 인간 활동의 노동으로의 환원이 소외로 간주되었습니다. 더 정확하게는 소외가 바로 인간 활동의 추상이었습니다. 다른 한편 맑스주의는 변형의 테크놀로지로 제시되며, 구체적인 생산 시간 안에 위치하며 그리고 그 생산 시간에 영향을 미치는 효율적 활동성으로 제시됩니다. 소외에 대한 비판에 계획수립의 테크놀로지가 건설적으로 상응하는 것입니다. 맑스주의가 개혁되는 최초 국면에는 객체적 관점에서 제시된 저 시간성(가치법칙의 실체)을 해체하는 문제를 고찰하는 연구가 이루어졌습니다. 그래서 최초의 문제는 객체적 시간성을 해체하는 것, 그것을 주체로 되돌리는 것, 시간성을 주체가 세계를 구축하는 장으로 만드는 것이었습니다. 맑스주의를 과학의 지위에서 떼어내어 유토피아적 가능성으로, 더 정확하게는 윤리적 가능성으로 되돌리는 것이 최초의 본질적 이행을 구성했습니다. 그리하여 주체의 문제가 맑스주의 철학에서 그리고 혁명적 실천에서 핵심적으로 되었습니다. 극단적으로 말하면, 계획과 관련하여 문제는 가치-시간의 이해를 그 척도와 구조로부터 분리시키는 것이었습니다. 그래서 계획의 시간과 (반복성, 극단적인 객체주의, 사회주의적 도그마주의로부터 분리된) 시간성의 새로운 차원을 대립시키는 것이 필요했습니다. 대립의 핵심은 **시간을 살고 시간을 즐기는 새로운 방식을 제안하는 능력**에 있습니다.

우리는 맑스주의의 개혁을 사유하는 데 매우 중요한 이 측면을 또 다시 강조하고자 합니다. 이미 1970년대에, 대공업에서 시간성을 통제하는 거대한 능력에 직면하여 (테일러주의에서 그리고 자유주의적 자본관리 형태와 사회주의적 자본관리 형태를 모두 포함한 노동과정 일반에서) 비판이 일었습니다. 그 비판은 기존의 것과 반대되는 시간성을, 단절 및 혁신의 시간을, 시간의 반복적·계획적 구성이 아닌 **혁신의 시간**을, 그리하여 미래로 열릴 수 있는 상이한 시간성을 발견했습니다. 시간에 대한 이러한 새로운 이해가 바로 협동으로서의 **공통적인 것에 대한 새로운 시야**를 구성하게 해주었다는 것, 그리고 바로 증식하는 특이성들의 총체로서의 다중에 대한 새로운 이해를 구성하게 해주었다는 것은 우연이 아닙니다. 이러한 새로운 사회적 존재론이 (푸꼬식으로 말하면) '윤리적' 주체의 생산을 가능하게 하는 것인데, 이 주체는 상이한 시간의 실천 안에서 움직이며, 이 시간은 그것의 측정의 관점에서는 (즉 외부의 관점에서는) 측정불가능한 시간이며 (체험된 시간을 내부로부터, 아래로부터, 우리의 생산적 삶인 저 존재의 본래적 구축으로부터 볼 때에는) 초과의 시간인 것입니다.

공간의 정의와 관련해서도 동일한 논의를 할 수 있습니다. 이 경우에도 공간적 차원을 과거의 그것과는 다른 새로운 방식으로 사유할 필요가 있습니다. **과거의 공간성은 이미 해체된 공간성입니다.** 여기서 핵심은 '지구촌'에 대해 변호하는 것이 아니며, 공간을 평평하게 하는 것 그리고/혹은 공간을 순수한 의사소통적 형태로 분산시키는 것도 아닙니다. 핵심은 오히려 이러한 변형/해체로부터 출현하는 새로운 관계성의 형태들과 새로운 생산방식을 검토하는 것입니다. 문제는 이러한 공간을 재구축하는 것입니다. 그리고 이러한 공간의 재구축은 그것을 윤리적 방식으로 재구축하는 것, 즉 이러한 공간을 지배하는 권력 구조를 해체하는 것을 의미합니다. 그래서 윤리적 의미에서 다양한 공간의 **구축**은 공간의 **재발명**을 의미하는 것입니다.

그러나 이 지점에서 반성을 해볼 필요가 있습니다. 이 모든 것이 너무도 매끄럽게 진행됩니다. 우리는 가능한 새로운 시대를 서술하고 있지만, 이러한 가능성은 전혀 실제적이지 않습니다. 이러한 시간 위로, 이러한 공간 위로, 이러한 주체성의 생산 위로 극히 중대한 통제 기능이 확대되고 있는 것입니다. **그럼에도** 우리의 환상은, 즉 이러한 가능성은, 우리가 생각하는 것 이상으로 실제적입니다. 그리고 그 상상이 유효하다는 증거를 제시하는 절대적으로 괴물스런 사실이 있는데, 그것은 **전쟁**이 (이러한 변형을 지배하거나 봉쇄하기에 적실한) 권력 테크놀로지로 되었다는 것입니다. 우리가 훈육과 통제를 노동의 상이한 사회적 구성들에 대해 명령하는 적절한 기술이라고 말했을 때, 우리는 인구에 대한 통제 방법의 발전을 언급한 것입니다. 그래서 우리가 말했듯이 통치 테크놀로지와 주체성의 형태 사이에는 어떤 상응관계가 존재합니다. 그렇다면 여기서 문제는 오늘날 전쟁이 어떻게 새로운 주체성, 새로운 노동, 그리하여 주체성의 새로운 생산에 적합한 통제 형태를 나타내는지를 이해하는 것입니다.

앞에서 논의된 것을 한번 되짚어보죠. 우리는 훈육이 주체를 대중을 구성하는 개인성으로서 생산하는 데 적합한 기술이라고 말했습니다. 그리고 우리는 대공업 시대의 두 번째 국면이라고 부르는 시기 ─ 이는 또한 인구의 대량 관리 국면이며, 그 다음에는 또한 파시즘의 국면, 그리고 식민주의의 발전/위기의 국면입니다 ─ 에 적절한 통제 방법을 보았습니다. (이는 인구의 통제라는 의미에서 진정한 의미의 통제방법이었습니다.) 또한 우리는 통치 테크놀로지와 주체성의 (생산의) 형태 사이의 상응

관계를 확증하였습니다. 지금까지 모든 것이 기능하는 것처럼 보입니다. 하지만 첫 번째 국면과 두 번째 국면에서 훈육과 통제가 대공업의 명령 형태였듯이, 오늘날에는 전쟁이 명령 형태라는 점, 전쟁이 삶정치적 통제의 직접적 기능이라는 점은 신중하게 다루어져야 되는 논점입니다. 저는 앞선 강의에서 전쟁이 통제 모델을 완성하는 데 직렬적인 방식으로 개입한다고, 즉 **전쟁이 통제 모델과 훈육 모델의 순수한 확장으로 이해되어야만 한**다고 말했던 것을 생각합니다. 통제 권력의 생산은 러시아 인형과 같습니다. 역사적 순서로는 훈육 권력이 먼저이고, 그 다음 통제 권력이 생산되며, 오늘날은 아마도 전쟁을 생산할 것입니다. 그런데 만약 그 인형이 오늘날의 현실을 반영하는 것으로 본다면, 순서가 역전됩니다. 즉 전쟁이 가장 바깥에서 통제와 훈육을 포함하고 있는 것입니다. 오늘날 **제국적인 삶권력의 형태는 통제와 훈육을 자체 내에 포함한 전쟁입니다**. 근대적 전통에서는 전쟁이 다른 수단에 의한 정치의 연장으로 정의되었지만, 오늘날은 그 금언이 전도된 것 같습니다. 전쟁은 정치의 토대이며, 그 안에서 정치적인 것이 형성되는 본질적 방식입니다. 이미 푸꼬가 이러한 역전을 제안했습니다. 하지만 전쟁이 정치의 토대라고 말하는 것은 그 이상의 이행이 함축된 것으로 보는 것, 즉 훈육과 통제가 소유한 주체성 생산 능력을 전쟁에서 인식하는 것을 의미하는 것입니다. 이 지점에서 **전쟁은 순전히 파괴적이기만 한 권력이 아니라 구성적이며 목적론적이고 관리적인 권력**이며, 따라서 그것은 과정적 활동으로서 시간의 지속 안에 삽입되고, 동시에 선별적이고 위계적인 활동으로서 공간 안에 삽입됩니다. 전쟁은 길고 끝이 없으며, 다른 한편에서는 선별적이고 위계적입니다. 그것은 공간과 경계를 지칭합니다. 바로 이것이 탈근대적 전쟁의 특징입니다.

논의를 더 진전시켜 봅시다. 근대에서 전쟁은 평화를 통해 질서를 창출했습니다. 홉스의 경우 전쟁은 만인에 대한 만인의 투쟁이며, 오직 끝에서야 평화를 통해 질서가 구성됩니다. 반면 오늘날 질서는 전쟁의 종식을 통해 태어나는 것이 아니라 전쟁의 지속적 조장을 통해 태어납니다. 이러한 영구적 전쟁 행위를 통해서 통제와 훈육의 기능들이 제시되고 적용되는 것입니다. 만약 질서가 전쟁이 종식되면서 이루어지는 것이 아니라 전쟁의 지속적 조장을 통해 훈육과 통제가 실행됨으로써 이루어지는 것이라면, 만약 **전쟁이 그 자체 삶권력의 형태라면**, 적을 정의하는 문제가 핵심적이 됩니다. 사실 여기서 **적**은 지속적으로 구축되고 발명되어야 하며 역설적이게도 정복될 수는 없습니다. 만약 적이 정복된다면 즉시 또 다른 적이 존재해야 됩니다. 적은 공적 위험이며 무질서의 징후이고, 바로 그렇기에 질서가 요구되는 것입니다. 즉 적은 **다중의 존재 자체**가 가하는 위협입니다. 이러한 위협은 여하튼 훈육되어야만 하고 통제되어야만 합니다. 모든 주체가 제국의 적일 수 있습니다. 모든 주체가 공적 위험일 수 있으며, 특이성들의 다중인 한에서는 권력의 한계로 정의될 수 있습니다.

이렇게 전쟁을 새롭게 개념화한 상황에서 '**권력이 피지배자를 파괴할 수 있는가?**'라는 물음이 제기됩니다. 죽음의 테크놀로지가 도달한 수준은 실제로 총체적 파괴를 야기할 수 있습니다. 하지만 이러한 파괴는 권력 자체의 관점에서 어리석습니다. 사실 권력은 관계이며 피지배자를 갖는 한에서 존재합니다. (이와 마찬가지로 자본도 오직 소비자를 갖는 한에서만 관계로서 존재합니다.) 만약 오늘날 제국적 권력이 그것이 가진 파괴력을 전부 사용한다면, 그 모든 것이 의미하는 것은 권력의 자살일 것입니다. 그리하여 우리는 전쟁 장치와 삶 장치 사이의 증대하는 모순을, 즉 한편에서는 파괴의 장치와 다른 한편에서는 경제, 소통 등의 장치 사이의 증대하는 모순을 목격합니다. 진정 야누스의 두 얼굴입니다. 되풀이해서 말하지만, 이러한 조건에서는 극도의 파괴의 위험에도 불구하고 전쟁이 역설적으로 덜 파괴적으로 되는데, 그 이유는 사실 그것이 전쟁이라기보다 치안 행위가 되기 때문입니다. 제국이라는 전제에서 출발하면 사태의 귀결은 너무도 분명합니다. 더 이상 외부가 존재하지 않는 세계에서 전쟁은 언제나 내부적이며, 그리하여 전쟁의 성격을 점점 잃어가고 치안의 성격을 점점 더 띠게 되는 것입니다.

(여기서 잘 주목해야 합니다. 전쟁이 치안으로, 즉 질서를 수립하는 능력으로 환원되는 현상은 전쟁의 존재론적 성격을 부인하는 것이 아니라 반대로 **강화한다**는 점, 즉 전쟁이 주체성의 배열을 효과적으로 생산하는 능력 그리고/혹은 설계하는 능력으로서 드러난다는 점을 말입니다. 아무튼 전쟁이 전쟁의 성격을 점점 잃어가고 치안의 성격을 점점 더 띨 경우, 전쟁 기능의 희석과 치안 기능의 격상은 존재론적 흔적을 남깁니다. 이것이 땅 속에 설치된 가공할 핵 병기고가 존재한다는 사실에 의해, 때때로 이 무기들을 사용할 수 있다는 미친 소리를 듣는다는 사실에 의해 어느 정도로 조건지어지는지를 저는 모릅니다. 그럼에도 불구하고 전쟁과 치안의 뒤섞임은 여하튼 언제나 그 배후에 핵 테러의 가능성을 수반합니다. 적어도 50년 동안 평화운동이 올바르게도 그것을 고발해왔습니다. 요컨대 전쟁과 치안이 결합될 때, 그 덮개 아래에는 모든 테러의 가능성을 도입하는, 핵 잠재력에 의해 배양되는 끔직한 무분별이 존재하는 것입니다.)

만약 러시아 인형의 논리적 질서에서는 전쟁이 통제와 훈육을 포함한다면, 우리는 또 이러한 연속성을, 현재적 삶형태에 동화되어 그것을 지탱하고 그것과 교차하는 산업생산의 형태들의 흔적으로 보아야 합니다. 만약 개인에 대한 명령이 전쟁에, 통제와 훈육에 위임된다면, 만약 개인에 대한 통제가 근대적·탈근대적 생산 형태에 내재하는 것으로 보게 된다면, 전쟁이 생산적 삶의 한 양태로 제시되는 다른 더 특수한 형태는 무엇일까요? 생각나는 것은 다중을 — 따라서 생물학적 테크놀로지와 화학적 테크놀로지를, 그리고 물론 정보 테크놀로지를 — 준거점(소비자 혹은 희생자)으로 삼는 그러한 생산들입니다. 전쟁은 다중, 즉 특이성들의 총체에 삼투되는 파괴수단을 생산하며, 따라서 삶권력, 대공업, 사회적 생산 사이의 관계 위에 자리를 잡고 있는 것입니다.

논의를 더 진행시켜 보죠. 탈근대 전쟁과 대면할 때 우리는 다른 매우 중요한 요소, 즉 사법적 질서의 형성을 만나게 됩니다. 전쟁은 자신의 법정을 생산합니다. 적에 대한 정의는 그 결과로서 낡은 국제법과는 아무런 관련이 없는 특수한 제재에 대한 정의를 수반합니다. 그 다음으로 법정의 배후에 강제수용소가 있으며, 근대에는 고문이라 불린 신체취급법이 오늘날에 심리조절법이라는 이름으로 업데이트 되어 다시 출현합니다. 문제는 이 모든 것이 어떻게 전체주의적 형태로 전개되는지를 파악하는 것입니다. 이것으로 우리는 전체 그림을 완성할 수 있습니다. 이러한 전쟁 권력은 사실 어떤 절대적으로 특징적인 측면에 의해, 그것의 **비대칭**성 성격에 의해 정의됩니다. 이 경우에 비대칭성은 탈근대의 전쟁이 동등한 힘들 사이의 전쟁이 아니라 위에서부터 부과되는 전쟁, 더 강력한 수단을 사용하는 전쟁, 영속적인 예외상태에 있는 전쟁이라는 점에 있습니다. 이제 우리의 요점에 도달했습니다. 우리의 논의를 요약하자면, 우리가 설명한 전쟁은 탁월한 권력의 형태로서 정의됩니다. 삶형태를, 관계들의 형태를 생산한다는 의미에서 그렇습니다. 이 전쟁과 다른 전쟁 사이의 거대한 차이는 이것이 정치의 토대일 뿐만 아니라 또 삶정치의 토대, 삶질서의 토대이기도 하다는 것인데, 이는 그것이 시간과 공간에 새겨지는 한에서, 즉 네트워크를 통해 형성될 수 있는 무한한 행위와 공간에 새겨지는 한에서 그러한 것입니다. 만약 평화가 더 이상 전쟁과 구분되지 않는다면, 이는 전쟁과 평화가 융합하여 삶정치라는 하나의 단일한 모태가 되었다는 말입니다. 탈근대적 전쟁은 근대적 전쟁보다는 덜한 어떤 것이지만, 그것은 또 근대적 치안보다는 더한 어떤 것입니다. 탈근대적 전쟁은 ─ 괴물과도 같이 ─ 일종의 사회적인 것을 생산하는 기계가 되었습니다.

근대적 전쟁으로부터 탈근대적 전쟁으로의 이러한 이행을 가리키는 많은 측면들이 존재합니다. (냉전이 종식된) 1989년 이후에 대규모로 시작된 군대 개혁을 생각해보면 됩니다. 사실 군대는 더 이상 고강도 전투에 대비하는 제도가 아니라, 오히려 어디에서라도 신속하게 군사 임무를 수행할 뿐만 아니라 정보 임무, 원조 임무, 구조 임무(NGO로부터 군대로 위임된 것입니다)도 수행할 수 있는 작은 단위들입니다. 군대를 근본적으로 사회성의 영역에서 움직이는 존재로 재구성하는 것이 문제였던 것입니다. 전쟁과 치안의 이러한 뒤섞임이 제국적 협치 형태의 덮개에 관한 상을 제공합니다. 다른 사례는 탈근대적 전쟁의 가상화입니다. 그것은 신체 없는 전쟁, 혹은 나아가 제국적 권력의 편에서는 피해 없는 전쟁과 같은 것일 수 있습니다. 여기서는 한 명의 병사의 사망도 '대역죄'로 간주합니다. 사실 군인은 공무원이자 권위의 직접적인 표상입니다. 여기서 (포로에 관한 제네바 협정과 같은) 모든 협정 유형의 입법은 필연적으로 또 불가피하게 사라집니다. 적의 사망 혹은 민간인의 피해는 '부수적 피해'입니다. 우리는 발칸 전쟁, 아프가니스탄 전쟁 혹은 진행 중인 다른 전쟁의 사례들을 인용하면서 계속해서 논의를 진행할 수 있으며, 이 모든 것이 풍부하고 완전하게 실현되었음을 확인할 수 있습니다. 하지만 지금으로서는 이 정도로 말한 것으로 충분합니다.

한 번 더 9·11의 의미에 대해 생각해보는 것으로 강의를 끝맺고자 합니다. 이 문제를 제기하는 것이 9·11이 모든 것을 바꾸었다는 것을 의미하는 것은 아닙니다. 제가 보기에 9·11은 그 이전 10년간의 획기적 이행에서 함축되고 성숙된 것이 단지 명백해졌다는 것을 확신시켜 주었습니다. 그럼에도 불구하고 9·11 이후에 모든 것이 변한 것처럼 보인다는 것은 의심할 수 없는 사실입니다. 이는 마치 명령 및 억압의 관점에서 자신을 표현하는 것을 가속화할 수밖에 없었다는 듯이, 권력이 자기 자신을 분명히 밝힌 것입니다. 어쨌든 우리 모두는 다시금 우리가 전쟁 상태에 있다는 것을 깨닫게 됩니다. 1990년대에 우리가 혼란스럽게 느꼈던 것이 이제 명백해진 것입니다. 제국의 형성이 우리를 전쟁으로, 질서를 부여하는 전쟁 ― (가령 유고슬라비아에서 그러하듯) 훈육 장치와 통제 장치로 구성된 전쟁 ― 으로 이끌었습니다. 전쟁을 통해서 새로운 경계가 그려지게 되고, 새로운 권력 엘리트와 새로운 주체성 집단이 생산됩니다. 전쟁을 통해서 국제 법정과 같은 새로운 제도가 결정되며, 치안을 위한 개입의 메커니즘이 완성됩니다. 요컨대 바로 전쟁을 통해서 제국을 구성하는 물질적 힘이 출현하며, 권력의 위계와 권력의 내적 순환이 결정되는 것입니다.

아프가니스탄 전쟁에서 주권 형상의 더 진전된 변화가 나타났습니다. 이미 9·11 이전에 하트와 저는 비잔틴 모델의 제국과 라틴 모델의 제국 사이의 **구분**을 도입했습니다. 비잔틴 모델을 통해서는 권력의 초월성이 막대하게 요청됐던 제국 형태가 고찰되었습니다. 비잔틴은 범접할 수 없는 신성으로 표상되는 권력입니다. 비잔틴 바실리카 교회당들의 앱스 부분[1]을 생각해봅시다. 중앙에 제국의 신, **판토크라토**가 있으며, 그를 둘러싸고 12사도와 묵시록의 징표들이 있습니다. 권력의 이러한 초월적인 불가촉성 앞에서 다중은 거리감을 느끼게 되며 억압됩니다. 여기서 억눌리는 것은 엑서더스에 대한 상상 자체입니다. 이와 같이 오늘날 우리는 비잔틴 유형의 제국의 동학을 대면하고 있습니다. 이것은 9·11 이전에 파악된 것이며, 9·11이 일어났을 때 비로소 참으로 명백하게 된 것이었습니다. 그래서 만약 우리가 이러한 지형에 있다면, 우리는 소위 미 일방주의가 제국적 자본의 정치 계급 전체를 위한 길을 나타낸다고 말해야만 합니다. 미 일방주의는 전쟁에 입각한 일반적 노선의 비잔틴적 재현인 것입니다.

어떻게 이 엄청난 권력에 대항할까요? 저는 오직 신체만이 비잔틴 권력에 대항할 수 있다고 말하는 사람들에게 동의합니다. 제노바 이후에 오직 신체만이 저항할 수 있다는 신념이 일반적으로 되었습니다. 하지만 신체의 저항에 대해 말할 때에는 주의할 필요가 있는데, 이는 가령 가미가제도 저항하는 신체이기 때문입니다. 우리의 문제는 명백히 가미가제의 그것이 아닙니다. 우리는 사실 욕망에 대한 긍정이자 동시에 삶에 대한 긍정인, 그러한 저항을 실천하길 원합니다. 전쟁을 통해서 전쟁에 대항할 수는 없습니다. 전쟁에 대한 진정한 대항은 주체성의 생산

---

1. [옮긴이] 앱스(apse)는 바실리카 교회당 동쪽 끝에 쑥 내민 반원[다각]형의 부분을 말한다.

에서 다중의 우위를 긍정하는 것으로만 주어질 수 있습니다. 이것은 전쟁이 주체성 생산을 봉쇄하는 것에 대항하는 것을 의미합니다. 전쟁은 다중의 구성적 힘에 의하지 않고서는 봉쇄될 수 없습니다.

하지만 성찰이 완벽해져야 합니다. 사실 문제는 전쟁에 맞서서 단순히 다중 주체성의 존재론적 축적을 신뢰하는 것이 아니라, (군사적 행위와 치안적 억압의 무차별성, 고강도 전쟁과 저강도 전쟁의 무차별성이라는 현재의 조건에서) 전쟁이 설치한 각각의 장애들에 맞서는 맥락에서 이러한 존재론적 축적을 고찰하는 것이어야만 합니다. 비대칭적 권력과 어떻게 맞부딪쳐야 할까요? 제국적 권력이 자살을 감수하지 않고서는 넘어갈 수 없는 한계를 어떻게 측정해야 할까요?

우리는 신체의 저항을 말했습니다. 이제 신체의 저항은 신체의 힘의 삶정치적 강화입니다. 문제는 저항의 가능성과 그것을 절대적으로 만들 저항의 테크놀로지에 승부를 거는 것입니다. 영화 〈브라질〉을 기억하십니까? 그것은 인간을 변신시키는, 강력한 방식으로 이동성과 기쁨을 혼합하는, 공통의 네트워크를 구축하고 지배 체제에 구멍을 내는 언어를 발명하는, 그러한 저항에 대한 찬양입니다. 저는 이러한 행위들이 오늘날 운동들의 실천에 존재한다고 보며, 문제는 그것들을 일반화하는 것입니다.

우리가 체험하고 있는 이행은 결정적인 것입니다. 우리는 우리가 겪고 있는 이러한 전쟁이 질서를 부여하는 **제국적 전쟁**이라고 말했습니다. 하지만 이것만이 아닙니다. 그것은 또한 바로 중부 유럽을 뒤엎은 1618년과 1648년 사이의 30년 전쟁처럼 상이한 시대 사이의 **이행 전쟁**입니다. 형식적으로는 가톨릭과 프로테스탄트의 전쟁으로 보였지만 실제로는 반反르네상스적 반혁명의 결정적 계기였던 그 전쟁에서, 독일은 인구의 2/3를 잃었습니다. 인문주의적·자유주의적 유토피아가 패배했으며, 공화국의 폐허 위에서 절대국가가 구축되었습니다. 주권적·근대적·절대적 국가의 사법적 구축은 르네상스 공화주의의 패배입니다. 우리는 이것이 오늘날 다시 일어나는 것을, 제국의 구축이 민주주의의 종식으로 되는 것을 피해야만 합니다. 제국의 지배계급은 우리가 30년 전쟁에 들어섰다고 말합니다. 그것은 그들의 전쟁이며, 우리에게 남은 것은 저항과 엑서더스입니다.

저항과 엑서더스는 내적인 동시에 외적인 구축이고 윤리적 구성이며 실천적 저항입니다.

이 네 번째 강의에서 말해진 것을 요약해봅시다. 우리는 권력과 한데 엮이는 것을 피하고, 엑서더스에서 정점에 이르는 주체성의 생산 전략을 정의하고자 했습니다. 저의 『시간기계』A. Negri, *Macchina Tempo*, Feltrinelli, Milano 1982. 핵심적 부분은 『시간의 구성』*La costituzione del tempo*, Manifestolibri, Roma 1999으로 재출판되었습니다에서 저는 생산적 시간성의 자율성 안에서 엑서더스의 전략을 육성시켜주는 존재론적 차이를 짚어냈습니다. 『카이로스, 알마 비너스, 다중』A. Negri, *Kairos, Alma Venus, Moltitudo*, Manifestolibri, Roma 2000에서도 이러한 유형의 관점이 풍부하게 전개되었습니다. 여기 이 강의에서는 전략적 관점이 전술적 관점을 동반했습니다. 전략의 논리는 제국적 권력을 공동화하고 이동시키며 활용하고 탈안정화하는 것입니다. 주체성의 생산은 전략적 계기와 전술적 계기를, 제국 권력의 탈안정화와 다중의 활력의 구조화를 육성하는 것입니다.

바로 이 활력에 맞서 (이제 확연하게 비잔틴적 형상을 띤) 제국이 그 권력의 생산을 완성하려고 전쟁을 제기하는 것입니다. 전쟁은 권력 생산의 연속성과 순환성 모두를 나타냅니다. 훈육, 통제, 전쟁은 권력 표현의 보완적, 연속적 계기들입니다. 하지만 전쟁은 모든 것을 포함합니다. 훈육과 통제는 전쟁이 허용하는 권력 시간의 가속화에 흡수됩니다. 이러한 존재론적 결정에서 시작하여 전쟁 개념은 철학적 측면과 군사이론적 측면 모두에서 심오하게 변형되었습니다. 군사이론에 관해서는 『혼돈의 제국』A. Joxe, *L'Empire du caos*, La découverte, Paris 2002, 『새로운 전쟁』R. Di Nunzio e U. Rapetto, *Le nuove guerre*, Rizzoli, Milano 2001 그리고 특히 『한계 없는 전쟁』Qiao Liang e Wang Xiangsui, *Guerra senza limiti*, tr. it. Editrice Goriziana, Gorizia 2001을 보십시오. 철학적 고찰로는 『전지구적 전쟁』 Carlo Galli, *La guerra globale*, Laterza, Roma-Bari 2002을 보십시오.

보론 1

대항권력[1]

1. '대항권력' 일반에 대해 말할 때 실제로는 세 가지를 말하는 것이다. 구舊 권력에 대한 **저항**, **반란**, 새로운 권력의 **구성적 활력**. 저항, 반란, 구성권력은 대항권력의 단일한 본질의 삼위일체적 형상을 나타낸다.

우리는 다소 정확하게 **저항**이 무엇인지를 알고 있다. 일상적 삶에서 대다수의 사회적 주체들이 저항을 실천하고 있기 때문이다. 생산 활동에서 사장에 맞서는 것, 사회적 재생산 활동에서 삶을 규제하고 통제하는 권위에 맞서는 것(가족에서는 가부장주의에 ……), 사회적 소통에서 경험과 언어를 반복으로 틀어막고 그것을 무의미로 몰아대는 가치 및 체제에 맞서는 것. 저항은 체험된 사회적 삶의 거의 모든 수준에서 명령과 엄혹하면서도 창조적으로 상호작용한다.

---

[1] *Situaciones*, n.3, Buenos Aires 2001에 게재된 글이다.

반란에 관해서 말하자면, 그것이 더 어려운 실험에 해당하긴 하지만 한 세대의 기간 안에는 (그리고 여하튼 최근 두 세기에는 30년마다) 그것을 경험할 수 있었다. 우리에게 반란은 대중적 저항 운동이 짧은 시간에 활동적으로 되거나 혹은 어떤 구체적인 한정된 결정적 목표에 집중될 때 띠는 형태이다. 그것은 공통적인 정치 담론의 대대적 혁신을 나타낸다. 반란은 저항의 다양한 형태들을 하나의 매듭으로 묶고 서로 상응하게 한다. 그리고 그것들을 주어진 사회적 조직의, 구성된 권력의 한계를 독창적인 방식으로 넘어가는 화살 모양으로 배치한다. 그것은 **사건**이다.

　구성권력은 저항과 반란이 산출한 혁신에 형상을 부여하고 그것에 적실하고 새로우며 목적론적으로 효과적인 역사적 형태를 부여하는 활력이다. 만약 반란이 저항을 혁신적으로 되도록 밀어붙인다면 (그리하여 **산 노동**의 폭발적 생산성을 표현한다면), 구성권력은 이러한 표현에 형태를 부여하는 것이다(산 노동의 대중적 활력을 새로운 삶의 기획으로, 새로운 문명의 잠재력으로 축적하는 것이다). 그리고 반란이 적의 삶형태를 파괴하는 무기라면, 구성권력은 삶의 새로운 구도와 삶의 집단적 기쁨을 적극적으로 조직하는 힘인 것이다.

　2. 전통 좌파의 정치 언어에서 대항권력은 더 간단하고 축소된 특징을 갖는 용어이다. 그것은 종종 기껏해야 저항의 실천과 동일시되고 때로는 저항의 조직화와 동일시되었다……. 그것으로 그만이었다! 이러한 간단함과 이러한 축소는 오류이다. 이는 사태가 종종 그와 같이 효과적으로 진행되지 않기 때문이 아니며, 또 저항을 대항권력이 표현되는 더 진전된 단계와 연결시키는 연관이 가시화되기 어렵기 때문만

도 아니다. 만약 대항권력의 모든 형상에서 저항, 반란, 구성권력의 함축된 연관이 인식되지 않을 경우, 바로 이 구성요소들을 무력화시키고 그 효율성을 제거하거나 혹은 심지어 그것을 지배 권력에 자기도 모르게 양도할 위험이 있기 때문이다. 그래서 사실 탈근대 사회와 같은 고도로 복잡한 사회에서 저항은 그 자체만으로는 허공에서 작동할 수 있으며, 더 나쁘게는 체제의 순환 메커니즘 안에서 조작될 수 있다(이 순환은 대항권력의 전지구적 관점의 재구성만이 중단시킬 수 있다). 그리하여 반란적 긴장은 그것이 아무리 넓더라도 무용해질 수 있으며 혹은 심지어 해로울 수도 있는데, 이는 그것이 대중의 잠재력과 부합되지 못할 때 그러하다. 따라서 그 영향의 범위가 (선행한 저항의 국면을 통해서) 대중을 포괄하지 못할 때, 그리고 그 구성적 상상력이 헤게모니적으로 되지 못할 경우에, 그것은 테러리즘의 늪에 빠질 위험이 있는 것이다. 구성권력에 관해 말하자면, 그것의 효율성은, 그것이 단지 삶의 방식을 변형하고 해방의 욕망을 긍정하는 비가역적 과정에 견고하게 뿌리내릴 때에만 명백해 진다. 또 다른 관점에서도, 즉 대항권력의 다양한 구성요소들의 구분에 특권을 부여하는 것이 아니라 그 연관을 찬양하는 관점에서도, 모호한 효과들이 있을 수 있으며 심지어 부정적인 효과들이 있을 수 있다. 이것은 대항권력이 시간적 차원에서, 그리고 여기서는 극히 근시안적인 관점에서 고찰되는 경우이다. 이때 저항, 반란적 활동, 구성권력 사이의 연관은 **직접성**의 변증법으로 서술될 수 있는데, 이 변증법에서는 각 개별적 계기가 (그리고 대항권력의 활동, 기능, 규정이) 포착될 수 없으며 실행될 수 없다 ……. 이러한 곤경이 발생하는 것은 보통 조직화가 (그리고 성찰이) 종종 재앙적인 결과를 낳는 운동의 자생성에 의해 대체되는 상황에서이다. 사실 모든 소가 회색인 밤은 언제나 재앙을 가져온다.² 그런 밤에 당신은 미칠 수도 있다. 저항, 반란, 구성권력이 여러 계기의 결합으로 이해되지 않고 하나로 뭉뚱그려진 시간 속에서 (직접적으로) 체험될 때에는 '아름다운 영혼'이 비판적 사유에 승리하고 구체적 활동성이 무분별한 열정에 의해 어리석게도 야만화되는 것이다……. 마키아벨리는 보스꼴리가※의 반反메디치 봉기에 대해, 휴머니즘적이자 매우 관대했던(그 자신이 참여하지는 않았지만 분명 연루된) 봉기에 대해 말했다. 그는 그처럼 모험적이고 파멸적으로 무력한 대항권력의 경험을 어떻게 받아들일 수 있겠냐고 말했는데, 이는 그것들이 성찰을 결여한 시간과 열정으로 축소되었기 때문이었다.

3. 대항권력의 유효성과 아마도 그것의 정의定義마저도 파괴하는 것이 이러한 무無구별적인 시간성만은 아닐 것이다. 대항권력이 행사되고 전개되는 공간의 왜곡 또한 존재할 수 있다. 이 논점을 분명히 하기 위하여 대항권력의 기초적 정의로 되돌아가서 그것을 풍부한 것으로 만들어 보기로 하자.

저항은 ― 대항권력의 복잡한 과정에서 ― 적대적인 권력을 파괴하는 주요한 기능을 갖는다. 그것은 지속적으로 땅을 파는 것과 같은 어려운 작업이며, 사회적 공간의 모든 장소에서 명령의 총체를 구성하는 특이한 관계들 및 특이한 타협들/조작들을 위태롭게 하는 것이다. 미시적 힘들의 대립이 여기서 작동하는데, 이 대립이 균형을 잃게 하고 궁극적 협정을 사보타지하여 체제의 전면적 구조에 파열의 요소들을 도입하는

---

2. [옮긴이] "모든 소가 회색인 밤"은 헤겔의 『정신현상학』 서문에 나오는 구절이다.

것 ― 이것이 저항의 과제이다 ……. 저항이 더 대중적일수록 제도를 통한 중재 및 재구성의 의의를 파괴하고 공허하게 하는 작업이 더 효율적이게 되며, 따라서 저항의 힘이 더 강해지는 것이다. 반란적 활동에 대해서 말하자면, 그것은 기성 권력의 반동을 봉쇄하고 그것을 수세로 몰아넣는 과제를 갖는다. (또한 설사 반란적 활동이 핵심적 목적/목표를 즉시 달성하지 못하더라도, 여하튼 그것은 유용한 것이라고 말하고 싶다. 사실 그것은 저항이 구성된 권력의 구조에 가한 ― 그리고 지속적으로 가하는 ― 손상을 구성된 권력이 치유하는 것을 저지하는 것이다. 적의 전선은 그렇게 더 손상을 입게 된다.) 오늘날의 적인 자본주의 권력을 분석할 때, 우리는 그것이 한편으로는 삶과 사회를 지속적으로 구조화하며 다른 한편으로는 자신의 지배를 안정화시키기 위해 항상 개입한다는 것을 깨닫는다. 그래서 자본주의 권력은 한편에서는 삶과 생산의 세계의 구조화를 엄밀하게 구현해내고, 다른 한편에서는 그것의 재생산에 필요한 보장을 구현해내는 것이다. 그래서 대항권력은 힘을 발휘하기 위해서 또 효율적으로 되기 위해서 **이중적이어야만** 하는데, 한편으로는 권력의 사회적 구조를 파고들고 지속적으로 해체하고 침식시켜야 하며, 다른 한편으로는 (권력이 계속해서 실행하고 권력의 특수한 통치 능력을 구성하는) 안정화 작업에/그 작업에 맞서 공격적인 방식으로 개입해야 한다. 파괴하는 '대항권력'에 탈안정화하는 '대항정부'가 상응해야만 하는 것이다. 셋째로, 구성권력의 능동적 행동이 존재한다. 이것은 ― 권력의 모든 영역에서 그리고 그것에 맞서서 ― **대안적 상상력**을 확장시키는 것이다. 이는 다중이 활력으로서, 삶의 생산 및 재생산의 새로운 형태로서, 죽음에 맞선 투쟁의 새로운 형태로서 도래하는 것을 모두 사유하는 것을 의미한다. 이러한 상상력이 저항에서 그리고 반란의 전투적 경험에서 살아있어야만 한다. 저항과 반란의 행위가 구성적 상상력을 육성하고 혁신하는 것처럼 말이다.

이제 우리가 처음에 다루었던 문제로, 즉 대항권력이 그 기능을 온전하게 구현해내지 못할 때 권력이 대항권력의 힘을 재영토화할(그리하여 폐쇄된 공간에 가두고 궁극적으로는 무력화할) 가능성으로 되돌아가보자. 사태는 상당히 분명한 듯하다. 사실 저항도 반란적 활동도 구성적 활력도 전략적 장치를 발전시키지 못한다면 포섭과 거세의 책략을 피할 수 없는 것이다.

다른 한편 대항권력의 효율적인 포섭과 무력화를 보증하는 자본주의 권력의 거대한 전통이 존재하는데, 이는 바로 **입헌주의**의 전통이다. 대항권력의 포섭은 사실상 입헌주의로 가능해지는데, 이는 여기서 저항, 반란, 구성권력이 단순한 사법적 요구로 환원되며 그리하여 **변증법적** 요소로, 체제의 민주주의적 …… 종합의 일부로 설정되기 때문이다. 입헌주의에서 대항권력은 재영토화되며, 명령의, 즉 착취와 위계의 단일한 원리로 미리 조직된 공간 안에 갇힌다.

하지만 대항권력은 이 모든 것의 정반대이다!

4. 대항권력의 개념과 실천에 접근하되 그 형상의 뚜렷한 복잡성에 그리고 그 활력의 독창성에 초점을 맞추면서 접근하기 위해서 우리는 이제 **대중**의 대항권력과 구성된 권력 사이의 비[*]**상동성**이라는 또 다른 논점을 강조해야 한다.

스피노자의 정치 이론에서 권력과 대항권력이 상동적인 것이 될 수는 사실이 강력하게 또 분명하게 제시된다. 사실 스피노자는 거듭하여 고전적인 통치형태론 — 일자의 통치인 군주제, 소수의 통치인 귀족제, 다수의 통치인 민주제 — 을 거부한다 ······. 그는 민주주의 앞에 '절대적'이라는 형용사를 붙여 '절대적 민주주의'라는 용어를 만들어내는데, 이 용어로 지칭하는 것은 다른 통치 형태와는 더 이상 아무런 관련이 없는 통치 형태이다. 다중이 그 자신에게 명령할 때 다중은 조직된 사회적 실존의 다른 모든 형태를 넘어서기 때문이며, 스스로를 결정^{determination} 3에 관한 정치 이론으로 제시하는 것이 아니라 결정이 **없음**, 어디에서나 절대적이고 한계가 없음에 관한 정치 이론으로 제시하기 때문이다. 그래서 군주제적 권력이나 귀족제적 권력과는 아무런 관련이 없는 권력 형태를 생각하는 것, 또한 다중의 활력의 기능이라기보다는 여전히 권력 형태 중 하나인 민주제적 권력과도 아무런 관련이 없는 그러한 권력 형태를 생각하는 것이 완전히 가능하다.

더 분명하게 말하면, 대항권력의 활동은 **실존하는 권력의 대체**를 그 목적으로 하지 **않는** 것이 필수적이다. 반대로 그것은 대중적 자유의 다양한 형태 및 표현을 제안해야만 한다. 만약 우리가 현재의 탈근대적 형태의 권력 안에서 그리고 그것에 대항하여 대항권력을 정의하고자 한다면, 우리는 대항권력을 통해서 구 권력을 정복하거나 획득하고자 하는 것이 아니라, 삶·조직화·생산의 새로운 활력을 발전시키고자 한다는 사실을 지속적으로 또 강력하게 강조해야만 한다. 대항권력은 **정해진 텔로스**나 **지양**을 모른다. 그것은 미리 이해된 본질의 발전을 창출해내는 것이 아니라 단순히 살아가는 것이며 또 삶을 창출하는 것이다.

---

3. [옮긴이] 이런 경우 결정(determination)은 특정의 요소들에 의해 인과적으로 규정되어 현실화되는 것을 말하므로, 필연적으로 한정을 포함한다. 그 결과가 일정한 경계를 가지게 되어 있기 때문이다. 때로 이런 의미의 'determination'은 '한정' 혹은 '확정'으로도 옮겨진다.

5. 노동운동 및 코뮤니즘 운동의 전통에서 대항권력 개념은 다양한 용도를 가진 극히 모호한 개념으로 기능했다.

맑스에게는 프롤레타리아 대항권력의 목적론이 있는데, 이는 발전의 시간적 좌표와 공간적 좌표 모두에서 기능한다. 전자는 코뮤니즘은 필연적임을 의미하고, 후자는 자본의 세계화와 세계 시장의 구축이라는 구도 안에서 혁명이 발생함을 의미한다. 레닌에게는 대항권력의 공간적 경향이 여전히 필연적이자 무제한적인 것으로 드러나는 반면, 대항권력의 힘이 혁명으로 발휘되는 시간, 그 순간이 본질적이 된다. 혁명적 기획이 카이로스$_{kairos}$를 포착하고 역사를 혁신하는 것은 바로 어떤 순간, 기회, 즉 자본주의적 착취 연쇄의 취약 지점에서인 것이다. 반면 로자 룩셈부르크는 강력한 시간적 목적론(필연적 혁명)에 갇혀 있지만, 자본주의 시장의 경계에서, 따라서 주변부에서 혁명 과정을 이륙시키는 위기의 기회를 본다. 레닌에게는 제국주의가 자본주의 발전의 최고점이고 결과적으로 노동계급이 가장 강력할 수 있는 지점이며, 제국주의를 일격에 넘어뜨리는 것이 문제였다면, 룩셈부르크에게 제국주의는 자본주의 발전의 더 취약하고 더 열려있으며 더 위급한 지점들로 열려있는 것이었는데, 이 지점들에서 저항과 반란의 구축이 시작되어 구성권력과 혁명이 적의 체제를 관통하여 명령의 중심을 향해 파괴적으로 전진하는 것이었다. 마지막으로 무정부주의자는 시간이나 공간을 반란의 특권적 계기로 정의하길 언제나 거부했다. 그들은 착취의 제도들을 파괴적으로 설명하면서 (어떤 때에는 대단히 풍부한 방식으로 그랬다······. 그들에 의해 혁명론에 도입된 '국가의 사멸'이라는 가설을 생각해 보는 것으로 충분하다) 혹은 봉기의 공간과 시간은 하나 아니면 수천 개가 존재한다고 생각하면서, 착취 세계의 혼돈 안에 살았다······.

무정부주의적 사고가 국가와의 상동성이라는 주제에 결코 주의를 기울이지 않았다는 점은 유감이다 .... 그럼으로써 무정부주의는 대안적 제안들이 텅 비어있고 원한으로 가득 차 있는 그러한 혁명관을 반란이라는 개념 안에 그리고 국가의 폐지라는 개념 안에 재생산한 것이다.

우리는 이러한 이데올로기들에 관해 계속해서 이야기할 수 있다. 하지만 훨씬 더 중요한 것은, 구성된 권력과 상동성을 갖지 않는 형상을 대항권력 개념에 부여하지 못하는 무능력이 무엇보다도 함축된 전제로부터 도출된다는 것을 강조하는 일이다. 다시 말해서, 권력의 사고와 실천의 배후에도 그리고 대항권력의 사유와 실천의 배후에도 존재하는 경제 모델이 가진 **잠재적 상동성**('벽장 속의 해골'[4])으로부터 도출된다는 것을 강조하는 일이다. **자본주의적 발전 모델**이 바로 이 경제 모델이다. 바로 이것이 전술적 움직임의 극단적 차이에도 불구하고, 총체적 적의敵意에도 불구하고, 전략적 기획의 목적론을, 전략적 기획의 동일성을 (상동성을 통해, 개념의 단일성을 통해) 낳은 것이다. 자본주의적 모델은 변증법적이기 때문이다.

6. 이 지점에서 '대항권력'의 정의定義를 어떻게 확정할 수 있겠는가? 존재론적 정의가 존재한다. 이것의 핵심은 저항과 반란적 활동이 (잠재적이지만 능동적인) 구성권력을 나타낸다는 사실을, 이는 운동들의 통제(노동력에 대한, 그 동학에 대한, 노동력이 초래하는 전위轉位에 대한 효과적인 제국적 통제의 형성)가 전지구적으로 되기에 더욱 그렇

---

[4] [옮긴이] '벽장 속의 해골'(skeleton in the cupboard)은 어떤 사람과 관계된, 드러나 있지는 않은 사실로서, 만일 드러난다면 그 사람에 대한 인식에 부정적인 영향으로 미치는 것을 가리킨다.

다는 사실을 강조하는 데 있다. 투쟁이 더 이상 소통하는 데 성공하지 못하고 있다는 것, 혹 성공하더라도 정치적 수준에서라기보다는 이데올로기적 수준에서라는 것은 정말로 사실이다(팔레스타인의 인티파다Intifada 로부터 LA 봉기에까지, 1995년의 프랑스 파업으로부터 치아빠스Chiapas 까지, 인도네시아와 한국의 봉기로부터 '무無토지' 운동까지 ……). 그럼에도 불구하고 극단적이고 강력한 위험인 투쟁은 언제나 존재하며, 자본주의적 발전을 정의하는 데 위협적인 부담이 된다. 자본주의 발전의 정치적 보장은 이 도전에 응답해야만 한다. 국가는(제국 국면의 국가도 포함하여) 대항권력을 통제하고 억압하기 위해 조직된다. 그러므로 전지구적인 '집단적 자본'이, 지구의 모든 장소에서 당당하고 정당하게 역사의 표면에 부상한 저 강력하고 견고한 대항권력을 오늘날 '씨애틀의 민중'이라고 부르기로 결정한 이유가 이해된다. (마치 그것이 권리의 요구이지 활력의 표현은 아니라는 듯이 무장해제하기 위해서인 것이다.) 혁명과 계급투쟁의 세기인 지난 세기에 다른 장소들에 세워졌듯이 지금 씨애틀에 세워진 가퐁 신부의 상들이, 이러한 상징들이 대항권력이 발하는 존재론적 변형의 힘을 봉쇄할 수 있는 것은 분명 아니다 …… . 자본주의 체제가 이제 '부패'의 형상으로 인식되면 될수록 — 즉 전지구적 시장 및 제국적 명령의 구축에서 모든 척도 기준의 몰락 및 가치의 모든 실질적 징표의 몰락에 뒤따르는 편재적이고 정신착란적인 위기의 형상으로 인식되면 될수록 — 대항권력은 힘의 관계의 구조에 더 큰 영향을 미칠 수 있게 된다. 여기서 포스트포드주의, 제국, 자유주의, 지구화 그리고 …… . 탈근대성이 일치되기 시작한다. 그래서 이러한 구도에서는 대항권력이 실재의 표상을 고양시키는 유일한 힘인 것이다. 존재론이 자신의 바람에 의해 움직인다. 세계의 역사가 그것의 표현이다. 아마도 혁명이 그것의 출구일 것이다.

7. 제국적 지구화 사회에서 대항권력은 무엇을 의미할 수 있는가? 국가라는 토대 위에서, 즉 제국이 자신의 전략적 통제의 변증법 안에 포함하는 저 국민국가의 차원에서 대항권력이 효과적으로 될 수 있다고 상상하기는 어렵다. 다른 한편 제국적 권력은 지구의 표면에서 일어나는 상대적으로 더 의미심장한 저항의 현상들을 제도권 안으로 끌어들이고자, 즉 포함하고 통제하고자 한다. '씨애틀의 민중'에 대한 혹은 중요한 축에 속하는 NGO들에 대한 상대적 승인이 이러한 새로운 '시민사회'의 상대적 제도화의 동학을 가동시키는 것이다 ……. 참으로 대단한 신비화이다! 따라서 오늘날 진정한 대항권력은 순전히 국가적 평면에서 움직이는 것을 피해야만 하며, 또 새로운 제국적 입헌주의의 틀로 흡수되는 것을 피해야만 한다.

그러면 어떻게 움직여야 하는가?

이 물음에 답하기 위해서는, 어떤 확실한 것을 제공하지는 않을지라도 오늘날 대항권력을 구축하기 위해 가야할 경로들을 가리켜주기는 하는, 몇몇 경험들에 대해 성찰하는 것이 좋을 듯하다. 첫 번째 경험은 (언제나 유효한 것이지만) 사회적·생산적 상황에 뿌리내림으로써 아래로부터 저항을 구축하는 것이다. 즉 지배 권력이 축적되고 집중되며 그 헤게모니를 선언하는 장소들에서, 저항적 **전투**를 통해 그것을 지속적으로 파괴하는 것이 중요하다. 지배 권력에 대한 아래로부터 저항은 명령과 부(富)의 사유화에 맞서 저항하면서 '공통적' 지식과 '공통적' 행위의 네트워크를 확장시키는 것을 의미한다. 그것은 착취와 배제의 견고한 노선을 파괴하는 것을 의미한다. 그것은 자유로운 삶과 죽음에 맞선 투쟁이라는 대안이 승리할 수 있는 공통의 언어를 구축하는 것을 의미한다. 최근의 십년간 이러한 목표들을 나타냈던 투쟁들과 이러한 목표들에 철저하게 헌신했던 다중의 운동들이 있었다. 1995년 겨울의 파리 투쟁은 이러한 관점에서 전형적 사례였다. 하지만 전략적으로 되기 위해서는 이러한 투쟁들이 세계적인 연결을, 전지구적 유통의 차원을 발견할 필요가 있다. 그것들은 물질적 활력에 의해서, 이 경우에는 문화 및 노동의 이주 ― 이는 물질적인 동시에 비물질적이다 ― 라는 선을 통해 움직이는 노동력에 의해서, 강력하고 발본적인 세계시민주의적 엑서더스에 의해서 뒷받침될 필요가 있다. 제국적 권력에는 제국 수준의 대항권력이 맞서야 하는 것이다.

체 게바라가 우리가 지금 말하고 있는 것을 직관했다는 것을 상기하는 것은 기묘하지만 흥미로우며 또 대단히 시사적이다. 즉 프롤레타리아 국제주의가 거대한 정치적·물리적 **혼종화**로 변형되어야만 한다는 것, 이를 통해 이전에는 국가들이었지만 오늘날에는 다중들인 주체가 단일한 해방 투쟁으로 통합된다는 것이 그것이다.

보론 2

『무엇을 할 것인가?』로 오늘날 무엇을 할 것인가 혹은 일반지성의 신체[1]

제국주의 사슬의 약한 지점이 노동계급이 가장 강한 곳이다.
— 마리오 뜨론띠, 『영국에서의 레닌』, 1964.

레닌주의의 삶정치적 측면

"레닌에 대해 말하는 것은 권력 장악에 관해 말하는 것이다. 그의 사유나 행동을 (그것을 칭송하건 비난하건) 다른 지평 위에 배치하는 것은 쓸데없는 짓이다. 권력 장악의 지평만이 레닌주의의 유일한 주제인 것이다." 이와 같이 서양의 정치학은 레닌의 '음침한 위대함'을 역설

---

1. *Contretemps*, n.2, Paris, settembre 2001에 게재된 글이다.

적으로 칭송하면서 레닌에게 경의를 표한다 ······. 무쏠리니와 히틀러는 아마도 레닌이 되길 꿈꾸지 않았을까? 여하튼 20세기의 내전이 종식되면서 레닌에 대해, 1917년 10월의 승리자에 대해, 시기적절한 결정능력과 확고부동한 굳건함을 가진 인물에 대해 이와 같이 부르주아 정치학의 승인이 이루어졌다.

불쾌한 승인이다.

혁명적 맑스주의에서 '권력 획득'은 사실상 무엇을 의미하는가? 19세기와 20세기의 노동운동 및 코뮤니즘 운동에서 '국가의 사멸'과 연관되지 않은 '권력 획득'이란 존재하지 않는다. 레닌도 예외가 아니다. 그의 비범한 모험은 이러한 기획에 연결되어 있는 것이다. 이러한 사실만으로도 레닌이 행한 것과 부르주아 정치학이 그에게 던진 모호한 찬미 사이의 거리는 족히 1000마일에 달한다. 물론 레닌의 작업은 절반만 성공했다. 권력은 장악했지만 국가를 사멸시키지는 못한 것이다. 분명 사멸했어야 할 국가는 매우 강력하고 잔혹해져서, 코뮤니즘을 위해 싸우는 모든 세대의 전사들이 가진, 권력의 획득과 국가의 사멸의 결합에 대한 희망을 무너뜨릴 정도가 되었다. 그러나 문제가 남아있다 ······. 기존의 국가적 질서를 전복하는 동시에 자유와 평등의 세계를 발명하는 길, 그리고 권위의 원리이자 또 사회적 착취의 장치인 서양 세계의 형이상학적 아르케를 파괴하고 정치적 위계를 파괴하며 생산의 명령을 파괴하는 길 ― 레닌에 대해 다시 말하기 시작하는 것은 바로 이 길을 다시 가는 것이 가능한지를 새로이 자문하는 것을 의미한다.

이와 같이 문제를 제기할 경우 즉시 또 다른 점이 추가되어야 하는데, 자본주의 권력은 착취를 위한 국가 명령인 동시에 (그것과 분리 불가능한) 착취를 위한 사회 구조이며 혁명은 (그것이 코뮤니즘적일 경우) 양자를 공격하고 파괴하는 것이라는 인식에서 이 다른 점이 뒤따라 나온다. 레닌에게는 (혁명적 맑스주의가 일반적으로 그러하듯이) 코뮤니즘 투쟁이 삶정치적이라는 점이 바로 그것이다. 코뮤니즘 투쟁이 삶정치적인 것은 그것이 삶의 모든 측면에 삼투되기 때문이며, 특히 코뮤니즘의 혁명적인 정치적 의지가 비오스^{bios}와 연결되어 그것을 비판하고 구축하며 변형시키기 때문이다. 레닌은 정치학을 모든 관념론적 단순화의 외부로, 모든 '국가 이성'의 이념 외부로 끌어내며, 정치적인 것을 관료주의나 의사결정주의[2]의 관점에서 정의하는 모든 환상의 외부로 끌어낸다. 훨씬 더 근본적으로 그는, 정치적인 것을 사회적인 것으로부터 그리고 인간적인 것으로부터 분리시키는 것의 외부로 정치학을 끌어낸다. 정치적 사유의 영역에서 레닌은 국가에 대한 분석을 통치 형태에 관한 이론으로부터 (저 늘 반복되고 늘 신비화되는 케케묵은 이론으로부터) 해방시키는 데서 시작한다. 그 다음 정치적인 것에 대한 분석을 경제적 형식의 반영이라는 순진한 가설의 외부에서 행할 것을 제안하는데, 스스로를 (혁명의 가설을 둘러싸고서 시선을 혼란스럽게 할 수도 있는) 천년왕국적 충동 및 세속적 유토피아로부터 해방시키면서 이렇게 하는 것이다. 그는 이론들을 서로 혼합하고 교배시키고 전복하고 변혁한다. 언제나 승리해야 하는 것은 프롤레타리아의 정치적 의지인데, 여기서 신체와 이성, 삶과 열정, 반란과 기획이 삶정치적 주체로 구성될 수 있다. '노동계급', 그것의 '전위', 그 신체 안에 있는 프롤레타리아의 영혼이 바로 그 주체이다.

---

2. [옮긴이] 의사결정주의(decisionism) : 결정의 내용보다는 그 결정이 적절한 (공적) 권위에 의해서, 혹은 적절한 절차나 방법에 의해서 이루어졌다는 사실에서 그 타당성을 찾는 학설이다. 법이론에서는 칼 슈미트가 대표적인 주창자이다.

로자 룩셈부르크는, 비록 여러 측면에서 레닌으로부터 매우 멀리 떨어져 있을지라도, 그 코뮤니즘적 기획의 삶정치성이라는 측면에서는 레닌에게 가장 가깝다. 룩셈부르크의 곡선과 레닌의 직선이 대중들의 삶 및 그들의 욕구들의 구체적 표현을 물리적·신체적 잠재력으로 보는 데서 여러 가지 경로로 교차해 만나는데, 오직 이 물리적·신체적 잠재력만이 혁명적 지성의 추상능력과 격렬함에 토대와 내용을 제공할 수 있는 것이다. 코뮤니즘의 정치적 존재론의 이러한 진전은 신비스럽긴 하지만 가장 실재적인 것이다. 그것은 그것이 표현하고 원하는 자유의 신체적 충만함에서, 삶정치적 면모와 함께, 코뮤니즘적 사유의 비범한 근대성을 보여주는 것이다. 레닌은 여기 이 모든 것 안에, 스스로를 해방하는 이러한 신체들의 유물론 안에, 혁명을 통해서 (그리고 오직 혁명을 통해서만) 혁신될 수 있는 삶의 물질성 안에 존재한다. 레닌에게서 핵심은 신체의 혁명적 발명이지, 정치적인 것의 자율성에 대한 변호가 아니다.

레닌을 넘어선 레닌

그러나 (어제도 아니고 심지어 한 세기 전도 아닌 오늘날) 착취란 무엇이고 착취에 대한 투쟁이란 또 무엇인가? 오늘날 20세기의 모험과 내전으로 혁명적으로 변화된 저 신체란 무엇인가? 코뮤니즘 투쟁의 새로운 신체란 무엇인가?

이미 1960년대 초반에 (그리고 그때 이후로 점점 더 큰 강도를 갖고서) 이러한 물음들이 전면에 부상했다. 해결의 가능성이 크진 않아도 다음과 같은 확신에서, 즉 레닌이 충실한 주해와 함께 연구되어야 하는 것만이 아니라 ― 우리가 말하는 식으로 ― '레닌을 넘어서' 다시 제안되어야만 한다는 확신에서 그러한 물음들이 제기된 것이었다.

따라서 첫 번째 문제는 생산 세계의 변형의 내부에, 그 세계를 특징짓는 권력 관계의 내부에, 그리고 주체들의 변이의 내부에 레닌주의의 의미를 보존하는 것이었다. 첫 번째 문제로부터 나오는 두 번째 문제는 레닌주의를(즉 반자본주의 혁명 및 국가의 파괴를 위한 조직화라는 문제를) 생산 세계의 현재의 짜임새 및 주체들의 새로운 요구에 걸맞은 것으로 만드는 것이었다. 그래서 이것은 (핵심적 주제를 미리 언급하자면) 일반지성에 대한 자본의 헤게모니가 존재하는 역사적 시기에, 권력의 장악 및 국가의 사멸이 어떻게 가능할 수 있는지를 묻는 것을 의미한다.

모든 것이 변했다. 레닌이 체험한 것 그리고 레닌이 이론화한 것과 비교할 경우 생산과 명령은 오늘날 노동력의 새로운 기술적·정치적 구성에 투여되고 있다.

그 결과 착취의 경험이 완전히 변형됐다. 사실 오늘날 생산적 노동의 성격은 근본적으로 비물질적이며, 동시에 생산적 협동은 전적으로 사회적이다. 노동이 삶과 동연적인 것이 되고, 협동이 다중과 동연적인 것이 되는 것이다. 이제 노동은 생산의 네트워크를 (공장에 국한하지 않고) 사회로 확장시키며, 인간의 이성적·정동적 욕망의 총체를 작동시키면서 상품 세계를 혁신할 수 있는 것이다. 착취도 이와 동일한 확장의 맥락에서 결정된다. 기술적 구성에 관한 논의는 이 정도로 하자. 이제 새로운 노동력의 정치적 구성에 대한 물음이 다시 제기되는데, 이는 도구가 신체에 통합된 것이 특징인 (비물질노동에서 도구는 뇌이

다) 이 새로운 노동력은 더 높은 이동성 — 이는 자본주의적 권력의 훈육형태들로부터의 엑서더스이기도 하다 — 과 유연성 — 이는 또한 정치적 자율, 자기가치화의 탐구, 대의代議의 거부이다 — 을 띠고 시장에 나타나기 때문이다. 레닌주의를 노동력의 이러한 새로운 조건 안에 어떻게 자리매김할 것인가? 비물질노동의 엑서더스 및 자기가치화를 어떻게 새로운 계급투쟁으로 전환시킬 것이며, 또 사회적 부의 전유에 대한 그리고 주체성의 해방에 대한 조직된 욕망으로 어떻게 변형할 것인가? 달라진 현실을 코뮤니즘의 전략적 기획에 어떻게 연결시킬 것인가? 어떻게 옛것을 새로운 것으로의 발본적인 열림으로, 그러나 동시에 (마키아벨리가 모든 참된 혁명에 요구했던) '원리로의 회귀'인 것으로 — 레닌주의로의 회귀로 — 다시 부활시킬 것인가?

맑스는 산업 노동의 '매뉴팩처' 현상학에 묶여 있었는데, 이것이 그로 하여금 당을 그리고 프롤레타리아의 사회적 독재를 근본적으로 자기관리에 입각하여 이해하도록 했다.

레닌은 처음부터 당에 대한 전위주의적 관점에 묶여 있었는데, 이 전위주의적 관점은 — 러시아혁명 이전에 — 러시아에서 매뉴팩처로부터 '대공업'으로의 이행을 예견하였으며, 그 다음 이 대공업의 관리를 전략적 과제로서 설정했다. 맑스에게서도 레닌에게서도 프롤레타리아의 기술적 구성과 정치적 전략의 관계는 '커먼'Common 혹은 '공산당'으로 불렸는데, 실재에 대한 인식을 작동시키고 (전복적인) 정치적 전략과 대중의 (삶정치적) 조직화 사이의 온전한 순환을 제안하는 것이 바로 '커먼'이나 '당'이 하는 일이었다. 당은 주체성 생산의 동력, 더 정확하게는 전복적 주체성 생산의 도구였다.

우리의 물음은 다음과 같다. 오늘날 비물질적 프롤레타리아 편에서 권력을 획득하기 위한 주체성의 생산이란 무엇인가? 달리 말한다면, 이 논의는 다음과 같이 정식화될 수 있을 것이다. 생산의 맥락이 비물질노동의 사회적 협동으로 구성된다면, 그리고 이 모든 것이 우리가 일반지성이라고 부르는 것이라면, (코뮤니즘적 조직화를 지렛대로, 새로운 혁명적 신체성의 발생점으로, 주체성 생산의 강력한 토대로 만들면서) 일반지성의 전복적 신체를 구축하는 것은 어떻게 가능할 것인가? 이렇게 해서 우리는 '레닌을 넘어선 레닌'이라는 문제로 진입하게 되는 것이다.

일반지성의 전복적 신체

여기서 우리는 이 주제를 마치 여담처럼 소개할 수밖에 없다. 그러나 소크라테스의 대화에서 때때로 일어나는 것처럼 여담이 개념을 명료하게 만들 수 있다. 맑스의 『정치경제학 비판 요강』에는 '기계에 관한 단상'으로 알려진 유명한 대목이 있다. 거기서 맑스는 일반지성을 향하는 자본의 '자연사'(즉 단선적이고 지속적이며 필연적인 역사)를 구축하는 것처럼 보인다 ……. 일반지성은 자본주의 발전의 산물이다. 이는 우리에게나 레닌에게나 모호한 결론이다. (분명 레닌은 『정치경제학 비판 요강』을 알 수 없었지만, 자본주의 발전의 자연적 연속성이라는 생각을 불가능하게 만드는, 맑스 사유의 특징적 장점인 저 단절의 논리를 가지고 있었다.) 사실 정치경제학 비판에 종종 슬쩍 끼어드는 객관주의적 환상 너머에서, 맑스에게도 사태는 그와 같았다. 일반지성을 낳은 이러한 발전은 맑스에게 사실 어떤 자연적인 과정이 결코 아니었던 것이다. 이 과정은 한편으로는 삶으로 충만하지만(생산 및 재생산을 행하는 그 모든 삶의 힘, 자본주의 사회의 삶정치적 맥락), 다른 한편으로는 강력하게 모순적이다. 사실 일반지성은 임금노동에 맞서는 투쟁의 산출일 뿐만 아니라, 노동거부로 나타내어지는 저 인류학적 경향의 표상이기도 하다. 결국 그것은 이윤율의 경향적 저하의 — 혁명적 — 귀결이다.

정말이지 우리는 여기서 전적으로 삶정치적인 상황에 있다. 이것이 일반지성을 말한 맑스가 레닌 및 우리와 공유하는 점이다. 여자든 남자든 우리 모두가 생산 세계에서 활동하는 존재라는 사실, 발전의 살이라는 사실이 바로 삶을 구성한다. 바로 자본주의 발전의 이러한 실재, 이러한 새로운 살에서 지식의 활력은 분리불가능한 방식으로 생산의 활력과 혼합되고 과학적 활동은 (매우 특이하고 아름다운 방식으로) 열정과 뒤섞인다. 이러한 비오스를 (더 정확하게는 1968년 이후의 산업혁명을 특징짓는 이러한 삶정치적 실재를) 몇몇 저자들과 거목 사상가들은 (이들은 밤이 더 깊어졌을 때 스스로를 코뮤니스트라고 선언했다) '기관없는 신체'라고 부른다.[3] 나는 이 모든 것을 계속해서 살이라고 부른다. 아마도 그것은 스스로를 신체로 만들며 또 그 신체를 완성하는 많은 기관들을 스스로 구성하는 힘을 가지고 있을 것이다. '아마도'라고 한 것은, 사건을 실현하는 데에는 조물주가 필요할 것이기 때문이다. 즉 살을 신체로 만드는 데에는 외부의 전위가 필요할 것이기 때문이다. 일반지성의 신체. 혹은 아마도 다른 저자들이 지적했듯이 일반지성의

---

3. [옮긴이] '기관없는 신체'(Corps sans Organes)는 들뢰즈・가따리가 『반(反)오이디푸스』와 『천 개의 고원』에서 제시했던 개념인데, 이 어구는 아르또(Antonin Artaud)에게서 가져왔다.

신체되기가 일반지성 자신이 표출하는 말에 의해서 (일반지성이 그 자신의 신체의 조물주가 되는 방식으로) 결정될 수 있는 것일까?

나는 가능한 길에 대한 선택이 우리에 의해 결정될 수 있다고 보지 않으며, 투쟁의 운동만이 그것을 결정할 수 있다고 생각한다. 그럼에도 불구하고 확실한 것은 일반지성의 성숙이라는 구도 안에서 우리가 앞질러 실험을 해내야 한다는 점이다. 오직 이런 방식으로만, 자본의 자연사에 맑스가 발명한 저 해소될 수 없는 모순들을 대립시키면서, 일반지성의 계보학이 전복적 힘으로서 구성될 것이기 때문이다. 사실 일반지성의 신체를 정의하는 것은 거기에 깃들여 있는 주체의 활력을, 그것의 모호성을 뒤흔드는 위기의 격렬함을, 그리고 그것을 가로지르는 목적론들의 충돌을 긍정하는 것과 동일하다. 그리고 이러한 혼돈 속에서 우리가 어느 편에 설지를 결정하는 것과 동일하다. 만약 우리가 일반지성에서는 주체가 유목적이고 자율적이기에 강력하다고 결정한다면, 따라서 여기서는 협동이 시장보다 우세하다고 결정한다면, 공통적인 것의 목적론이 개인적인 것과 사적인 것의 목적론을 압도한다고 결정한다면 ― 그렇다면 여기서 우리는 일반지성의 신체 편을 택한 것이다. 그것은 비물질적이고 협동적인 노동에서 형성되었으며 전복적인 연합으로서 살아가기로 결정한 사람들의 전투성에서 생겨난 구성이다.

그래서 우리는 여기 '레닌을 넘어서' 있는 새로운 모순 안에 응결된 '레닌주의의 삶정치'를 발견한다. 우리는 레닌과 함께 일반지성의 신체를 새로운 삶의 조직화의 주체로 만들기로 결정하는 것이다.

공간과 시간성

그러나 '레닌을 넘어서'란 새로운 실재에 대한 인식, 따라서 조직화의 긴급성의 새로운 발견일 뿐만이 아니다. 그것은 또한 해방 기획의 공간적·시간적 결정이어야만 한다. 신체는 언제나 어떤 위치를 가지며, 언제나 어떤 시간에 존재한다. 주체성의 생산은 — 그것이 효과적이기 위해서는 — 시간적·공간적 결정을 필요로 한다. 하나의 장소로 그리고 하나의 시간으로 존재했던 러시아에서 레닌에게는 절대적 결정이 존재했다. 지금 여기이거나, 아니면 결코 존재할 수 없는 것이었다! 비물질적이고 흘러넘치며 자율적인 프롤레타리아에게 가능한 전복적 조직화와 혁명의 공간과 시간은 무엇일까?

새로운 레닌주의 기획의 공간적 차원을 인식하는 데에는 많은 어려움이 뒤따른다. 우리는, 제한된 공간에서 (설사 거대한 크기의 국민국가에서일지라도) 움직이는 혁명적 주도권은 제국에서는 그 어떤 것이든 성과를 낳을 수 없다는 것을 알고 있다. 오늘날 인식될 수 있는 유일한 동궁冬宮이 백안관이라는 것은 명백하다! 그곳을 공격하기가 어렵다는 것은 말할 필요도 없다 ……. 나아가 제국적 권력이 더 강화될수록, 정치적 대의代議는 세계적 수준에서 더 복잡해지고 더 통합적이 된다. 설사 미국이 가장 꼭대기에 있다고 하더라도 제국은 미국이 아니다. 그것은 집단적 자본의 제국인 것이다. 다른 한편, 인터내셔널이 아닌 당을 위한 공간은 존재할 수 없는데, 이는 중요하지 않다고 할 수는 없지만 뻔한 것이다. 사실 레닌주의의 혁신에 결정적인 것은 전복의 힘을 증식시키기 위해 지렛대가 쓰여야 되는 그러한 지점에 관한 이론적 재긍정이 아니다. '레닌을 넘어선 레닌'에서 흥미로운 것은 제국의 사슬에서 실재에 강력하게 작용하는 지점을 실천적으로 식별해내는 것이다. 이제 이것은 '약한 지점'이 아니며, 더 이상 약한 지점이지 않을 것이다. 그것은 오히려 저항, 반란, 일반지성의 헤게모니, 요컨대 새로운 프롤레타리아의 구성권력이 가장 강한 지점일 것이다. 그래서 주체성 생산의 혁명적 장치의 바탕에는 형식적으로 인터내셔널이 존재하지만, 구체적·정치적·물질적으로는 공간이 아닌 장소가, 지평이 아닌 지점이 사건이 가능한 곳으로서 존재하는 것이다.

따라서 당을 위한 공간이라는 주제가 특수한 카이로스에, 사건의 불시적 활력에 종속된다. 그것은 일반지성이 스스로를 신체로 인식하기 위해 발사한 화살이다.

포스트포드주의적 세계화의 시대에 새로운 레닌주의적 당의 시간성에 대해 할 말은 지금까지 말한 것과 좀 비슷하다. 공간에 대해서 그러한 것과 마찬가지로 시간성에 대해서도 결정이 와해되었다. 경제사와 정치사는 시간적 연쇄의 율동에 따라서 정의되기가 점점 더 힘들어지는데, 1870년부터 1970년까지 한 세기를 특징지은, 착취의 시기들 혹은 노동자 투쟁의 창조적 시기들의 주기적 규칙성은 그만큼 더 인식할 수 없게 된다······. 그렇다면 오늘날 레닌주의적 당이 통제하고 사용하고 변형하도록 위임받은 시간성은 어떤 것일까? 여기서도 구별불가능성이 매우 강하다. 우리가 공간성과 장소를 논할 때 그러하듯이, 국민국가가 제국의 봉토로 된 것을 볼 때 그러하듯이, 발전된 북北과 저발전된 남南이 이제 서로 중첩되면서 동일한 운명 안에 한데 엮여 있음을 볼 때 그러하듯이, 시간성 또한 구별불가능하다. 오직 특수한 카이로스만이 일반지성의 신체가 출현하는 것을 가능케 하는 것이다.

그런데 이것은 무엇을 의미하는가? 이러한 고찰들에 대한 이론적 결론은 존재하지 않는다. 전투와 실험이 이러한 점에 대해서만큼 요구된 적은 결코 없을 것이다. 이제 객관적으로 결정된 약한 지점과 위기의 시간에 개입하는 레닌주의적 장치가 전적으로 비효율적이라는 것은 명백하다. 비물질적 노동력의 당이 자본주의적 착취력의 에너지보다 더 고도의 에너지를 나타내는 곳에서만, 따라서 오직 그런 때에만, 해방의 기획이 가능하리라는 것은 명백하다. 반反자본주의적 결정decision은 주체성이 더 강한 곳에서만, 주체성이 제국에 대한 '내전'을 구축할 수 있는 곳에서만 효력을 발하게 될 것이다.

주권 없는 독재, 혹은 '절대적 민주주의'

이 지점에서 우리는 우리의 추론이 처음에 우리의 소크라테스적 호소가 주장한 것만큼 그와 같이 확정적이지는 않다는 사실을 인정해야만 한다. 레닌주의적 당의 형상(이는 권력을 주시하고 불시적·절대적 결정 안에서 자유를 구성한다)을 재긍정하기 위하여 우리가 몇몇 중요한 전제들 ─ 일반지성의 발현과 그것에 신체를 부여할 가능성, 비물질노동의 경향적 중심성, 엑서더스와 유목주의, 이러한 맥락에서 움직이는 자율 및 자기가치화, 마지막으로 지구화가 저항 및 전복과 맺는 관계를 나타내는 모순들 ─ 을 확증한 것은 사실이다. 하지만 그 모든 것에도 불구하고 우리가 어떤 결론에 도달한 것은 아님을 우리는 인식해야만 한다. 만약 우리가 이 구도에 내용을, 결정을, 특이한 활력을 채워 넣지 않는다면, 카이로스에 대한 신뢰가 본질을 놓칠 위험이 있다. 카이로스에의 이러한 호소는 아마도 주체성의 생산에 형태를 부여할 수 있을 테지만, 전복적 말과 전복적 내용들이 제안되지 않을 경우 이것은 심각하게 동어반복에 노출될 것이다 ……. 우리는 일반지성의 카이로스에 내용을 제공해야만 하며, 혁명적인 일반지성의 신체에 양식養食을 제공해야만 한다. 그렇다면 오늘날 혁명적 결정decision은 무엇인가? 그것은 어떤 내용으로 특징지어지는가?

이 물음에 답하기 위하여 우리는 짧은 **우회로**를 거쳐야만 한다. 우리는 레닌주의적 관점의 한계를 상기해야만 한다. (이는 그 자체로는 러시아 사회민주주의의 매뉴팩처 문화를 넘어가는 엄청난 전진을 이룬 것이었다.) 스스로를 구성권력으로 만든 레닌주의의 혁명적 결정은 사실 그 안에 산업 모델을 감추고 있었다. 이는 서양의 산업 모델이었으며, 특히 미국의 것이었다. 근대의 산업 발전은 볼셰비키 혁명론의 '벽장 속의 해골'이었다. 혁명적 관리 모델, 즉 새로운 사회를 구성하는 러시아인들의 작업은 그리하여 이러한 전제에 의해 결정된 것이었다. 그리고 장기적으로는 이것에 의해 왜곡되었다. 오늘날 상황은 근본적으로 변화하였다. 산업과 사회에 대한 관리 기획의 부재를, 그것이 직접적인 관리이든 국가를 통한 것이든, 한탄하는 노동계급은 더 이상 존재하지 않는다. 그리고 설사 이러한 기획이 다시 현실화된다 하더라도, 그것은 프롤레타리아에 대해 그리고/혹은 대중의 지성에 대해 헤게모니를 쥘 수 없을 것이다. 그것은 또한 명령의 다른 수준들(금융, 관료, 소통 등)로 이전된 자본주의 권력을 침식할 수 없을 것이다. 그렇다면 오늘날의 혁명적 결정은 다른 구성 도식에 근거해야만 하는 것이다. 그것은 더 이상 산업적 축을 그리고/혹은 경제 발전을 전제로 삼을 수 없다. 오히려 그것은 대중적 지성을 형성하는 다중을 통해서 해방도시 — 여기서는 산업이 삶의 긴급함에 맞추어지고, 사회가 과학에 맞추어지며, 노동이 다중에 맞추어진다 — 의 프로그램을 제안하는 것이다. 여기서 구성적 결정은 다중의 민주주의가 되는 것이다.

이렇게 우리는 이 논의의 결론에 도달했다. 구성권력을 행사하여 운동을 변형하는 데서 당에게 요구되는 발본성은 거대한 것이다. 구성권력은 언제나 법을 앞질러 구현하며, 그리하여 그것은 언제나 독재이다. (하지만 여러 가지 독재가 존재한다. 파시스트적 독재는 코뮤니즘적 독재와 동등한 것이 아니다. 설사 우리가 전자보다 후자를 선호하지 않더라도 말이다.) 정치적 결정은 언제나 주체성의 생산이라는 것 그리고 주체성은 구체적 신체들, 신체들의 대중 그리고/혹은 다중을 생산한다는 것, 그리하여 각각의 주체성이 서로 상이하다는 것은 사실이다.

오늘날 흥미로운 것은 일반지성의 신체의 주체성이다. 둘러싸고 있는 세계를 변형시키기 위해서 그것은 힘을, 구성적 활력에 의해 배치되는 힘을 사용해야만 한다. 물론 구성적 활력의 이러한 발휘는 긍정적 결과를 낳을 수도 있고 부정적 결과를 낳을 수도 있다. 다중들이 창조하는 것에 대한 기준을 사전에 결정하는 척도는 결코 존재하지 않는다. 그럼에도 불구하고 사태를 분명히 하기 위하여 그리고 우리가 무차별적 독재를 위해 노력한다고 비난받지 않기 위하여 — 이러한 독재는 위선적인 말로 가려져 있으며 오늘날에는 이전의 어느 때보다도 위험한 것인데, 이는 그것이 소비라는 측면에서 동질적인 사회적인 것의 통속성 안에 감추어져 있기 때문이다 — 우리는 즉시, 우리가 원하고 신뢰하는 저 독재는 재발견된 레닌의 보물을 구성하며, 또 '절대적 민주주의'라고 불릴 수 있다는 점을 말하고자 한다. 스피노자는 다중이 그 자신에게 행사하는 통치 형식을 이와 같이 불렀다. 스피노자는 대단한 용기를 갖고서 저 '절대적'이라는 형용사를 고대 이론이 전해준 등가적 통치 형태 — 군주정 대

對 전제정, 귀족정 대 과두정, 민주정 대 아나키 ― 중 하나에 덧붙였다. 스피노자의 '절대적 민주주의'는 통치 형태에 관한 이론과는 아무런 관련이 없다. 이 이론에 따르면, 그것은 부정적 형용어들에 의해 가려진 것일 수 있으며, 실제로 가려져 온 것이다. '절대적 민주주의'는 이와 달리 자유의 새로운 형태의 발명에, 더 정확하게 말하자면 도래할 민중의 산출에 특별하게 적합한 용어인 것이다.

하지만 아마도 이러한 '절대적 민주주의'를 제안하도록 우리를 뒷받침하는 근본적 동기는, 근대적 주권 개념에 의한 모든 오염이 (탈근대적 사태, 공간, 시간성의 힘으로) 이 이름에서 배제된다는 것을 확인하는 것이리라. 우리는 레닌을 그가 체험한 근대적 우주의 외부로 (주권적 산업 모델의 외부로) 옮겨야만 한다. (그에게서 삶정치적 가치를 포착한다면 우리는 이를 할 수 있다.) 우리는 그의 혁명적 결정을 탈근대 다중의 코뮤니즘적이고 자율적인 새로운 주체성의 생산으로 옮겨놓아야 하는 것이다.

5

강의 5

논리학, 탐구의 이론

: 주체 및 에피스테메로서의 전투적 실천

보론

맑스의 발자취

강의 5

논리학, 탐구의 이론 :
주체 및 에피스테메로서의 전투적 실천

제국 개념의 역사적 인과성과 존재론적 계보학에 대한 논의를 통해서, 우리는 거대한 사회적 운동을, 그리고 통치 기술 및 주권의 구조적 장치의 변형을 (헤겔과 맑스가 말하듯이) '개념으로 포섭'하고자 했습니다. 따라서 우리는 정치학적 작업을 했던 것입니다. 하지만 이것만이 중요한 것은 아닙니다. 이러한 유형의 분석을 통해서 우리는 기능상의 이행들을 포착하고자 했을 뿐만 아니라, 또 사건들의 이러한 전개에 포함된 파열들과 모순들 역시 포착하고자 했습니다. 어떻든 지금까지 거쳐 온 논의의 경로가 일련의 방법론적인 물음들을 개시했다는 사실을 말해야겠습니다. 그렇다면 앞으로 할 일은 지금까지 대면한 주제들을 심화시키는 것입니다.

우리의 논의에서 출현한 것으로서 심화시켜야 되는 첫 번째 논점은 존재론적 요소(운동)와 제도적 요소(정치)의 결합에 의해 정해지는 이행입니다. 사회적 운동과 제도적 변화 사이의 관계는 사실 운동의 본성 자체의 변형과 함께 주어집니다. 이런 의미에서 물질노동의 헤게모니로부터 비물질노동의 헤게모니로의 이행이, 다시 말하면 노동 방식과 함께 존재 방식 및 표현 방식을 변형시킨 저 과정에 대한 분석이 근본적인 중요성을 가집니다. 노동의 이러한 존재론적 차원에서 역사적 진화의 이치가 찾아져야 합니다. 만약 투쟁이 노동의 이러한 심오한 변형을 타고 가지 못하고 연결되지 못하며 이러한 심오한 변형과 함께 산출되는 것이 아니라면, 그러한 투쟁은 효율적이지 못할 것입니다. 투쟁은 단순히 임금 분배의 문제로 혹은 임금과 이윤 사이의 관계의 수량화·분배·적대로 전개되는 것이 아니라, 언제나 (그리고 무엇보다도) **노동해방에 대한** 지향을 중심으로 전개되는 것입니다. 이제 노동해방은 비물질노동의 헤게모니로 이르는 과정을 통해서 진행됩니다. 1960년대와 1970년대의 '노동거부'라는 슬로건은 적극적인 슬로건이었는데, 이 슬로건은 테일러주의적·포드주의적 노동 패러다임에 대한 거부와 노동 변형에의 의지를 동반한 것이었습니다. 이러한 의지는 한층 더 진전된 노동 생산성 형태의 발견을 가능하게 했고, 동시에 (대중노동자의 노동이 수반하는) 피로, 빈곤, 신체의 파괴로부터의 해방의 조건들 및 그것의 실제적 가능성을 점점 더 진전시켰습니다. 이러한 분석을 진전시키면서, 우리는 삶 전체에 삼투되는 노동의 새로운 차원과 접촉할 수 있습니다. 이러한 이행을 방법론적 관점에서 고찰한다면, 이러한 과정의 내부로 들어가서 노동을 단순히 생산활동(경제활동)의 관점에서 이해하는 것이 아니라 정동, 소통, 삶의 동기와 요컨대 존재론적 동기와 통합시켜 이해할 수 있는 열쇠를 여기서 발견할 수 있습니다. 모든 차원들이 삶과 생산적 활동을 상호교직된 단일한 전체로, 유일하게 유효한 실재로 만드는 것입니다. (다음의 사실을 주의해야 합니다. 이러한 해석의 열쇠 — **노동으로부터 삶정치적인 것으로** — 를 쥐는 것이 극히 중요한 것은 이것이 사회적 재생산의 문제와 페미니즘에 의해 제기된 것들 같은 일련의 중심적 문제들과 대면하는 것을 가능하게 하고 그것들을 안으로 가져와서 공통의 논의틀 안에서 다루는 걸 가능하게 하기 때문입니다.)

심화시켜야 하는 또 다른 논점, 특히 방법론적 관점에서의 또 다른 논점은 **다중의 정의**定義입니다. 우리는 다중을 노동 경험 및 노동 변형과 연관된 계급 개념으로 정의했을 뿐만 아니라, 또 정치적 개념으로, 즉 새로운 시민적 특이성들 사이의 관계의 구성으로 이해된 민주주의적 제안으로 정의했을 뿐만 아니라, 또한 공통적인 것을 표현할 수 있는, 활력을 증가시키고 삶·생산·자유에 새로운 특질을 부여하는 활력의 장치가 모든 영역으로 확장된 것으로도 정의했습니다. 이와 함께 우리는 우리가 여러 번 주장했던 것, 즉 모든 추이를 포착하기는 힘든, 길고도 복잡한 이행의 국면에 우리가 있다는 것을 다시 말하는 셈입니다. 하지만 우리가 다듬어낸 바의 다중 개념은 어디로 가는지를 파악하게 해주고 그리하여 모든 승화와 종합의 (따라서 헤겔적 '지양'의 방법의) 변증법으로부터 더 자유로워지도록 만드는 것입니다. 여기서 방법은 변증법과는 달리 다중을 존재론적 한계로서 제시하며 그리하여 그것 자체가 중략되고 중단된, 열려있고 불시적인 방법으로 정의되는 것입니다. 다중과 마찬가지로 방법은 사건에 종속됩니다. 그것은 사건입니다.

그래서 또 다른 논점이 매우 중요해지는데, 이 논점은 주체성의 생산이 '공통적인 것'의 구축과 노동활동의 가능한 합류와 병존하면서 그것을 발전시키는 모습을 추적하게 해줍니다. 여기서 우리의 방법은 아래로부터 시작합니다. 하지만 아래로부터의 구축은 또 거대한 장애와 대면하는 것을 의미하는 것이기도 합니다. 네 번째 강의에서는 자본주의적 통제의 최근 단계인 전쟁에 대해 논의하면서 저자와 독자 모두 역사의 현재 국면에서 만나는 이러한 문제들 앞에서 좀 갑작스럽게 현기증을 느꼈습니다. 하지만 다른 논점과 마찬가지로 이 논점에서도 위험을 피할 방법은 없습니다. 문제는 앞으로 나아가는 것이며, 앞으로 나아가기 위한 유일한 방법은 몰입의 논리, 즉 스스로를 내부에 두는 그러한 논리를 따르면서 연구하는 것입니다. 더 이상 '외부'가 존재하지 않는 곳에서 언제나 아래로부터 시작하는 것입니다. 이제 이러한 관점을 공고히 하기 위해 주요한 것은 **협동**을 정의하는 것입니다. 우리는 언어적 협동이 탈근대적 생산 모델이라고 말했습니다. 기계가 언어를 통해서 기능한다는 사실 때문에만 그런 것이 아니라, 또한 언어를 통해서 개인들 사이의 협동이 늘 독창적인 형태로 출현하기 때문에 그렇습니다. 우리가 현실 속에서 만나는 것은 개인들이 아니라 협동하는 특이성들입니다. 하지만 만약 언어적 협동이 생산적 협동이라면, 만약 모든 것이 이러한 협동 안에 존재한다면, 만약 그 안에서 다중이 구성적 힘으로 작동한다면, 그렇다면 (분명히 말해서) 이러한 흐름 안에서 다양성의, 명령의 구체화는 무엇이며, 예를 들어 경영자와 노동자의, 전자의 활동과 후자의 활동의 차이는 무엇일까요? 명시적인 방법론적 관점에서 말하자면 문제는 다음과 같습니다. 어떻게 우리는 이러한 발전을 내부로부터 평가할 수 있으며, 만약 필요하다면, 가로지를 수 있을까요? 협동의 형태는 그 자체로는 문제를 해결하는 데 충분하지 않습니다. 아마도 이러한 관점에 뒤따를 필요가 있는 것은, 가능한 혼동 및 모호한 무차별을 깨뜨릴 수 있게 해주는 단일한 차원으로 공통적인 것을 인식하는 저 (맑스적) 실일 것입니다. **공통적인 것은 구별을 행합니다.** 이것이 노동자로부터 경영주를 분리하는 것을 가능하게 해주는 것입니다. 사실 '공통적인 것'에 대한 긍정만이 생산의 흐름을 안으로부터 방향지울 수 있게 해주고 앎과 자유를 재구성하는 흐름을 자본주의적인 소외의 흐름과 구별하게 해줍니다. 그렇다면 문제는 공통적 실천의 중심성을 재긍정할 수 있는, 실천적 단절에 의해 해결될 것입니다.

이러한 방식으로만 우리는 복잡한 연구에 방향을 부여할 수 있습니다. 다시 말하면 적대의 형태들을 부각시킬 수 있는데, 이 적대의 형태들은 공통적인 것의 구축 과정에서 앎과 행동이 가지는 전투성과 양자가 합류하는 새로운 형상들을 통해 해석되어야만 합니다. 그래서 방법에 대한 논의에서 가장 중요한 요소 중 하나는 **실천적·물질적 결정, 순전한 비판적 지평을 깨뜨리는 실천**입니다. 실천적 단절이 언어와 협동을 가로질러야 하며, 공통적 실천 — 이는 이 과정의 내부에서 일어나는 앎과 행동의 구체적 통일입니다 — 의 중심성에 대한 지속적 긍정이 언어와 협동을 가로질러야 합니다.

우리는 또한 또 다른 관점에서, 즉 방법의 전형적 형태인 '**공동연구**'라는 오래된 오뻬라이스모 전통의 관점에서 논의를 해볼 수도 있습니다. 공동연구를 행한다는 것은 노동자들이 생산적 주체로 포함되어 있는 과정에 대한 자각과 의식의 수준을 확인할 수 있다는 것을 의미합니다. 만약 제가 공장에 들어가서 노동자들과 접촉하여 그들과 함께 그들의 노동 조건에 관해 조사한다면, 공동연구의 핵심은 분명 생산 과정을 서술하고 그 과정에서 각각의 기능을 식별해내는 데 있습니다. 하지만 동시에 그것은 또 모두가 겪는 착취의 수준에 대한 일반적 평가이기도 하며, 노동자들이 기계 체계 안에서 그리고 명령 구조 앞에서 그들의 착취에 대해 갖게 되는 의식에 입각한 반응 능력에 대한 일반적 평가이기도 합니다. 그래서 공동연구는 연구가 진전되는 만큼 공장에서는 투쟁의 지평을 구축하고, 공장 밖에서는 협동의 선 혹은 장치 등을 정의하는 것입니다. 분명 여기서 주목할 것은 연구에서 실천이 헤게모니와 중심성을 가진다는 점입니다. 생산 과정 및 착취에 대한 지식을 심화시켜주는 실천은, 그것이 저항과 소요를 낳을 때, 즉 투쟁을 발전시키는 경우에 고양됩니다. 이와 같이 실천적으로 **적대적 주체를 구성하는** 것이 가능한데, 사실 우리의 논의는 바로 이것에 관한 것입니다. 그래서 여기서부터, 즉 이 오뻬라이스모의 옛 경험으로부터 우리는 시작할 수 있는 것입니다. 이러한 관점에서 우리는 다음과 같이 물어야 합니다. 우리가 **오늘날 탈근대에서**, 노동의 지평 및 사회적 조직화가 총체적으로 변형된 상황에서 수행할 수 있는 공동연구란 무엇일까요? 이는 분명 쉽지 않은 물음이며 여기서 제가 그 답을 줄 수 있다고 주장할 수가 없습니다. 다만 앞으로 나아가는 것, 작업을 해나가는 것이 필요합니다.

실제로 만약 우리가 잠시 연구를 그 실천적 함축의 측면에서 고찰하면, 즉 그것이 오늘날 어떻게 추진되는지를 고찰한다면, 우리는 그것의 **삶정치적 전제와 영역**을 성공적으로 부각시키는 데 성공하는 것이 중요한 일이라고 말할 수 있습니다. 즉 **신체들이** 연구의 핵심적 요소가 되어야만 하며, 이것이 의미하는 바는 만약 우리가 어떤 성좌, 즉 계급구성을 이루어내고 표상하며 정의하기 시작하려는 경우 신체 및 신체적 삶과 연관된 것들을 다루어야 한다는 것을 의미합니다. 저는 이것이 대단히 중요한 것이며, 사회학이 실험했던 극히 분석적인 방법론과 단절하면서 우리가 발전시키기 시작한 저 삶정치적 방법에서 나오는 것이라고 봅니다 ······. 분석적 방법론을 저는 쌀라미salami의 이론으로, 사회적 신체를 분석적으로 토막내는 이론이라고 부릅니다. 이와 달리 오늘날 우리는 필시 먼저 신체성과 대면하면서 시작할 것입니다. (그리고 우리가 신체의 활력을 한층 더 신뢰하면서 그것을 행할 수 있다는 사실은 부차적인 것이 아닙니다).

고려해야 할 명백히 중요한 또 다른 요소는 대상을 구성하되, 언제나 그 총체를 취하면서 단순히 동일성이나 차이가 아니라 모든 경우에 항상 특이성을 '공통적인 것'을 향하는 충동으로서 포착하며 구성하는 것입니다. 이러한 방법론적 실마리는 진정으로 새롭고 독창적인 것입니다. 이전에 우리가 경제적 인간, 미적 인간, 심리적 인간 등을 선별하고 분석적으로 따로 떼어내어 보여주었다면, 오늘날 우리는 이 모두를 결합시킬 수 있습니다. 예전에 우리가 결정과정과 그 현상들의 특수성을 고찰할 때에 언제나 동일성과 차이 사이에서 움직였다면 이제는 이와 달리 종종 우리를 봉쇄했던 이 (차이와 동일성이라는) 이분법적 짝을 넘어설 수 있으며, 다중을 '공통적인 것'으로서 또 차이를 특이성으로서 파악하는데 성공할 수 있는 것입니다. 저는 오늘날 우리가 그러한 낡은 이분법을 단지 말로서가 아니라 구체적으로 극복할 가능성을 가지며, 특이성으로 차이의 내용을 풍부하게 하고, '공통적인 것'에서 그것들을 마치 새로운 활동 지평 위에서인 듯이 함께 움직이도록 만들 수 있다고 봅니다. 그래서 우리의 관점에서 중심이 되는 것은 '공통적인 것'입니다. 즉 신체들, 특이성의 논리적 범주들, 그것들이 '공통적인 것'과 연결될 수 있는 방식 그리고 그 다음에는 존재론적 전제로서의 '공통적인 것'입니다. 저는 또 사회학적 연구도 특이성이 그 안에서 수립되는 '공통성'의 조건을 이러한 관점에서 지속적으로 열어 밝혀야 한다고 봅니다. 이는 우리가 무언가를 구축하길 원할 경우 근본적인 요소입니다. 이는 이전의 '계급구성'에 관여되는 요소들의 배치에 조금은 상응하는 성좌이지만, 여기서는 신체들이 이루는 공통적인 것의 풍부함으로 새롭게 구축되는 것입니다. (다음의 사실을 주목합시다. 우리는 이제 전적으로 ─ 삶정치적인 것이 연구의 지평으로 포착될 때부터 ─ 신체와 접촉하며 움직입니다. 모든 특이성은 신체성으로 정의됩니다. 하지만 삶정치적 신체성이 단지 생물학적 신체성인 것은 아닙니다. 오히려 그것은 사회적 신체성입니다. 가령 우리가 **노동의 불안정화** 같은 문제를 다룰 때, 우리는 사실 한편에서는 노동의 이동성과 유연성에서 불안정 노동자의 물리적인 피곤함을 포착해야 하지만, 또 여기에 새로운 노동력의 활력에 대한 지각을 덧붙여야만 합니다. 요컨대 한편에는 불안정 노동이 겪을 수밖에 없는 끔찍한 조건들이 있고, 다른 한편에는 노동의 새로운 특질이 있습니다. 그리하여 우리는 동일성과 차이 사이에서 움직이면서 또 공통적인 것을 착취의 기반이자 동시에 저항의 활동성으로 이해하면서 불안정성을 온전히 포착하는 데 성공하는 것입니다.)

이러한 바탕 위에서 볼 때 실천적 이행은, 즉 실천적 선택은 **적대의 재발견**입니다. 하지만 이러한 이행은 정확히 어디에 존재하며, 적대의 선별은 어디에 존재할까요? 앞서 말해진 것으로부터 귀결되는 것처럼 보이는 하나의 이론적 제안은, 협동에 대한 명령과 수탈에서, 즉 다중의 활동에 대한 봉쇄에서 착취를 식별해내는 것입니다. 착취는 그리하여 바로 공통적인 것의 풍부함에, 다중의 생산성에 파고들어 표현을 봉쇄하고, 침묵시키고, 탈육화시키고, 제거하고, 탈전유시키려는 것입니다. 이제 여기서 우리는 소외가 신체의 모든 측면에 영향을 미치는 강력한 물질성을 가졌음을 인정해야 합니다. 그것은 특이성에 맞서는, '공통적인 것'에 맞서는, 그리고 명백히 공통적인 것의 표현 및 공통적인 것의 구축 과정에서 분출한 실천과 맞서 충돌하는 수탈이며 공통적인 것으로부터 그 살을 제거하는 것입니다. 제가 보기에는 새로운 생산 주체의 특이하고·공통적인 형성을 강조하는 것, 그리고 주체에 대해서 심화되는 착취, 즉 탈근대에 우리 앞에서 춤추고 움직이는 이러한 사태 안에서 진행되는 착취를 강조하는 것이 연구의 강력한 음조를 다시 울리게 하는 유일한 방법인 것 같습니다.

　우리는 이제 마지막 물음을 제기하려는데, 이 또한 지극히 열려 있는 물음입니다. 우리가 원하는 것은 과연 무엇일까요? 우리는 분명 민주주의를, **전지구적 수준의 민주주의를**, 모두를 위한 민주주의를 원합니다. '민주주의'라는 용어는 분명 다른 무엇보다 쉽게 다룰 수 있는 것이 아니지만, 그럼에도 불구하고 우리는 그것 외에 다른 것을 가지고 있지 않습니다. 여하튼 민주주의를 원한다고 우리가 말할 때마다, 우리는 우리가 덫에 걸렸다는 인상을 갖게 되는데, 사람들이 즉시 다음과 같이 묻게 되기 때문입니다. '그렇다면 정확하게 무엇을 원하는 것인가? 민주주의에 입각하여 가지고 있는 요구 목록과 같은 것을 말해보라!' 제 생각에 여기서 문제는 목록을 만드는 것이 아니라, 오히려 말해진 모든 것에 기초하여 **민주주의의**, 더 정확하게는 '공통적인 것'의 욕망의 다이어그램을 제시하는 것이며, 끊임없이 나오는 대안적 제안들을 평가하기 위한 방법적 기준을 제시하는 것입니다. 이따금 저는 다소 최근까지 전적으로 유토피아적인 것으로 여겨졌던 일련의 제안들이 오늘날에는 점점 더 실제적인 것으로 드러나기 시작한다는 인상을 갖습니다. 마치 우리가 새로운 시대에 들어섰다는 의식이 성숙한 것처럼 말입니다. 그래서 우리는 또 프랑스 혁명이 발발하기 이전에 작성된 **불만목록**cahiers de doléances과 유사한 어떤 것을 어떤 식으로든 작성해야 합니다. 분명 제3신분의 불만이 제시되어 있는 그 문서는 그럼에도 단순한 항의가 아니라 불의에 대한 고발이자 해결책의 제안이기도 했습니다. 아래로부터 작동하는 **방법**이 이제 실천적 대답을 주기 위해서 비판을 가로지른 것입니다.

제기해야 할 문제는 '오늘날 전지구적 수준의 민주주의를 어떤 식으로 생각할 수 있는가?' 입니다. 우리가 『제국』에서 실행했던 것과 같은 최초의 비판적 접근법은 제국적 통제, 분할, 위계 메커니즘의 발전을 분명히 했습니다. 나아가 우리는 어떻게 이러한 통제 메커니즘이 지속적인 전쟁 행위를 통해서 행사되는 데까지 이르렀는지를 확인하였습니다. 진정한 문제는 다중을 가로지르는 '**공통적인 것**'의 전복적 욕망을 전쟁에 맞세우고 제도화하고 구성적 활력으로 변형하면서 **증대시키는 것**입니다.

앞선 강의에서 우리는 '공통적인 것'의 관점에서 다중을 정의할 수 있는 적어도 세 가지 요소가 있다고 말했습니다. 첫 번째 요소는 사회적 존재론과 관련됩니다. 즉 비물질노동이 명령을 요구하지 않으며 비물질적·지적 노동 능력으로 초과를 창조할 수 있다는 명제입니다. '네트워크' 안에서 발전하는 초과를 말입니다. 노동의 존재론의 관점에서 보면 이는 곧 미래의 민주주의에서 '네트워크' 형태를 보장하는 문제가 제기된다는 것을 의미합니다. '네트워크'는 충만한 의미에서의, 생산적이고 또 정치적인 의미에서의 협동적 가치가 형성되는 소통적 네트워크입니다.

두 번째 요소는 '공통적인 것'입니다. 즉 이제는 자본이나 착취가 없어도 존재할 수 있는, 생산의 저 물질적 전제입니다. 이러한 맥락에서 자본주의는 '공통적인 것'의 축적과의 관계에서 점점 더 기생적으로 되고 있습니다. 이러한 관점에서 볼 때 공통적인 것은 존재의 구성을 가능하게 하는 것입니다. 그리고 이 '공통적인 것'은 누군가에 의해서 재전유되거나 사유화될 수 없습니다. 따라서 한편에서는 노동 이론이 명령의 무효성을 보여준다면, 다른 한편에서는 역설적으로 사회 이론이 '공통적인 것'의 양도될 수 없는 성격을 보여주는 것입니다. '공통적인 것'은 그것으로 우리가 민주주의를 구축할 수 있는, 양도될 수 없는 재료입니다.

다중의 과정을 형성하는 핵심적인 세 번째 요소는 자유라는 요소입니다. 자유 없이는 창조적 노동도 존재하지 않습니다. 자유 없이는 협동도 존재하지 않으며 공통적인 것도 존재하지 않습니다.

일단 이러한 요소들에 주의를 기울이게 되면, 우리의 논의는 사법적·부르주아적 권리와 민주주의에 대한 이해로 이동하게 됩니다. 이런 의미에서 저는 **권리에 관해 맑스가 쓴** 것이 여전히 유효하며, 특히 헤겔 법이론에 대한 비판이 여전히 유효하다고 봅니다. 물론 이 비판은 기존의 민주주의적 권리로까지 확장되어 형식적 평등이 실질적 불평등과 공존하는 민주주의가 어떻게 여전히 이러한 권리의 기초를 구성하는지를 입증해야 할 것입니다.

이 모든 것은 우리가 세계 헌법 및 전지구적 법체계의 새로운 영역을 고찰하고자 할 때 대단히 중요해집니다. 자본주의 발전이 국민국가의 어떤 규제적 행위를 무용하게 만드는 경향이 있다는 점을 강조하는 것이 중요합니다. 근대의 자본주의 발전이 국가를 통해서 이루어졌다면, 오늘날 탈근대의 자본주의는, 필요할 때 국민국가의 중재에 의지하는 경우를 제외하고는, 초국적 차원에서 사회의 짜임새 전체를 재전유했습니다. 공동소유에 대해 말할 때, '네트워크적' 노동에 대해 말할 때,

이 영역에서의 자유의 보장에 대해 말할 때, 우리가 세계화 과정과 대면해야만 한다는 것은 분명합니다. 이러한 대면은 대단히 중요한데, 이는 그것이 우리가 국민국가에 의한 보장 너머에 있다는 것, 국민국가들이 서로 균형을 이루는 관계로 회귀하는 환상 너머에 있다는 것을 강력하게 밝혀준다는 점 때문입니다. 오늘날 민주주의는 다중들 사이의 관계로 확장되어야 하며, 그리하여 새로운 사회적 관계와 새로운 법을 구축해야 합니다. 여기서 우리는 법의 파괴에 대해 말하는 것이 아니라, 위에서 서술한 세 가지 원칙에 의해 방향지워지는 규범들을 수립할 수 있는 새로운 사법적 형식에 대해 말하는 것입니다. 더 나아가 명령을 재수립하려는 데 제재를 가해야 하고, '네트워크' 안으로 혹은 '네트워크'에 대항하여 소유의 기준을 도입하려는 데 제재를 가해야 하며, 접근을 봉쇄하려 하거나 연결마디를 통제하려는 데 제재를 가해야 합니다. 지식의 순환을 봉쇄하는, 생산과 삶에 자양분을 제공할 수 있는 거대한 '공통성'을 봉쇄하는 기술적 그리고/혹은 사법적·정치적 도구들을 발명하는 데 제재를 가해야 하는 것입니다.

이 지점에서 여러분은 우리가 논리에 대해서 말하지 않았다고 여길 수도 있을 것입니다. 혹은 어쩌면 공동연구의 탐구 및 이론에 대해 언급하면서, 그리고 사회적 지식의 영역에서 발전될 수 있으며 발전되어야만 하는 실천적 행동들에 관하여 논의하면서, 제가 암시적인 용어로 말했다고 생각할 수도 있겠습니다. 하지만 그렇지 않습니다. 지금까지 우리는 정말로 논리에 대해 말했습니다. 단지 우리가 학술적 용어로 말하지 않았기 때문에 논리라는 주제가 회피된 것처럼 보이는 것일 뿐입니다. 거듭 말하지만, 그렇지 않습니다. 그래서 제 생각을 학술적 용어로도 설명해주는, 투사들도 수사(修辭)의 영역을 가로지르는 데 아무런 어려움이 없다는 점을 보여주는 하나의 다이어그램을 제시하고자 합니다. 더 정확하게 말하자면, 우리가 논리적으로 풀어냈던 것의 '상위의' 필터를 제시하고자 합니다. 사실 핵심은 다이어그램을 사용하는 한편 몇몇 참고문헌들을 밝혀준, 강의요약입니다.

1. 탐구의 이론으로서의 논리학에 대한 논의의 서론은 (우리가 지금까지 종종 보았듯이) 맑스의 「서설」에서 찾을 수 있습니다. 동시에 우리는 여기서 존 듀이의 『탐구의 이론으로서의 논리학』John Dewey, *Logica, teoria dell'indagine*, tr. it. Einaudi, Torino 1949을 참고할 수 있습니다. 앨런 라이언의 책『존 듀이』Alan Ryan, *John Dewey*, Harvard University Press, Harvard 2001는 미국 경험주의 논리학의 선들이 맑스주의 논리학의 선들과 얼마나 교차할 수 있는지를 해명합니다. 로돌포 몬돌포Rodolfo Mondolfo의 사유 및 씨드니 훅Sidney Hook의 사유가 다시 현재성을 띠게 됩니다. 여기서는 실제로 실천의 중심성이 인식론적·정치적 요소로 간주됩니다. 나아가 이 강의에서 우리는 또 언어·수사학·대화·발명 사이의 관계를 강조했는데, 그것들이 우리에게 즐거움을 주는 두 가지 차원 — 한편에서는 공통된 이름에 관한 스피노자의 논리와 다른 한편에서는 탈근대적 논리에서의 공통된 이름의 재발견 — 에서 다시 교직되는 방식을 강조했습니다. (이 문제에 대해서는 이미 언급된『카이로스, 알마 비너스, 다중』을 보십시오.)

2. 논리적 장치로서의 탐구. 이것은 무엇을 의미할까요? 이는 우리가 여기 연구의 논리를 구성하려고 시도하는 과정에서 줄곧 객체의 구성(이것이 탐구입니다)에서 출발하여 객체의 구성에 대한 대화적 해명(이것이 공동연구입니다)을 거쳐 구성적 주체의 정의에 이르는 사유 과정을 발전시켰다는 것을 의미합니다. 이와 같이 일종의 객체로부터 주체로의 회귀가 있는 것입니다. 혁명적 논리의 진행은 — 라이언이 (그의『존 듀이』에서) 단순화하자면 1920년대와 1930년대 미국에서 일어난 혁명적 자유주의로부터 뉴딜로의 이행을 잘 설명했듯이 — 언제나 그와 같았습니다.

하지만 필요한 변경을 가하면, 이 '객체로부터 주체로의 회귀'는 모든 혁명적 경험에 적용될 수 있습니다. 앞선 강의에서 우리는 어떻게 주체의 논리가 발전의 인과성과 불연속성 사이에서 살아 있는지를 보여주었습니다. 사건의 논리를 짚어내는 것이 우리 논의의 핵심적 지점입니다. 바로 그렇기에 우리는, '공통된 이름'(개념)이 언제나 동일성과 차이 사이에서 요동하지만 특이성과 공통적인 것 사이에서 결정된다고 말할 수 있는 것입니다. 하지만 만약 이것이 진실이라면, 이로부터 주체가 주체성의 생산 과정에서 특정한 시간성과 공간성의 산물로 주어진다는 귀결이 나옵니다. 하지만 우리는 공통적인 것의 생산에서 (즉 협동을 통해서) 주체의 형성을 봄과 동시에, 순전한 논리적 차원은 탐구를 완성하기에 불충분함을 강조합니다. 협동은 그 자체로 적대를 설명하지는 않으며, 따라서 적대의 관점에서 다시 시작하는 것이 필요합니다.

3. 윤리적·정치적 장치로서의 탐구. 대중노동자의 포드주의 사회에서 윤리적·정치적 장치로서의 탐구는 공동연구로 해석되었습니다. 공동연구에서 인식론적 장치와 전투적/선동적 장치가 긴밀하게 결합되었습니다. 『전미래: 〈붉은 노트〉에서 지구적 운동으로』G. Borio, F. Pozzi, G. Roggero, *Futuro anteriore. Dai "Quaderni rossi" ai movimenti globali*, DeriveApprodi, Roma 2002를 참조하십시오. 탐구가 윤리적·정치적 장치라고 말할 때, 이는 물론 더 결정적으로 인지적이고 일반적으로 인식론적인 문제들을 피하는 것이 아니라, 오히려 집단적 학습의 과정 안에 그것을 포함시키고 배치하는 것입니다. 윤리적·정치적 장치로서의 탐구는 언제나 어떤 방식으로든 교양소설Bildungsroman입니다. 엘리트를 형성하는 주제가 실천의 중심성이라는 주제와 교직되고 엘리트를 형성하는 과정이 적대의 조직화 과정과 맞물립니다. 여기서는 분명 특히 역사적 지형의 변화 및 계급 구성에 의해 부각되는, 일련의 또 다른 문제들이 개시됩니다. 탈근대 사회에서 윤리적·정치적 장치로서의 탐구는 무엇을 의미할까요? 즉 더 이상 대중노동자

의 포드주의가 아니라 불안정 노동자, 노동의 이동성과 유연성, 기능의 비물질성과 협동의 헤게모니가 주요한 조건인 사회에서 말입니다. 저는 그 대답이 (방법적 관점으로, 주체의 구성적 진전이라는 관점으로 이해된) 공동연구라는 주제를 둘러싸고서 주어진 대답과 대단히 다르다고는 보지 않습니다. 이 주제는 파리에서 라르마땅L'Harmattan 출판사가 발행하는 (나 자신도 관련되어 있는) 잡지 『전미래』*Futur Antérieur*에서 1990년대 전체에 걸쳐 오래도록 다루었습니다. 흥미가 있는 분들은 참조하도록 하십시오. 탈근대적 지형에서의 그리고 비물질노동의 협동에서의 공동연구 과정과 관련해서는 『남다른 기획』A. Negri e altri, *Des entreprises pas comme les autres*, Publisud, Paris 1993과 『비물질노동의 저수지』A. Negri e altri, *Le bassin du travail immatériel*, L'Harmattan, Paris 1996을 보십시오.

4. 탐구와 언어의 논리. 일단 논리적 장치로서의 탐구와 (언어가 생산의 근본적 수단이자 생산적 협동으로 드러나는) 새로운 탈근대적 생산 상황의 관계를 확증한다면, 그 다음 문제는 탐구를 언어 논리의 영역에서 다시 정의하는 것입니다. 빠올로 비르노는 3강에서 인용된 『다중의 문법』과 『현재의 기억 : 역사적 시간에 관한 에세이』Paolo Virno, *Il ricordo del presente. Saggio sul tempo storico*, Bollati Boringhieri, Torino 1999 모두에서 이 주제에 대한 다양한 실마리를 제공했습니다. 제 경우에는 비르노가 제안한 주제들을 넘어서, 바흐친의 작업에 의지하여 생산적 언어(협동의 언어와 특이성의 언어)의 문제를 심화시켰는데, 바흐친의 작업에는 실재적인 것의 언어적 구성이 대단히 강력한 유물론적 관점에서 함축되어 있습니다.

일단 우리의 방법이 이러한 방식으로 전개되면, 그것이 우리를 재차 코뮤니즘의 몇몇 큰 주제들 앞으로 데려간다는 것은 분명합니다. 이는 우리의 방법이 우리가 살고 있는 시기의 획기적 대안에 적합함을 의미합니다. 이 대안은 신자유주의의 위기에서 나온 코뮤니즘적 목표들 ― 기업의 재전유, 부의 평등한 분배, 지식의 집단적 관리 등 ― 로 구성됩니다. 거대한 1968년의 위기 이래 여러 해 동안 누구도 감히 이러한 것들을 말하지 못했습니다. 오늘날 우리는 그것들에 대해서 다시 말하기 시작했으며 이러한 표현의 가능성에 도달할 방법을 취하기 시작했는데, 이는 우리가 극단적 위기의 한계지점 ― 엄혹한 과거로의 회귀냐 아니면 새로운 세계에 대한 희망이냐 ― 위에 살고 있음을 알고 있기 때문입니다. 여기서 핵심은 결정하기입니다. 바로 결정의 문제를 둘러싸고 정치적인 것이 태어나는 것입니다.

하지만 결정의 문제에 관해 몇 가지 점을 말해보기 이전에 이 논점에 상상을 펼쳐, 우리가 깊숙이 들어서 있는 이 끔찍하고 잔혹한 이행기에는 거의 모든 것이 가능하다고 생각하는 것이 좋을 것입니다. 따라서 다중의 운동에서는, 다중이 창출하는 표현의 욕망에서는 상상력과 결정이 교직되어야 합니다. 이러한 상상력 안에서는 언제나 우리에게 자유를 보장하는 근본적 요소로 제시되어온 민주주의적 대의는, 아무리 줄잡아 말해도, 얼토당토않은 신비화입니다. 다중의 상상력이 현재 제안하는 문제는 지고의 활력과 주체의 생산적 능력을 조화시키는 것입니다. 우리가 지금까지 발전시킨 삶정치에 관한 모든 논의는 이러한 결론을 향해 나아갑니다. 하지만 이러한 다중의 욕망을 조직하는 데 어떻게 착수할 수 있을까요? 어떻게 또 다른 민주주의를 발명하는 데 착수할 수 있을까요? 이제 일국 수준에서는 민주주의가 더 이상 존재하지 않습니다. 세계 수준에서의 민주주의는 전적으로 상상 불가능합니다. 하지만 이러한 상상 불가능한 것이 오늘날 욕망의 현재성을 구성하는 것입니다 ……. 우리는 계몽적 관점에서 말하기 시작해야만 합니다. 더 이상 일국에 상응하지 않고 세계의 표면을 가로지르는 세계적 수준의 새로운 선거인단을 생각해야 하고, 부유한 지역과 가난한 지역, 백인 지역과 흑인 지역, 황색 지역과 녹색 지역 등의 균형을 다시 맞추어야 하며, 정치적 경계와 한계를 혼종화하여 전복시키고, 공통적인 것의 구축에 힘을 쏟아야 합니다. 구성적 상상력, 바로 이것이 요구됩니다 ······ . 계몽주의, 바로 이것이 필요합니다 ······ . 하지만 결정으로 되돌아갑시다. 다중의 공통적 경험과 결정의 윤리적·정치적 (그리고 또 사법적) 개념 사이의 관계라는 문제를 제기한다는 것은 무엇을 의미할까요? 저는 이 모든 것이 이 자리에서 또 다른 많은 자리에서 말해질 수 있고 또 말해져야만 한다고 보지만, 대답은 운동 언어의 수준에서가 아니라면, **운동 안**에서가 아니라면 주어질 수 없다고 봅니다. 운동 안에서 이러한 주제들은 성숙하게 됩니다. 당은 죽었고 매장되었으며, 문제를 제기하고 그 해결책을 지시하는 것은 운동입니다. 이제 (다중의) 결정의 문제와 관련하여 씨애틀부터 현재까지의 이러한 운동들에서 두드러지게 된 무언가가 있습니다. 권력을 잡는 것에 대해서 더 이상 말하지 않고, **권력을 행사하는** 것에 대해서, 다른 종류의 권력을 만드는 것에 대해서 말한다는 점입니다. 그리고 이것이 유토피아적 전망이라는 것을 모두가 알고 있지만, 이것이 우리가 살아가는 현기증 나는 이행기에서 필연적이고 또 실제적인 것으로 남아있다는 점 또한 모두가 알고 있습니다. 우리는 다중의 결정이 실제적으로 되는데 200~300년을 기다릴 수 없습니다!

하지만 이런 일이 언제라도 가능할 수 있습니다. 패배가 불가피할 수도 있습니다 ······ . 그렇다면 떠나도록 합시다! 대안으로서의 엑서더스가 구성권력의 발본성에 상응하는데, 이 엑서더스는 그 자체로 구축적이며, 결정과 다중의 관계를, 그리하여 자유와 공통적인 것의 생산의 관계를 긍정적 형태로 표현합니다. 우리가 또 다른 권력을 구축할 수 없더라도, 다중은 파업을, 도주를, 권력의 제거를 말할 수 있습니다 ……. 그리고 **구성권력**과 **탈주** 사이에서 진행되는 이러한 과정들은 서로 교직되고 교대됩니다. 이는 연이어 일어나는 파도와도 같은 다중의 결정들이며, 폭풍우 이는 바다에서 산출된 맹렬하게 강하고 견고한 파동들입니다. 권력에 의해서 대중이 둔감해지는 일은 더 이상 없습니다. 반대로 다중의 존재론적 반란이 있는 것입니다. 우리는 삶정치를 살고 있습니다.

보론

맑스의 발자취

마이클 하트와 안또니오 네그리

일반적으로 자유 무역 체제는 파괴적인 반면 우리 시대의 보호 무역 주의는 보수적입니다. 자유 무역 체제는 낡은 민족성을 파괴하고 프롤레타리아와 부르주아지의 적대를 극단까지 밀어붙입니다. 한 마디로 자유 무역 체제는 사회 혁명을 촉진합니다. 여러분 오직 이런 의미에서만 저는 자유 무역을 지지하는 것입니다.
― 칼 맑스, 1848년 1월 9일

그러므로 생산은 주체에 대해 객체를 산출할 뿐만 아니라 객체에 대해 주체를 산출하기도 한다.
― 칼 맑스, 「정치경제학 비판 요강」, 1857

변형의 방법에 관한 다섯 가지 논점

    1857년 「서설」에서 맑스는 그의 연구가 다루는 대상과 동체 관계에 있는 방법을 정의한다. 방법과 실체, 형식과 내용이 함께 기능하고 함께 변화하는 것이다. 1857년의 방법은 자본주의의 형성과 그것의 발전이 낳은 사회정치적 조건을 그 대상으로 하는, 역사적 유물론의 방법이다. 「서설」에서 제시된 방법은 그 대상에 완벽히 부합했으며 20세기 전체에 걸쳐 혁명적 성찰에 유효한 기여를 했었다. 오늘날 우리는 새로운 「서설」을 필요로 하는데, 이는 자본주의의 본질(그것의 성숙과 지구적 안정화)이 발본적으로 변했기 때문이다. 일관성이 **방법과 방법이 산출하는 공통된 이름의 구축 사이의 부합**으로 정의된다면, 설명의 일관성이 과연 존재하는지의 문제를 점검할 필요가 있다. 이러한 가정에서 변증법적인 것은 존재하지 않는다. 사실 맑스는 연구의 방법과 연구의 질료가 상응함을 드러내고 그리하여 그 개념적 설명을 제공하면서 변증법적 장치를 전개했지만, 우리는 그러한 불필요한 형이상학적 전제가 우리의 서술Darstellung에 필수적이라고 보지 않는다. 사건의 소여, 인과 연쇄, 공통된 이름의 정의가 실상 실재적인 것의 표면 위에 주어지는 것이다.

    우리가 말했듯이 맑스는 그의 「서설」에서 방법론적 심급을 구체적으로 정의하면서 나아간다. 그에게 정치경제학 비판 방법의 주된 요소는 다음과 같다. 1) **구체적으로 규정된 추상**, 2) **경향의 정의**, 3) 참된 이름을 확증하는 실천적 기준의 설정, 4) 이 모든 요소들에 기초하여 전위轉位의 방법을 구축하고 그 귀결로서 (주체가 그 안에서 활동한다는 의미에서) **의사**擬似 **대상을 구축**하는 것. 이렇듯 3)과 4) 사이에 적대의 원리가 형성된다. 따라서 맑스의 방법론은 강력한 추상에서 시작하고, 그런 다음에 실천과 주체성으로 내려가며, 종국에 혁명적 파열과 타자성alterity의 의식적 구성으로 다시 일어서는 방법론이다. 이는 해방의 과정 자체가 인식론으로 다시 구현된 것이다.

『제국』에서 우리는 맑스의 발자취와 만나는 몇 가지 방법론적 탐색을 해보았다. 처음에는 탈근대 국면에서 **역사적 인과성**이 작동하는 방식을 정의하는 것이 중요했다. 문제는 구체적으로 규정된 추상으로부터 시작하는 것이 더 이상 가능하지 않다는 점에 있었다. 다시 말하면 자율적·과학적·독립적 활동으로서의 개념 형성으로부터 시작하는 것은 더 이상 가능하지 않으며, 오히려 널리 퍼져있는 역사적 경험 안에서 움직이는 것이 필요했고 또 원인과 그에 대한 반발로 구성되는 계속적 요동을, 결과로 이루어지는 것이 아니라 바로 (탈근대의 역사적 양식을 특징짓는) 예상치 못한 사건 및 출현으로 구성되는 계속적 요동을 이해하기 위해 노력하는 것이 필요했다. 그렇다면 역사적 인과성은 투쟁과 운동이 결정하는 것인데, 이 결정은 추상적 방향 및 일반적인 최종적 결과를 지시하는 것과는 거리가 멀며, 그것들을 깨뜨리고 파편화시키는 것이다. 그것은 강력한 인과성이지 어떤 목적론이 아니며, 시간적 연속성 및 불연속성이고, 주체성의 불시적 행위이자 새로운 주체성의 구성이다. 이 모든 이행을 통해서 인과적 메커니즘이 **자유로운 장치** 안에 재구현되며, 결정론이 강력한 주체가 각인하는 **구성적 행위**의 광대한 지평 위에서 해체되는 것이다.

실제적 과정의 불연속성과 활력은 역사적 방법으로부터 사회적 존재론으로 이행할 때 훨씬 더 분명해진다. 사실 (지적이고 정동적이며 사회적 관계에 기반을 두는) 비물질노동이 물질노동보다 우세하게 되면 사회적 존재론 자체가 상이한 형태로 드러나는데, 그 이유는 지적 생산이 언제나 초과적이라는 데 있다. 그리고 (우리가 '발명의 힘'이라고 적절하게 부르는) 비물질성의 이러한 초과에 협동의 초과가 추가되는데, 다중의 공통성이 특이성들 사이에서 이 협동의 형태로 나타난다. 이런 방식으로 **사회적 존재론이 삶정치적으로 되는 것이다.** 이것은 삶 자체가 생산과정에 삼투되는 것을 의미하는데, 이는 생산과정이 주체성을 구성하는 지식·정서·언어·정동의 복합체로 이해될 경우에 그러하다. 그래서 사회적·정치적 운동의 비목적론적 인과성으로 정의되는 우리의 방법론적 탐구의 첫 번째 논점은 역사 과정에 방법을 몰입시켜야 할 필요가 있음을 강조했다. 반면 사회적 존재론이라는 두 번째 계기에서 **방법**은 비물질성이 과정의 내재성에서 제공하는 **초과에** 의해, 따라서 과정 자체의 삶정치적 맥박에 의해, 강력하게 **재활성화된다.** 이러한 관점에서 볼 때 내재성의 평면은 숨을 쉬고 있다.

지금까지 입증된 것의 결과로서, 인과성과 지식의 초과, 역사와 삶정치가 내재성의 평면 위에서 더 강력하게 교차하면서 **스스로를 표현해**야만 한다는 것이 사실 셋째 논점이다. 이는 방법이 실재적인 것으로 하강하는 것이 더 분명해지는 순간이다. 인과성이 사건의 가장자리를 넘쳐흐르고 방법이 그 자체로 구성적으로 되는 것이다. 여기서 다중은 공통적인 것의 발견의 내부에 들어있는 충동과 대면해야만 하며 **텔로스**의 구성과 관련하여 스스로를 시험해야만 한다. 맑스의 「서설」에서와는 달리 여기서 방법은 변증법적 왕복이 아니며, 또 실재의 변형을 예증하기 위하여 방법 안으로 초월을 도입할 필요도 없다. 여기서 방법은 역사 과정 안에 존재하는 절대적 내재성을 즐기는데, 이는 주체성을 향한, 주체성 안에서의 지속적인 심화로서 나타난다. 방법은 맑스에게서처럼 추상에서 주체성과 구성으로 나아가는 것이 아니라, 구성을 **역사적 흐름 안으로** 가져온다. 내재성은 도구적 방식으로라도 초월을 가장할 필요가 없다. 여기서 변증법은 진정으로 소멸되었다.

방법의 네 번째 계기를 설명하는 일이 남아있다. 이 논점은 방법의 일반적 형성을 위해서 그렇게 중요한 것은 아니지만, 그것이 (정말이지 특수하고 규정된 우리 자신일 수 있는) 특이성에 대한 고찰로, 방법을 전진시키고 방법을 방법적 활동으로 형성하는 특이성에 대한 고찰로 우리의 주의를 끄는 만큼은 중요하다. 우리가 방법의 일반적 장치로서 포착한 **주체성의 생산**은 여기서 **자기 자신의 생산**과 접하고 중첩되는데, 이는 어떤 실체적 구분은 아니며 열정이, 특수한 신체성이, 각각의 특이한 역사가 거대하게 부각되는 것이다 ……. 푸꼬가 말했듯이 "떠난다고 믿었는데 스스로를 자신의 수직선 위에서 다시 발견한다. 여행은 사물을 다시 젊게 하고 자신과의 관계를 늙게 한다."M. Foucault, in *Le débat*, 1983, DE, 4, 1364 우리가 과학적 방법을 담지하는 사람을 **투사** — 지성의 창조적 능력을 역사 과정에 '종교적으로' 연결시키고 가능성의 삶정치적 활력을 자유의 텔로스를 구성하는 데 연결시키는 인물 — 라고 말할 때, 우리는 자신의 생산이 세계의 생산으로 파악되지 않을 수 없다고 말하는 것이다. 여기에는 분명 어떤 종교적인 측면이 있지만, 이는 우리가 단지 완전한 내재성 — 여기서는 세계를 혁명하는 것이 (무엇보다도 먼저) 자신의 생산이다 — 의 종교에 대해 말하는 한에서만 그러한 것이다.

이제 고찰해야 할 다섯 번째 논점이 있다. 이는 방법의 살아있는 형태와 관련된 것이 아니라, 방법의 형식화와 관련되는 것이다. 그래서 생산양식의 역사적 변형의 계보학을 방법으로 흡수한 다음에, 이러한 관점에서 정치적 변형과 존재론적 변형의 일치를 부각시키고 그리하여 지식의 초과를 (혹은 인지적 형태의 산 노동의 초과를) 발전한 삶의 부^富에 연결시키는 대단히 긴밀한 관계를 찬양한 다음에, 이 과정 내부에서 주체의 구성적 활력을 발굴하고 또 (그 귀결이기는 하지만 종속된 것은 아닌 측면으로서) 주체성의 생산과정에서 특이한 주체가 차지하는 위치를 짚어낸 다음에 ― 이 모든 것의 다음에 우리는 방법이 (자신이 형식화되기 위해서) 이제 우리가 겪고 있는 탈근대적 이행의 현기증 나는 높이로 열리도록 허용해야 한다. 우리는 **탐구의 이론으로서의 논리학**, 다중의 자신에 대한 **공동연구로서의 논리학**, 더 정확하게는 **다중의 인식론적 실천으로서의 논리학**에 대해 말하는 것이다 ……. 그래서 우리는 주체들 사이에서 결정하기 위해서 그리고 운동들 안에서 구성하기 위해서, 논리학을 실재 안으로 가져오고자 하는 것이다.

이질동형과 계보학

여기서 본 논의에서 잠깐 벗어나보자. 그리고 방법론적인 동시에 존재론적인 이러한 맥락에서 맑스의 「서설」의 형식적 전제들과의 차이는 무엇이고 연속성은 무엇인지를 확실히 해보자. 그래서 실재적인 것을 서술하는 일련의 요소들 ― 이는 우리가 앞에서, 특히 첫 번째 강의에서, 보았듯이 네트워크 형태로 주어진다 ― 이 어떻게 동일한 이념적 형상으로 재생산될 수 있는지를, 즉 어떻게 실재적인 것과 이념적인 것에서 네트워크의 **이질동형**^{異質同形, isomorphism}이 주어질 수 있는지를 파악해보자. 네트워크 형태를 참조하면서 우리는 다음과 같이 물을 수 있다. 우리의 뇌는 이와 동일한 형태로 사물을 지각할 수 있게 해주는 네트워크로 구조화되어 있는 것인가? 혹은 우리의 사회적 실재의 다양한 측면들은 모두 네트워크적 특징들과 합치되기 위하여 태어난 것인가? 두 전제 모두가 참일 수 있다. 네트워크 권력과 네트워크 전쟁은 사회적 실재를 변형시키며, 이와 동시에 사유의 새로운 조건과 양상에 상응하는 것이다. 우리는 관념의 역사 혹은 사유형태의 역사를 단선적인 역사적 진보로 파악해서는 안 된다. 오히려 사유 모델의 심오한 변이가 일어났는데, 이는 (우리에게 정상적이거나 비정상적인 것으로, 명료하거나 애매한 것으로 나타나는) 지식의 통상적 범주를 근본적으로 재설정하며, 또 사유 가능한 것과 사유 불가능한 것 사이의 한계를 결정하는 것이다. 우리의 사유의 수단인 인식론적 체계의 이러한 단절 혹은 변경은, 다른 사회적 영역의 개혁들 ─ 공공제도, 정치단체, 경제활동, 문화실천 등에서 일어나는 개혁들 ─ 과 유사한 것으로 드러난다.

달리 말해 네트워크의 증식에서 우리가 보는 것은, 우리의 사회적 실재의 변화와 우리의 사유 방식의 변화가 형식적으로 상응하는 일반적 현상의 한 사례인 것이다. 이것이 의미하는 바는, 무엇보다도 먼저 모든 사유는, 마치 각인된 것처럼, 특수한 사회적·역사적 맥락에 속하며, 둘째로, 더 중요한 것으로서, 사유의 상이한 영역들 및 사회적 실재의 다양한 요소들이 이질동형적이며 또 이질동형적으로 변형된다는 것이다. 이제 데까르트의 유명한 가설 "나는 생각한다, 그러므로 존재한다"에 대한 가장 유효한 반증일 수 있는 것을 고찰해보자. (이 가설은 신체 및 그것의 물리적 세계로부터 독립한 개인적 정신의 진리를 목표로 하는 방법의 토대이다.) 데까르트는 신체를 갖지 않는 것을 생각할 수 있었으며, 자신을 표현할 수 있는 세계나 장소가 없고 오직 그의 사유만이 그 자신의 존재를 확실하게 증명하는 것을 생각할 수 있었다.

그렇다면 동일한 텍스트에서 데까르트가 세계에 대한 자신의 계시를 특수한 장소에 배치한 것은 당혹스럽게 여겨질 수 있다. "그때 나는 아직 끝나지 않은 전쟁에 이끌려서 독일에 가 있었다." 데까르트는 30년 전쟁에 참전한 군인으로서 난로 하나로 난방을 하는 방에서 겨울을 날 수밖에 없던 1616년 어느 날, 필시 11월 10일에 그의 발견에 도달한다. 전쟁은 그리고 데까르트가 전쟁에서 맡은 역할은 "나는 생각한다, 그러므로 존재한다"와 같은 영원한 진리와 어떤 관계가 있는 것일까? 왜 데까르트는 시간적·공간적 상황에 대해 알려주는 수고를 하는 것일까? 무분별하고 절망적인 전쟁으로 황폐화된 실재가 어떻게 한 개인으로 하여금 '세계라는 책에 대한 연구'를 포기하고 그 자신을 탐구의 대상으로 파악하도록 할 수 있었는지를 이해하는 것은 어렵지 않다. 그때 나는 이 참혹한 세계는 존재하지 않으며 나의 사유가 의심할 수 없이 명료한 유일의 실재라고 상상할 수 있다. 하지만 이는 데까르트의 방법론적 계시를 전쟁으로 마음이 동요된 군인의 단순한 반응으로 극단적으로 환원하는 것일 수 있다. 그것은 원인과 결과의 관계를 너무나 좁게 기계적으로 확정하는 것일지 모른다. 반대로 우리는 데까르트의 발견을 더 큰 틀에서 역사화해야 한다. 데까르트의 위대함은 막 출현하고 있는 하나의 시대 전체에 조응하는 사유 형식 및 사유 양태를 인식했다는 데 있다. 데까르트가 발견한 지고의 개인, 사유하는 '나'는 다소 동시대적으로 근대 유럽의 여명에 출현한 다른 다양한 형상들 — 주권국가도 그 중 하나이다 — 과 동일한 형식을 가지고 있다. 30년 전쟁이나 어떤 다른 역사적 사건이 데까르트의 발견을 야기한 것이 아니다. 오히려 그의 상황의 실재성을 구성하는 관계들의 전체 집합이 이러한 계시를 생각할 수 있게끔 한 것이다. 더 일반적인 의미에서 우리는 모든 사회적·

역사적 시기가 하나 혹은 그 이상의 이질동형들로, 다양한 사회적 영역에 동시적으로 출현하는 공통적 구조들로 구분된다고 가정한다. 이에 대해서는 예를 들어 미셸 푸꼬가 근대 시기의 다양한 사회제도들의 공간적 분포 — 건축물 — 를 탐구하면서 암시했었다. 그는 묻는다. 왜 감옥은 공장과 유사하며 공장은 학교와 유사하고 학교는 군대 및 병원 등과 유사한 것인가? 푸꼬는 제도적 건축물들 사이에서만이 아니라 사유의 도식들과 사회적 실천들 사이에서도 형식적 유사성을 드러내는 그와 같은 공통적 구조를 가리키기 위하여 '다이어그램'diagram이라는 용어를 사용했다. 우리의 시대, 제국 시대의 다이어그램은 네트워크이다.

하지만 이는 분명 때로 이질동형적이지만 결정론적이지는 않은 존재론적 관계를 드러내는 **네트워크**이다. 우리가 앞서 강조했던 인과관계의 불시성(우리는 나중에 이 주제를 다시 다룰 것이다)을 염두에 둘 때 우리가 또한 강조해야 할 것은, 이러한 관계들이 그 계보학의 측면에서는 말하자면 아래를 향해 **우발적으로** 존재하지만 이에 국한되지 않고 그 주체적 투사에서나 혹은 단순히 그 공통적 발생에서는 위를 향해 **변형적으로** 될 수도 있다는 사실이다.

탈근대 조건에서의 「서설」

여전히 맑스 방법론과의 차이와 연속성을 식별해내는 구도 내에 머물면서 또 다른 논의를 추가해보자.

주지하듯이 역사적 유물론의 방법은 두 가지 논점을 둘러싸고서 구체화된다. 첫 번째 논점은 물질적·경제적·사회적 **구조**와 이데올로기적·관념적·정신적 **상부구조** 사이의 관계이다. 여기서 핵심은 실재 세계와 그것의 상(像)을 생산과 신비화의 이중적 관계로 통합하는 **수직축**이다. 이제 존재론적 맥락에서는 구조와 상부구조의 관계가 평면적 지형에서 융합된다. 구조와 상부구조는 더 이상 수직축에서 분리된 것으로 제시되지 않는다. 그것들은 서로 뒤얽히며, 이는 정치적인 것과 경제적인 것의 지속적인 교환에 의해 드러난다(말하자면 **상부구조가 노동을 하게 된다**). 구조와 상부구조의 뒤얽힘은 예를 들어 자본의 개념 및 구조와 주권의 개념 및 구조 사이의 점점 더 긴밀해지는 상응관계를 통해 확인된다(이는 주권의 변형을 논의한, 첫 번째 강의에 첨부된 글에서 이미 살펴본 바 있다).

역사적 유물론의 방법론적 구체화에 관한 두 번째 논점은 구체적으로 규정된 인과적 과정에 의해서 그리고 **결정론적인 인과적 과정**에 의해서 특징지어지는, 발전의 **수평축**을 설정하는 데 있다(우리는 이미 이러한 변형을 강조했다). 이러한 방법론적 매개변수도 근본적으로 변형되었다. 특히 오늘날 인과성은, 모든 결정론적 메커니즘을 제쳐놓으면서 오직 객관적 장치와 주체의 구성적 행위 사이의 관계로만 해석될 수 있는, **불시적인 연쇄**의 성격을 점점 더 띠고 있다. 가령 투쟁이 자본주의 발전에 선행하며 자본주의 발전을 결정한다고 말할 경우에, 주체들에 의해서 산출되는 일련의 (질적이고 혁신적인) 구성적 행위들과 상응관계를 맺는 물질적 장치가 (양적이고 대중적인 수준에서) 제시되는 것이다.

역사적 유물론의 방법의 두 축이 변형되었다고 가정한다면, '시기구분의 기술'을 효과적으로 다듬을 수 있으며 또 이러한 변화들을 염두에 두면서 '시기에 대한 정의'를 도입할 수 있다(우리가 앞에서 '이질동형과 계보학'에 대해 논의하면서 보았듯이 말이다). 예를 들면 포드주의로부터 포스트포드주의로의, 근대로부터 탈근대로의 이행이 방법론적 혁신의 전형적 사례를 나타내는 것 같다. 여기서는 사실 상부구조가 노동을 하게 될 뿐만 아니라, 초과로 드러나는 (비물질적인) 산 노동의 능력을 물질적으로 표시하는 불시성이 발전의 근본적 요소로서 출현하는 것이다.

이제 방법론에서의 이러한 **맑스를 넘어선 맑스**라는 측면에서, 일단 앞에서처럼 방법이 노동과 그 착취에 대한 현실적 경험의 수준에서 제시될 경우에, 즉 존재론적 맥락을 전적인 준거점으로 받아들일 경우에 또 다른 귀결들이 나타난다.

첫 번째 귀결은 **가치법칙**과 관련된다. 주지하다시피 그리고 우리가 지루할 정도로 반복했듯이, 가치법칙은 스미스로부터 리카도를 거쳐 맑스에게까지 전수된 형태로는 더 이상 유지될 수 없다. 가치화의 기본적 척도인 노동시간이라는 단위는 이제 무의미하다. 이렇게 말하더라도 **노동은 여전히 가치화의 근본적이며 전적인 요소로** 남아있다. 하지만 우리는 어떤 노동에 대해 말하고 있는가? 어떤 노동시간에 대해 말하고 있는 것인가? 존재론적 차원에 준거하면서 삶정치적 지평 위에서 확장되는 노동과 시간에 대해 말하고 있다. 바로 이런 식으로 존재론적 맥락에서 가치법칙은 더 이상 척도로서가 아니라 삶의 생산과 동연적인 시간성으로서, 산 노동에 원근법을 부여하는 결정으로서 우리에게 되돌아온다. 바로 이 지형에서 가치법칙은, 물질성에서 비물질성으로 발전하고 생산적으로 활동하는 지성에서 언어적 표현으로 발전하며 또 **일반지성**에서 스스로를 구성하면서, 최대로 확장되어 나타난다.

마지막 논점에서는 정치경제학 비판의 유물론적 방법이 가진 또 다른 특징이 맑스를 넘어서는 존재론적 맥락에서 변화되고 심화된다. 그것이 어떤 형태로 나타나든 경제주의 차원을 극복하는 것이 바로 이 마지막 논점이다. 우리의 방법은 생산이 공통적인 것의 생산적 표현으로 나타나는 **삶정치적인 것** 안에서 작동한다. 바로 여기서 **착취**가 **공통적인 것**의 파괴이자 **협동**의 수탈로서 나타나는 것이다.

오늘날 우리의 삶이 체험하는 바의 착취 현실에서 우리가 가치법칙의 새로운 형태와 대면할 경우, 우리는 잉여가치법칙의 새로운 형상의 매개변수를 짚어낼 수 있다. 가치법칙과 관련하여서는 이미 맑스 연구자들이 (특히 로스돌스끼 이후에 『정치경제학 비판 요강』에 몰두한 이들이) 강조한 바 있다. 경제 통계가 착취법칙으로 해석될 경우에만, 즉 분업과 그것이 낳는 격한 소외를 보여주는 법칙으로 해석될 경우에만 가치법칙이 경제 통계의 동어반복을 극복하는 의의를 가질 수 있음을 말이다. 오늘날 우리가 착취를 독해하는 방식에 대해서도 이와 똑같이 말할 수 있고 또 말해야 한다. **포스트포드주의와 탈근대는 공통적인 것의 착취를 낳는다.** 이것이 새로운 형태의 잉여가치법칙이다.

이러한 관점에서 볼 때 한 걸음 더 전진하는 것이 필요하다. 새로운 조건을 배경으로 우리는 우리가 거쳐 온 길 안에서 맑스에게서 방법의 정의와 긴밀히 결부되어 있는 저 **적대**의 **경험**을 포착해야만 한다. 구체적으로 규정된 추상, 경향, 진리를 확인하는 실천적 기준, 마지막으로 문제틀의 변경 및 새로운 존재론적 도식의 구성 ― 이 모든 것이 맑스에게 하나의 본질적인 전제 아래 살아있다. 체제 발전의 동력으로서의 위기라는 전제, 즉 **적대**라는 전제이다. 맑스의 경우 적대를 말하는 것은 다른 한편으로는 **착취 및 분업**을 말하는 것이다. 착취와 분업은 개념에서나 실재에서나 한데 합류하는 운동들을 나타내기 때문에 말하자면 동의어인데 반해, 적대와 착취는 절대적 대립을 포함하기 때문에 동음이의어라고 할 수 있다. 따라서 우리는 **삶정치적 착취**와 **삶권력 안에서의 분업**이 무엇을 말하는지를 이해해야만 한다. 이는 역사적 구도가 이렇게 거대하게 뒤바뀌었더라도 필요한 변경을 가하여 맑스적 연구의 정치적 영향력을 유지하기 위함이다. 이렇듯 탈근대의 조건에서 새로운 「서설」을 발전시켜야 하는 것이다.

협동의 착취

오늘날 착취가 어떻게 변했는가는 흥미롭고도 긴급한 물음이다. **착취의 문제**는 사실상 새로운 방식으로 제기된다. 19세기에 맑스는, 착취에 대한 비판적 지식 없이는, 따라서 가치론 없이는 착취에 대한 정의도 있을 수 없다고 말했다. 맑스적 의미의 가치론은 노동을 생산 가치의 **실체**로 설정하는 이론이며, 동시에 가치**척도**를 노동력 착취의 강도에서 (즉 시간에서) 찾는 이론이다. 지금 우리는 맑스의 가치론에 대하여 몇 가지 유보하는 점들이 있긴 하지만 (그리고 이 책의 여러 곳에서 이러한 유보를 표현하지만) 그럼에도 분명 **착취의 경험**이 존재한다는 사실을 부정할 수는 없다. 따라서 착취를 통해서 부를 축적하는 ('자본가들' 혹은 '임대소득자들' 혹은 단순히 '사장들'이라고 불리는) 주체들에 의해서 착취되는 노동자들, 혹은 단순히 여성들, 남성들, 아이들이 존재하는 것을 부정할 수는 없다. 그러므로 가치론의 문제는 진정 우리가 지속적으로 겪는 착취 경험에 의해서 제기되는 것이다. 그러나 많은 것들이 변했다. 우리의 경험이 말해주듯이 맑스가 가졌던 착취에 대한 경험과 비교하면 너무나 많은 것들이 변했다. 바로 이 때문에 가치에 관한 새로운 이론적 관점이 구축되어야 하는 것이다. 그렇다면 특히 무엇이 변화되었는가?

강조해야 할 첫 번째 것은 **활동으로서의 노동**이라는 새로운 경험, 혹은 구성적이고 협동적인 장치로서의 노동이라는 새로운 경험이다. 여기서 대단히 중요한 무언가가 변화되었다.『성경』의「창세기」에서는 또 우리 시대에 선행한 전체 역사에서는 노동이 고된 작업이자 저주로 간주되지만 (그리고 출산은 고통이지만), 오늘날 우리는 모든 노동을 활동이자 표현으로 (출산을 기쁜 것으로) 말하기 시작할 수 있다. 그렇다면 이는 노동을 더 이상 수량, 반복, 단순한 소외로서, 요컨대 물리적 실체로 말하지 않을 수 있다는 것을 의미한다. 물론 노동 활동은 수량화될 수 있으며 다소간 강도를 표현할 수도 있고 측정도 가능하지만 (그리고 그 만큼 소외되지만), 그럼에도 불구하고 그것은 시간적 양으로 (시간적 활동에 고정된 관계로) 환원되는 정도까지, 그리하여 순수한 소외의 차원으로 환원되는 정도까지 단순화될 수는 없다. 달리 말해 가치를 생산하는 노동은 우선 창조적 활동이며, 그 다음에야 경우에 따라 측정될 수도 있고 소외될 수도 있는 것이다. 결국 실제적 노동 혹은 '복잡노동'은 더 이상 '단순노동'의 양적 집합으로 간주될 수는 없으며, 오히려 창조적 활동의 연쇄로, 즉 생산적 **협동**으로 간주될 수 있는 것이다. 오늘날 생산적 협동은 한편에서는 노동의 표현을 가능하게 하며, 다른 한편에서는 노동의 효율성을 확장시킨다는 의미에서 노동에 삼투된다. 그러므로 맑스의 가치론을 해체하는 것은 노동의 창조적 활동 및 그것의 협동적 장력力이 탈근대에서 포스트포드주의 혁명을 통해서 그리고 그 혁명을 넘어서, 산 노동의 활력을 구성한다는 점을 보여줌을 의미할 것이다.

이 논점을 강조하기로 하자. 탈근대적 생산에서는 무엇이 가치인가? 맑스 이후의 정치경제학 비판을 다루는 이 장에서 우리는 가치가 (너무나 명백한 일이지만) 사회적 생산으로 구축된다고 가정할 뿐만 아니라, (상대적으로 덜 분명하지만) 이제는 **사회적 생산**이 점점 더 공통적인 방식으로 드러난다고, 달리 말해 생산과정 안에서 점점 더 협동적인 다양한 활동으로 드러난다고 가정한다. 그러므로 현대 사회에 대한 분석에서 핵심적 범주는 **협동**, 즉 다양한 주체들의 생산적 활력의 공통화이다. 이러한 공통성이 저 에너지를 증식시키는 것이며, 이러한 전제에 비춰서 우리는 상품형식, 가치화, 화폐, 사회적 노동일 등에 관한 맑스의 분석을 혁신할 수 있을 것이다. 이것은 **협동**이 더 이상 노동력의 **외부로부터** 부과되지 않는다는 것, 즉 기업이나 집단적 자본에 의해 노동력에 부과되지 않는다는 것을 의미한다. **협동은 현대의 산 노동에 포함되어 있는 새로운 힘이다.** 앞으로 보겠지만, 집단적 자본은 물질적·비물질적 노동에 의해 자율적으로 발전한 저 협동을 분할하고 위계화하고자 하며, 생산의 새로운 조건에 적합한 새로운 분업을 고착시키고자 한다. 하지만 지금은 협동이 노동을 통한 생산과정의 특징적 측면 ― 가치 창조 ― 을 나타낸다는 사실을 강조할 필요가 있다. 그리고 또, 말하자면 활동과 표현으로서의 노동이 가진 초과의 측면에 의해, 산 노동의 협동이 생산되고 양성된다는 사실을 강조할 필요가 있다. 다시 말해서, 활동(특히 비물질적 활동, 뇌의 표현)이 항상 산출하며, 일상과 반복에서 자신을 (정의定義상) 빼내어 언제나 새로운 삶형태 및 삶의 새로운 산물을 생산하고 발명하는 저 초과에 의해 생산되고 양성된다는 점을 강조해야 한다. 만약 이것이 산 노동의 탈근대적 본성이라면, 그리고 이것이 노동자의 활동의 가치화의 조건이라면, 착취는 어디에 존재하는 것일까? 착취는 산 노동의 표현적 초과 및 협동을 자본측에서 수탈하는 것일 수밖에 없다.

경제의 '근본'인 공통적인 것

다시 한 번 본 논의를 멈추고, 협동을 다중의 노동 형태로 정의하는 데 관계되는 두 개의 주석을 달아보자.

첫 번째 주석은 점점 더 빈번하게 '외부경제'라고 지칭되는 (그리하여 '거래비용이론'의 한 부분으로 등록되는) 현상들의 총체와 연관된다. 이 이론의 기초는 가치 생산이 점점 더 직접적 생산과정 자체의 외부에 존재하는 생산요소 및 사회적 부를 포획함으로써 이루어진다는 인식에 있다. 여기서 경제 체계의 생산성은 (교육적·과학적 기반시설 등의 활력으로 소급되는) 혁신의 정도 및 (사회적 관계의 연쇄, 사회적 분류학 등으로 소급되는) 협동의 강도에서 발생하는 것으로 인식된다. 이렇게 타동사적이고 공통적인 것이 바로 '외부경제'인 것이다. 그것은 생산에 사회적 연관성을 부여하며, 협동과 사회제도를 경제적 삶으로 흡수함으로써 증대하는 성과를 낳는다. 그것은 소비되지 않고 생산에서 더욱 확대되는 원료, 즉 사회적 협동의 총체이다. 사실 만약 20세기 중반부터 이루어진 생산 혁명을 고찰한다면, 말하자면 공통적인 것의 후원 아래 모든 경제적 규정들이 변형되었다는 점을 확인하게 된다. 경제적 기초가 사회적이고 제도적인 성격을 띠게 된 것이다. 삶의 생산과 재생산의 존재론을 정초하는 것은 바로 공통적인 것이다.

두 번째 주석으로서 나는 노동의 새로운 조직화 및 그와 동일한 새로운 생산방식이 인간의 삶에서 가장 공통적인 것인 언어에 기반을 둔다는 점을 말하고자 한다. 이러한 관점에서 볼 때 언어는 말하자면 외부경제의 상대적으로 더 희박하지만 더 강렬한 모델이다. 그리고 바로 외부경제와 관련하여 일어난 일과 마찬가지로, 언어적으로 공통적인 것도 산 노동에 의해 지속적으로 재생산되고 풍부해진다. 이 과정에 추상적인 것은 전혀 없으며, 그 어떤 것도 생산의 논리 외부에 있지 않다. 오히려 새로운 정보 테크놀로지의, 그리고 정신 공학의 적용의 내부에, 그 가장 의미심장한 지점에 존재하는 것이다.

이제 외부경제와 언어가 생산적 협동의 주된 원료로 나타난다는 점이 확증되면 그 이상의 사실을 분명히 할 수 있다. 즉 외부경제와 언어라는 공통적인 것은 자본에 의해 측정되는 모든 경제적 가치 이전에 존재하는 어떤 것으로서, 모든 생산의 조건으로 존재하는 것으로서, 공통의 유산으로서 나타난다는 사실이다. 이렇게 해서 이번 주석의 근본적 귀결에 도달한다. 자본주의 발전의 '외부경제'를 공통적인 것으로 만들어야 한다는 것, 말하자면 자본주의 경제의 조건을 미리 구성하는 문화·문명·지식·전문적 능력 및 모든 생태적·연합적·도시적 조건들의 공통적 가치를 인식할 필요가 있다는 것이다. 이제 자본주의는 결코 이러한 선행 조건들에 대해 값을 지불하지 않으며, 오히려 공적인 부문이 이에 대해 지불하도록 한다. 그럼에도 불구하고 그것들은 ― 지난 세기들에 노동자 다중에 의해 표현되었으며 언제나 산 노동에 의해 혁신되었듯이 ― 공통적인 것이며 노동의 살아 있는 투사이다. 이러한 공통적 유산은 종종 외부와의 전쟁 및 그에 뒤따른 내적 파괴로 소진되었다. 이러한 공통적 유산은 종종 권력의 위엄에 대한 기념비를 구축하는 데, 권위와 신성의 거대하고 파렴치한 찬양을 재생산하는 데 사용되었다. 역설은 오직 다중의 산 노동만이 과거의 이러한 대규모의 노동을 활용할 수 있다는 사실에, 더 정확하게는 가동하거나 현재화할 수 있다는 사실에 있다. 방법론적으로 우리는 직접적으로 존재하는 바대로의 산 노동과 노동의 역사가 재발견하게 하는 활력의 이러한 후배지(後背地) 사이의 관계를 지속적으로 재활성화시켜야만 한다.

자본의 새로운 형상 : 전지구적 화폐

본 논의로 되돌아가자. 협동의 수탈은 지구화된 기업에서 집단적 자본에 의해 실현된다. 그러므로 착취는 무엇보다도 '협동적 활동'의 '임금노동'으로의 환원이며 '언어'의 '명령어'로의 환원이다. 그런 까닭에 우리는, 개인의 노동과 사회적 생산성의 관계가 언제나 모순적이지만 그러면서도 강력하게 통합되어 있는, 일련의 역설에 직면하게 된다. 한편에서는 노동일이 (규정으로 정해진 노동일이) 축소되지만 다른 한편에서는 반대로 노동시간이 무제한 확장된다(이러한 조건에서는 뇌가 노동으로부터 휴식을 취하는 때에도 생산적으로 움직이기 때문이다). 한편에서는 장소가 고정된 구체적 노동에 대한 명령을 변호하고 격화시키지만, 다른 한편에서는 자본주의적 가치화의 확연한 시나리오로서 노동의 공간(이동성)·시간적(유연성) 사회화를 호소한다. 한편에서는 소유의 기반을 이루는 개인주의를 긍정하는가 하면 다른 한편에서는 소유에 대한 모든 노동당적·로크적 특징을 해체시키는 가속화된 금융화 과정이 존재한다. 협동과 생산적 언어의 **공통적** 성격은 사적인 것과 공적인 것 사이의, 사적 전유권과 그것의 공적인 사회화에 대한 승인 사이의 줄다리기에 휩쓸린다. 이러한 첨예한 모순의 위장 — 이는 자본이 지구화된 기업에 착취의 표시를 다시 각인하는 데 필수적이다 — 이 경제의 금융화를 통해서 더 효율적인 형태로 이루어지는 것이다. 금융화 과정과 그 은폐된 논리는 집단적 자본이 나타나는 형태를, 더 정확하게는 (벤야민이 말했듯이) "그 현재적 효율성의 아우라가 발산되는" 장소를 구축한다. 금융화는 자본주의 사회의 전통적 특징을 해체시키지만, 세계의 지평에서 그것의 지배를 다시 긍정하는 것이다.

그러므로 우리의 「서설」은 새로운 대상에, 금융 시장의 헤게모니에, 시장만큼 보편적으로 된 금융 기능에 열려있어야만 한다. 우리는 통화의 음모에 빠져들었으며, 이러한 새로운 자연에 갇힌 수인들이다 (동시에 우리 자신이 이러한 새로운 자연에 의해 구성된다). 질적인 도약은 (그리고 '역설'은 — 맑스의 '수수께끼'보다는 '역설'이 더 나은 말이다……) 화폐가 (일반지성의 실질적 포섭 시대의 이 화폐가) 삶의 공통적인 것에 대한 표상으로 되었다는 사실에 있다. 한편으로는 '일반적 등가'이고 다른 한편으로는 미래의 노동에 대한 장치인 화폐가, 어떻든 공통의 삶이 확연하게 주어지는 인위적 형태로서 출현하는 것이다. 이러한 발전의 수준에서 금융자본은 임금을 받는 세계시민의 '일반의지'이다. 하지만 명령이 이러한 새로운 공통적 실체를 가로지른다. 화폐적 명령은 때로는 '일반적 등가'로서, 때로는 미래의 노동에 대한 장치로서 스스로를 구현하면서 그 본질을 순수하게 드러낸다. 화폐적 종속, 더 정확하게는 예속은 단순히 노동시간의 착취와 결부된 것이 아니라, 이와 같이 삶시간 전체에 삼투된다.

방법에 대한 첫 번째 간략한 요약

우리가 여러 번 강조했듯이 가치론은 연구방법을 포함한다. 1857년의 「서설」에서 맑스는 방법과 가치론이 동일한 줄기의 두 가지라고 말한다. 그렇다면 자본주의의 새로운 상황과 조응하는 새로운 방법의 요소는 무엇인가? 여기서는 간략하게만 말할 수 있을 것이고, 분석을 계속하면서 그것들을 정확하게 보여주고자 한다. 그래서 우리는, 여기서 무엇보다도 먼저 방법이 생산적인 것과 생산된 것, 구체적인 것과 추상적인 것, 주체적인 것과 객체적인 것, 구성적인 것과 구성된 것 사이에서 움직이게끔 우리를 이끌어야 한다고 말하고자 한다. 생산의 탈근대적 차원에서는 그 사이가 분석의 근본 영역으로 드러난다. 그 다음 둘째로 방법은 산 노동 개념의 활력 전체를 물질적 규정에서부터 비물질적·관계적·표현적·협동적·과학적 규정까지 펼쳐지게 해야 할 것이다. 이미 주체적인 것과 객체적인 것의 교차 위에 배치된 방법은, 산 노동이 생산의 총체를 구축하는 형태에 대한 '서술'Darstellung로 우리를 이끌 수 있을 것이다. 이 지점에서 산 노동의 운동은 새로운 인류학적 형상을 생산하는 기계가 된다. 공통적 생산과정에 삽입된 인간들, 즉 다중을 구성하는 특이성은 **혼종화된 복합성**, 삶정치적 연쇄, 세계의 새로운 살이다. 셋째로 우리의 방법은 **사회적 운동의 생산적·변형적 인과성**을, 애매한 그대로이지만 효율적으로 작용하는 모습도 포함하여, 포착할 수 있게 할 것이다. 그 인과성은 적대 안에서 지속적으로 혁신되며, 모든 삶형태와 생산형태를 통해서 확장된다. 체험된 세계는 이러한 관점에서는 투쟁이 가로지르고 또 산 노동의 산물들의 축적이 가로지르는 직물로서 드러난다. 체험된 세계의 더 섬세한 분기分岐들에 대한 해명이 그것의 동학을 밝혀준다. 마지막 넷째로 방법이 드러낼 수 있는 일종의 '목적인'(함축된 혹은 잠재된 목적론) 또한 존재한다. 여기서는 미리 결정된 것이 아무것도 없지만, 그럼에도 공통재의 구성을 향한 충동과 주체성의 새로운 생산(변신)에 대한 충동이 이러한 전개 과정에서 출현하는 것이 사실이다. 분명 불시적이지만 강력한, 구성적 충동과도 같은 일종의 **경향**이, **쿠피디타스**(욕구)의 행위가 존재하는 것이다. 요컨대 맑스와 비교하여 탈근대의 방법은 이제 현존하는 총체 안에서 움직이기에, 완전한 내재성 안에서 움직이기에 적합하고, 외부를 알지 못하지만 예외를 알며 ― 그것이 예외를 구축할 때 ― **최종적인 것**을 아는 것이다.

일반지성의 삶정치

잠시 뒤로 되돌아가서 다시 한 번 여기서 우리가 맑스에게서 취한 것을 거리를 두고 더 엄밀하게 고찰하기로 하자. 스미스로부터 리카도를 거쳐 맑스에 이르는 고전적 이론에서는 가치가 언제나 노동의 표현으로 간주되었다. 맑스에게 노동은 동질적 시간의 수량화를 통해서 정의될 수 있고 측정될 수 있는 것으로 간주되었다. 하지만 시간 단위를 통해 노동척도를 일면적으로 정의하는 것은 맑스 자신에게서 극복되기 시작했는데, 이는 노동생산성의 증대라는 문제 및 노동생산성 안에서 복잡노동이 차지하는 중요성에 직면하여 맑스가 노동의 과학적·협동적 차원을 가치 결정의 근원적이고 창조적인, 요컨대 **초과적인** 요소로 간주했을 때 그러하였다. 동질적·단선적 시간 단위에 의거하는 노동척도는 이와 같이 극복되기 시작했다. 이제 우리는 생산적 활동의 언어적 장치는 말할 것도 없고 사회적 생산의 협동적 관계 및 과학적 요소들의 튼실한 축적이 노동생산성을 증가시키고 자연을 변형하고 새로운 존재를 발명하는 노동의 능력을 예외적인 방식으로 강화시키는 그러한 시대에 살고 있다. 오늘날 우리는 **노동의 활력의 협동적·과학적 실천의 정점을** 사는 것이다.

이렇게 노동의 본성이 가진 협동적·과학적 차원을 강조하였으니, 이제 오늘날의 노동 개념과 그 실재를 **구체적으로** 정의하는 것이 필요하다. 이를 위해서는 자본과 노동의 새로운 관계가 **분업**의 새로운 국면을 연다는 것을 상기해야 한다. 맑스는 이러한 새로운 국면에서 경향적으로 "고정자본의 발전이 일반적인 사회적 지식이 직접적인 생산력이 되는 것으로 드러나며, 그리하여 **사회적 삶의 과정 자체의 조건이 일반지성의 통제 아래 있게 되고 그에 상응하여 변형된다**"고 말한다*Grundrisse*, tr. it. La Nouva Italia, Firenze 1997, vol. Ⅱ, p. 403, 강조는 필자. 사실 『정치경제학 비판 요강』을 따라 비물질노동을 발전의 핵심이자 발전의 경향으로 삼는 생산을 일반지성이라 부른다면, 노동을 경제주의적으로 환원하는 데서 출발해서는 일반지성을 통한 생산을 결코 고찰할 수 없다는 사실을 덧붙여야 할 것이다(『자본론』에서는 협동과 과학이 오직 경제적 관점에서만, 즉 양적 효과들의 계산으로만 고찰되었다). 그래서 레지스터를 변경할 필요가 있는 것이다. 우리는 탈근대 사회에서는 **노동가치가 삶정치적 형태로 출현한다**고 말한다. 이는 무엇을 의미하는가? 이는 가치가 더 이상 어떤 방식으로도 단순한 시간의 양으로 분석되거나 측정될 수 없다는 것, 심지어는 그 양들의 복합적인 연쇄로도 분석되거나 측정될 수 없다는 것을 의미하는데, 그 이유는 사는 것과 생산하는 것이 하나의 단일한 총체가 되고 삶시간과 생산시간이 점점 더 중첩되기 때문이다. 우리가 **삶정치**에 대해 말할 때, 이는 인공적인 재생산 조건과 활동이 삶에 완전히 삼투된다는 것을 의미하며, 자연 자체가 사회화되고 또 생산기계로 된다는 것을 의미한다. 노동은 이러한 지형에서 완전히 재평가된다. 그리고 만약 우리가 오직 테크놀로지적·물질적 차원을 통해서만 더 생산적으로 되는 낡은 노동의 상에 계속해서 준거하길 원하더라도, 그리하여 그것의 거대한 활력이 단순히 복합성에 입각해 있다고 계속해서 주장하길 원하더라도, 우리는 단순한 복합성의 힘을 넘어서는, 더 정확하게는 담론 안에서 효력을 발하는 말이 가진 것과 같고 언어 안에서 작동하는 이름이 가진 것과 같은 활력을 노동에 제공하는, **환원불가능한 혁신의 요소**를 어딘가에 삽입해야 할 것이다. 삶정치적인 생산적 협동은 이제 언어적이 되었으며, 언어적 공동체가 생산적으로 되었다. (물론 이것은 은유이다. 하지만 역동적 유비의 은유, 경향적으로 입증된 상동성의 은유이다. 사실 언어는 일단 기계에 의해 포섭되면 기계를 인간화하며 다시 그것에 의해 심오하게 변형된다. 기계 세계에서의 '언어적 전회'[1]는 기계가 인간의 활동에 의해서 완전히 재정복될 때까지 즉 ― 맑스가 말했듯이 ― "인간 자신이 주요한 고정자본이 될" 때까지 여러 번 혁신되게 될 터인데, 이때에는 고정자본 자체가 달라질 것이며 이와 함께 인간도 달라질 것이다.)

    은유로부터 구체적인 생산에 대한 분석으로 내려가면서 새로운 생산 현실의 질적 도약이 매우 분명해질 터인데, 가치화 과정의 비물질적·과학적 차원이 이제 생산적 활동의 상이한 부문들의 **혼종화**를 통해서

---

1. [옮긴이] '언어적 전회(轉回)'(the linguistic turn)는 20세기에 서양 철학과 인문학에 일어난 주요한 변화, 즉 언어에 초점을 맞추는 방향으로의 변화를 지칭한다.

출현하기 때문이다. 노동은 이제 마치 (지적·물질적·조직적·예술적·연구적·소비적·재생산적 등의) 상이한 요소들의 화학작용에 의해 형성되는 것처럼 보인다. 협동적 활동의 노고와 창조성은 이제 비상한 효율성에 도달했다. 더 나아간 귀결들을 이러한 전제들로부터 끌어낼 수 있다. 특히 불변자본은 점점 더 분명하게 노동력의 협동과정에 의존하는 가변자본으로 나타날 것이다. 나아가 이 지점에서 (불변자본의 범주와 긴밀하게 연관된 방식으로) 상품의 유령적 형상이 맑스 『자본론』 1권을 독해하는 것보다 더 잘 이해될 수 있다. 사실 상품 물신주의가 상품을 생산하는 노동의 사회적 성격을 위장함으로써 태어났다면, 여기서 이 위장은 상품의 생산 메커니즘과 유통 메커니즘의 모든 효과로, '브랜드'의 생산으로, 전지구적 차원의 '아웃소싱'에서 일어나는 착취가 생산하는 노예제로 확장될 수 있다. 상품의 물신적 성격이 '로고'로 되었다. 더 정확하게는 '로고'가 이제 현대의 『자본론』의 가장 적절한 정의들 중 하나가 되었다. 물신, 유령, 물신적 전유, 사회적 노동 조직화에 존재하는 기생적 장소. 이것들은 삶에 대립하는 것으로 나타난다. "이러한 식으로 아무리 협소한 민족적·종교적·정치적 규정 속에서일지라도 인간이 항상 생산의 목적으로 나타나는 옛날의 관점이 생산이 인간의 목적이고 부가 생산의 목적인 현대 세계와 비교할 때 훨씬 숭고하게 보인다. …… 부르주아 경제에서는 ― 그리고 그에 상응하는 생산시기에는 ― 인간의 내적 잠재력의 이러한 온전한 펼쳐짐은 자신의 총체적 공동화空洞化로 변한다. 그의 보편적 대상화는 그의 총체적 소외가 되며, 모든 특수한 일면적 목적의 파괴는 인간의 자기목적이 전적으로 외적인 목적에 희생하는 것이 된다." *Grundrisse*, tr. it. cit., vol. II, pp. 112~113

추가

"그러나 실상 협소한 부르주아적 형태를 벗기고 보면 부란 개인의 욕구와 능력과 향유와 생산력 등의 전면성이 보편적 교환관계 속에서 생산된 것이 아니고 무엇인가? 자연의 힘에 대한 — 자신의 본성의 힘뿐만 아니라 이른바 자연의 힘들에 대한 인간의 통제력이 한껏 발전된 것이 아니고 무엇인가? 인간의 창조적 능력이 선행하는 역사단계 말고는 그 어떤 전제도 없이 절대적으로 발휘되어서 이러한 발전의 총체 — 인간의 모든 능력의 발전 그 자체 — 를 미리 주어진 자로 재는 대상이 아니라 자기목적으로 삼고, 이를 통하여 인간이 어떤 특정의 성격으로 자신을 재생산하는 것이 아니라 자신의 총체를 생산하고, 자신이 이미 되어버린 어떤 것에 머물려하지 않고 절대적 생성운동의 상태에 있는 것, 이것이 부가 아니고 무엇인가?" 이는 루카치도, 블로흐도, 벤야민도, 어떤 다른 1920년대의 유토피아주의자들도 아니다. 이는 우리가 앞에서 맑스로부터 인용한 바로 그 대목에서 생략되었던 부분이다 *Grundrisse*, p. 112. 여기서 유토피아는 너무 일반적이며, 변증법적 진보의 환상에 의해 그리고 전체성의 실현에 의해 양성된다. 우리는 이러한 장치를 거부한다. 하지만 방법의 실을 짜면서 처음부터 다시 시작하는 것이 곧 후퇴하는 것을 의미하는 것은 아니다. 방법의 구성적 활력에 관한 맑스의 신념 또한 우리의 것이다.

비오스의 착취

그렇다면 사회적 가치 생산의 환원불가능한 연쇄로부터 추출된 잉여가치란 무엇인가? 착취를 개인에 의해서 생산된 잉여가치와 관련하여 설명하는 것이 여전히 가능하며, 그것을 일단의 개인들에 의해서 생산된 것의 일부에 대한 공적인 혹은 사적인 전유로서 정의하는 것이 여전히 가능한 것인가? 만약 가치가 공통적 생산에 의해서 창조된다면, 이 지점에서 맑스의 이론이 수정되어야 한다는 것은 분명하다. 사실 착취는 **공통적으로** 구축되는 가치의 일부 혹은 전부를 전유하는 것을 의미할 것이다. (이때 '공통적으로'는 생산에서 노동자와 자본가가 함께 한다는 것을 의미하는 것이 아니다. 절대로 그렇지 않다. 계급투쟁은 지속된다! 생산과정에서 일어나는 공통적인 것의 출현은 생산 내부의 **적대**를 제거하는 것이 아니라, 그것을 사회적 생산 전체의 수준으로 ― 직접적으로 ― 발전시킨다. 노동자와 자본가는 사회적 생산 **안**에서 충돌하는데, 그 이유는 자본가들(권력)이 사적인 전유를 통해 다수를 ― 그러나 언제나 탐욕스런 다수를 ― 나타내는 반면, 노동자들(다중)은 공통적인 것(협동)을 나타내기 때문이다.)

그런데 이것으로도 충분하지 않다. 착취의 규칙은 공통적 가치의 전유 ― 이는 이제는 삶정치적 개입의 메커니즘을 특징짓는 과정이다 ― 를 통해서 나아갈 뿐만 아니라 또한 **삶정치적 직물의 위계적 구현**을 통해서, 즉 생산 메커니즘과 점점 더 유기적인 연관을 맺으면서 발전하는 소속과 배제의 작동을 통해서 나아갈 것이다. 분명 착취에 대한 이러한 정의는 공시적共時的이고 국지적인 방식으로만, 즉 특수한 생산과정 안에서만 이해되어서는 안 되며, 세계화 안에서 유효한 **규범기계**로서 설정되어야 한다. 여기서 작동하는 것은 **일반지성** 수준에서의 **국제적 분업**의 과정이며, 여기서 문제가 되는 것은 전지구적 시장(통치)의 **삶정치적 장치**이다. 제국론은 분업에 대한 새로운 이론이며, 또 그에 대한 비판인 것이다.

그러므로 삶정치적 착취는 다중의 살을 대상으로 실행된다. 이러한 살은 혼종적이다. 그것은 문화적, 생산적, 언어적으로 혼종적이다. 데모크리토스를 비롯한 고대 유물론자들이 전해준 상(像)을 따른다면, 살은 격동하는 무한성, 운동하는 원자들의 우주이다 ······ . 프리고진에서 해러웨이에 이르는 사람들이 다중의 **혼종적 살**에 대해 경이적으로 새롭게 서술한 바 있다. 그리고 단지 화학이나 자연과학만이 혼종화의 **사례**를 제공하는 것이 아니다. 이제 혼종화라는 이름은 일상적 상상력의 상수(常數)가 되었다. 그러면 이러한 배경에서 우리는 어떻게 **비오스의 착취**의 경험을 온전하게 정의할 수 있는가? 우리는 이미 배제와 고립에 대해 말했는데, 이러한 지형에서는 **착취가 존재로부터 살을 제거하는 것이** 되었다는 점을 덧붙여야 한다. 달리 말하면, **새로운 분업은** (거대한 다국적기업 및 국민국가가 가지고 있는, 소유하고 관리하는 권력 ― 제국의 시기에서는 낡은 것이 된 권력 ― 들이 통치하는 경계 안에서) 전지구적인 노동력에 내재해 있는 선들을 따라서 전적으로 실행되는 것이다. 가치관계가 **공통적** 실체를 가진다는 것이 발견된 후에는, 가치관계가 **장소의 연쇄** 안에 물질적으로 새겨져야 하며, 소유의 단일한 명령에 의해 통제되어야만 한다. 협동에 대한 이러한 통제 체제는 때로는 위에서 시작하여 아래에서 끝나고, 다른 때에는 아래에서 시작하여 위에서 끝난다. 그러나 그러한 통제의 핵심은 언제나, 지속적인 명령 하에 있는 생산체제 안에서 협동을 파편화하여 위계적으로 분절시키거나 상호작용시키는 데 있다. 새로운 소통테크놀로지가 이러한 과정에서 근본적인데, 그 이유는 그것이 독립적인 노동자들 사이의 상호작용적 조정을 극히 효율적으로 만들면서도 노동자들이 소유에 기초한 위계에 종속되는 것을 허용하는 데 있다.

이러한 조건에서 착취되는 자는 빈자이다. 하지만 누가 빈자인가? 그들은 생산의 살, 삶정치적 생산의 기초적 원소, 생산적 삶의 모호하지만 그럼에도 실제적인 실체에 다름 아니다. 공통적 생산의 조건에서는 빈자란 모든 주체가 생산의 세계에 포함되어 있는 곳에서 배제된 자이다. 협동체계는 자본주의 체제(그 물리적 측면과 소유관계의 측면)와의 최종적 모순을 야기할 수밖에 없으며, 오늘날에는 이 모순을 분명히 하는 일만 남아있다는 사실을 많은 이들이 강조한다. 일반지성을 통한 전지구적 앎과 협동이 오늘날 착취가 이루어지는 바탕인 저 새로운 분업을 심각하게 시험할 수밖에 없다는 것 또한 사실일 것이다. 하지만 객관적 경향만으로는 충분치 않다. 사실 적대의 결정에서 핵심적인 것은 주체, 즉 빈자이다. 빈자 ― 배제된 자이자 포함된 자, (노동을 하지는 않더라도 사회에 참여하는 것만으로) 착취되는 자. 하지만 빈자는 대지의 소금이기도 하다. 부자가 언제나 장소를 갖는 반면, 빈자는 비록 특정 장소에 있더라도 언제나 뿌리 뽑혀 있으며 늘 엑서더스의 과정에 있는 특이성들이기 때문이다. "그것은 그 현실적 실재의 이러한 계기들로부터의 추상으로 (또한 비非가치로) 존재하는 산 노동이다. 그것은 이러한 완전한 약탈이자 (모든 객체성이 강탈된) 노동의 순수한 주체적 실존이다. 그것은 절대적 빈곤으로서의 노동이며, (결핍으로서의 빈곤이 아닌) 객체적 부의 완전한 배제로서의 빈곤이다. 혹은 또 그것이 실존하는 비가치인 한에서, 그리하여 매개 없이 실존하는 순전히 객체적인 사용가치인 한에서, 이러한 객체성은 단지 개인으로부터 분리되지 않은 객체성, 단지 그의 직접적인 신체적 실존과 일치하는 객체성일 수 있다"*Grundrisse*, tr. it. cit., vol. I, p. 279. 하지만 빈자에 대한 이러한 정의는 긍정적으로 전도될 수도 있다. "객체로서가 아닌 활동으로서의 노동, 그 자체 가치로서가 아닌 가치의 살아있는 원천으로서의 노동. 그 안에서 일반적 부가 객체적으로 존재하는 실재인 자본과 비교하여, 노동은 부의 일반적 가능성으로서 일반적 부인데, 이 부는 활동 자체로 입증된다. 따라서 노동이 한편으로는 객체로서 절대적 빈곤이고 다른 한편으로는 주체와 활동으로서 부의 일반적 가능성이라는 것은 모순이 아니다."*Grundrisse*, tr. it. cit., vol. I, p. 280

방법에 대한 두 번째 간략한 요약

그러므로 여기서 맑스의 「서설」은 혁신되어야 한다. 『정치경제학 비판 요강』 '노트 M'의 근본 논점 중 하나는, 생산이 사회적 삶의 전체 과정을 지배할 때, 즉 실질적 포섭이 현실화될 때, 정치경제학의 방법이 노동이 추상적으로 되고 또 보편적 유로서 정의되는 경향이 점점 더 강해지는 데 근거할 수 있다는 것을 입증하는 것이다. 모든 노동활동이 이러한 형태 안에 통합될 수 있다. 오늘날 우리는 이러한 방법론적 발전을 이해할 수 있으며, 그것을 맑스에게 가능했던 것보다 더 전진시킬 수 있다. 사실 맑스는 그의 근본적 명제에서 "구체적인 것은 그것이 다양한 규정들의 종합이며, 그리하여 다양성의 통일이기 때문에 구체적이다"*Grundrisse*, tr. it. cit., vol. I, p. 27라고 전제해야만 했다. 「서설」

에서 맑스는 이를 다음과 같이 엄밀하게 말한다. "개인들이 쉽게 하나의 노동에서 다른 하나의 노동으로 이동하며, 노동의 특정한 종류가 그들에게는 우연적이고 따라서 무차별적인 그러한 사회 형태에 상응하는, 특정한 노동에 대한 무차별성. 여기서 노동은 범주에서만 아니라 실재에서도 부 일반을 창조하는 수단으로 되며, 규정으로서는 특수한 차원의 개인들과 구체적으로 연관되기를 그친다. 그러한 사태는 부르주아 사회의 가장 근대적 존재형태인 미국에서 최고로 발전했다. 그러므로 여기서 근대경제학의 시작점인 추상적 범주로서의 '노동', '노동 일반', 노동 그 자체가 처음으로 실제적으로 진실이 된 것이다."*Grundrisse*, tr. it. cit., vol. I, p. 32 이제 상황이 변했다. 구체적인 것은 사실 더 이상 단순히 **규정들의 종합**이 아니며, 오히려 **공통적인 것과 연관된 특이성들의 다양성**이다. 구체적인 것은 공통된 이름이며, 그리하여 『자본론』의 관점을 넘어서는 공통된 노동의 증식이다.

하지만 여전히 충분치 않다. 맑스는 "그러므로 생산은 주체에 대해 객체를 산출할 뿐만 아니라 객체에 대해 주체를 산출하기도 한다"고 덧붙인다*Grundrisse*, tr. it. cit., vol. I, p. 16. 이 명제를 중심으로 「서설」은 그 정점에 도달하는데, 거기서 (착취에 대한 삶정치적 시각의 기초를 놓은) 자본주의 발전에 대한 객체적 분석이 우리를 주체성을 향해, 즉 주체성이 협동을 통해 혁신을 생산하며 노동을 풍요롭게 하는 지점을 향해 이동하도록 한다. 이제 이는 또한 빈자, 노동자, 배제된 자, 착취된 자(혹은 삶이 제거된 자)의 반란 능력이 실현되는 지점이기도 하다. 탈근대적 착취에 대한 이러한 최초의 위상학적 접근은, 혁신과 새로운 가치창조가 일어나는 곳에서 반란을 상상하기 위한 (욕망으로서의 연구를, 더 정확하게는 육화에 삼투되는 연구를 상상하기 위한) 조건으로 존재하는 것이다. 자유는 스스로를 신체로, 협동의 공통적 신체들로, 일반지성의 다양한 신체들로, 적대의 신체들로 만들고자 하는 것이다.

:: 옮긴이 후기

『다중과 제국』은 『제국』(2000) 출간 이후 네그리가 (어떤 것은 하트와 함께) 집필한 몇 편의 글들과 "2002년 늦은 봄 코쎈짜-아르까바따 대학Università di Cosenza-Arcavacata의 사회학연구소에서 한 5개의 강의"로 구성되어 있으며, 네그리 자신의 말에 따르면 "『제국』으로 인도했던 연구 방법론에 관한 몇몇 논점들을 지적하고 또 발전시키"는 작업을 담당하고 있다.(9쪽) 이 작업은 이후에 『다중』Multitude, 2004과 『공통체』Commonwealth, 2009에서 더욱 진전된다. 그렇다면 현 시점에서 이 책의 시효는 『다중』과 『공통체』로 이전되어 사라진 것인가?

그렇지 않다. 이 책은 새로운 방법론의 시작을 설명하고 있으며, 새로운 시작을 말하는 것이 그 가치를 다하는 일이란 없다. 그리고 네그리가 예컨대 "저는 마이클 하트와 함께 근래에 뉴욕의 펭귄북스Penguin Books에서 출판될 우리의 『다중』에서 풍부한 방법론적 고찰을 발전시켰습니다"라고 말하고 있기는 하지만(118쪽), 『제국』과 마찬가지로

『다중』이나 『공통체』도 방법의 측면보다는 방법의 대상을 서술하는 데 치중하거나, 방법의 발전과정 자체보다는 그 과정의 일정 시점에서 이루어진 결과를 제시하는 데 치중하는 책이다. 이에 비해서 『다중과 제국』은 방법 자체를 설명하는 데 치중하는 책이며 바로 그렇기 때문에 『제국』, 『다중』, 『공통체』에 훌륭한 보완이 된다.

예를 하나 들어보자. '제국'과 '제국주의'의 차이, 혹은 '제국주의'에서 '제국'으로의 이행이 『제국』의 주요한 논점 가운데 하나인데, 『제국』이 출간된 이후 불러일으킨 파장에도 불구하고 이 논점이 독자들에게 잘 이해되었다고 볼 수는 없을 것이다. 미국 일방주의의 패배가 확연한 현재의 시점에서는 사정이 달라진 것으로 보이지만, 아직도 이 논점에 대한 독자들의 이해가 충분한 것이라고 말할 수 있는지는 의문이다. 아마 '현 시기를 제국주의가 아니라 제국이라고 부른 네그리와 하트의 견해가 옳았다'라는 판단을 하게 된 독자들의 수는 늘었겠지만, 그것이 방법론의 차이, 사유하는 방식의 차이를 동반한다는 점에 대한 이해를 포함하기는 쉽지 않기 때문이다. 이 책에 실린 「주권」이라는 글은 주권의 변형만이 아니라 주권을 보는 관점 ─ 분자적 관점과 그램분자적 관점 ─ 을 설명함으로써 '제국'으로의 이행이 품고 있는 방법론적 차원을 분명히 한다.

이 책에서 설명되는 새로운 방법론을 '후기'라는 이름이 붙은 자리에서 자세히 설명할 필요는 없을 것이다. 이 책 자체가 바로 그러한 설명의 '치환 불가능한' 사례이기 때문이다. 다만 독자에게 도움을 주기 위해 이 새로운 방법론을 구성하는 주요한 계기들 몇 가지를 간략하게 부각시키는 것으로 후기를 대신하고자 한다.

몰입

　방법이란 대상을 바라보는 시각이나 관점과 관련된다. 이런 의미에서 앎의 과정에서 주체적 요소이다. 근대는 이 주체적 요소(방법)와 객체적 요소(대상) 사이의 관계를 분리된 것으로 보았다. 이것이 근대적 방법론의 일반적 특징이며, 근대의 방법을 구성하는 요소들 — 개념들, 범주들 — 이 낡았다고 할 때에 그 근본적인 핵심은 바로 이러한 분리에 있다. 이 분리가 하나의 양태로 일어나는 것은 아니다. 칸트에게서처럼 대상은 '물 자체'라는 말로 뒷전으로 밀리고 이른바 '선험론적 도식들'이라는 주체적 요소들만이 부각되는 경우도 있고, 전통적 물리학에서처럼 주체가 사라지고 객체만이 남는 경우도 있다.

　탈근대로 진입하면서 철학에서도 자연과학에서도 이러한 주체와 객체의 분리는 설 자리를 잃었다. 네그리의 방법 역시 이러한 분리를 인정하지 않는다.

　사실 과거에는 방법론적 사유가 언제나 관찰 지점과 관찰 대상 사이의 일정한 이중성을 설정했다는 점을 염두에 두도록 합시다. 그러나 오늘날 외부는 더 이상 존재하지 않는 듯합니다. 이것이 바로 제국에 대한 논의의 기초를 이루는 방법론적 문제들 중 하나입니다. 만약 외부가 더 이상 존재하지 않는다면, 여기서 우리가 정의하기를 원하는 문제, 대상과 대면하는 데 있어 일정한 어려움이 발생합니다. 우리는 내부에 있지 외부에 있는 것이 아니며, 안에서 움직이고 있는 것입니다. 이러한 '몰입되어 있음'이 모든 일반적인 방법론적 기준들 — 안정된 어떤 사태에 대해 외부로부터 접촉할 수 있도록 하는 것, 그리하여 역사적 관계를 결정하고 고정시키며 그것에 의미를 부여하는 저 객관적 안정성으로부터 서사가 흘러나오도록 하는 바로 그것 — 을 폭파시킵니다.(97쪽)

이러한 '몰입'의 계기는 네그리의 분석과 연구를 들뢰즈·가따리가 '소수과학'(혹은 '유목과학')이라고 부른 것의 한 탁월한 사례로 볼 수 있게 한다. '다수과학' 혹은 '국가과학'이 둑에서 강물을 바라보며 — 이는 관찰자와 관찰대상의 분리를 전제한다 — 본 것을 재생하는 것임에 반해 '소수과학'은 소용돌이에 휩쓸려서 같이 흘러가면서 특이성을 추적하는 것에 해당한다.[1]

초과

변화하는 현실에의 몰입은 관찰대상과의 분리는 극복하였지만 관찰자로 하여금 현실의 변화에 대하여 수동적인 태도를 취하는 데 머물게 할 수도 있다. '추적'조차도 그렇다. 그러나 네그리가 보기에 노동이 인지활동으로 변형된 탈근대적 조건에서는 "지식이 자신의 모든 산물을 초과"한다.(104쪽) 그리고 "방법은 이러한 초과의 일부이며 이 초과 안에서 그 자신의 상대적 독립성을 획득"한다.(104쪽) 정확하게 무엇을 초과하는가? 척도를 초과한다. 척도는 대상을 미리 제한한다. 바로 이

---

1. 이에 대해서는 Gilles Deleuze and Félix Guattari, *A Thousand Plateaus: Capitalism and Schizophrenia*, Trans. Brian Massumi (Minneapolis: University of Minnesota Press 1987), 12장 "1227: Treatise on Nomadology — The War Machine"을 볼 것.

러한 '미리 제한됨'을 넘어가는 것이 초과인 것이다. 이렇게 초과의 차원으로 연결됨으로써 몰입은 단순한 수동적 관찰에 머물지 않고 현실 변형의 능동적 요소가 된다. 그리고 방법은 단순한 관찰의 방법에 그치지 않고 현실에 작용하는 힘이 된다. 그래서 네그리는 "우리는 **방법**을 지식의 관점에서 즉각 **산 노동**으로 정의할 수 있어야만" 한다고 말하는 것이다.(106쪽)

비목적론적 인과론

탈근대의 시기에 초과는 비물질노동 혹은 인지 노동이 헤게모니를 쥐게 되는 경향으로 인해서 점점 더 모든 생산활동(노동)에 내재하는 것으로 된다. 그렇다면 원인은 미리 결정되어 있는 결과에 이르는 과정에서 방해를 받게 된다. 아니, 초과 자체를 원인으로 보면, 그 원인이 어떤 결과를 낳을지 알 수가 없다. 이런 의미에서 "방법은 사건에 종속"된다.(235쪽) 아니, 방법 자체가 사건이다. 이제 모든 과정은 열린 과정이 된다. 이것이 낳는 귀결은 첫째로 결정론적 인과론과의 단절이다. 원인이 미리 정해진 결과에 이르지 않기 때문이다. "**첫째 문제는 과정을 근본적인 불연속성과 관련시켜 독해하는 것입니다.** 말하자면 우리는 역사 과정을 결코 결정론적 용어로 정의되는 단선적, 필연적 과정으로 간주하지 않습니다."(65쪽) 둘째 귀결은 미리 정해진 목적에 과정을 종속시키는 목적론과의 단절이다. 이러한 비목적론적 인과론이 가리키는 과정의 정치적 실재는 바로 계급투쟁이다. "우리의 방법의 바탕을 이루는 것은 바로 (마키아벨리적인 장치, 즉 열려있으며 비결정적이고 비목적

론적이며 위험한 장치인) 계급투쟁입니다."(37쪽)

신체와 주체성

그런데 누가 계급투쟁을 하는가? 네그리의 경우에 계급투쟁의 주체는 전통적인 의미의 노동자계급이 아니라 다중이다. 다중은 신체들로 구성된다. 그리고 그 자체가 일종의 사회적 신체이다. 네그리에게 있어서 신체의 관점은 분석적 방법론을 넘어가도록 추동한다. "분석적 방법론을 저는 쌀라미salami의 이론으로, 사회적 신체를 분석적으로 토막내는 이론이라고 부릅니다. 이와 달리 오늘날 우리는 필시 먼저 신체성과 대면하면서 시작할 것입니다."(239쪽) 분석에서 구성으로의 이러한 전환과 병행되는 것은 역사 과정을 주체성을 생산하는 과정으로 보는 것이다. 이제 역사는 '우리'의 바깥에 있는 어떤 것의 과정이 아니라 '우리'의 구성과정이요 혁신 과정이다. 네그리는 주체성의 생산과정으로서의 역사과정이라는 차원을 '삶정치'라고 부른다. "사회적 존재론의 관점에서 볼 때 오늘날 더 흥미롭게 여겨지는 것은 삶정치의 정의定義, 즉 주체성의 출현입니다. 단지 방법론적 고찰에서 단절이 일어나는 것이 아니라 거의 모든 방향에서 진행되는 해방 과정의 존재론적 열림에 대한 인식이 출현하는 것입니다."(112쪽) 그리고 "**삶정치는 계급투쟁의 확장**"이다.(114쪽)

비판에서 실천으로

분석에서 구성으로의 전환, 신체의 차원으로의 이행은 비판에서 실천으로의 전환을 함축한다. 신체의 관점은 비판보다는 실천을 향해, 힘의 발휘를 향해 열린다. "그래서 방법에 대한 논의에서 가장 중요한 요소 중 하나는 실천적·물질적 결정, 순전한 비판적 지평을 깨뜨리는 실천입니다. 실천적 단절이 언어와 협동을 가로질러야 하며, 공통적 실천 ― 이는 이 과정의 내부에서 일어나는 앎과 행동의 구체적 통일입니다 ― 의 중심성에 대한 지속적 긍정이 언어와 협동을 가로질러야 합니다."(237쪽) "공통적 실천"의 맥락에서 '신체'의 차원이 함축하는 범주 혹은 개념이 바로 특이성과 공통적인 것이다. 지금 네그리와 하트의 정치철학에서 가장 대표적이라고 할 수 있는 이 두 범주, 특히 '공통적인 것'은 『다중』을 거쳐 『공통체』에서 상당히 발전된 형태로 제시되지만, 『다중과 제국』에서는 그 방법론의 한 중요한 측면을 설명하는 데 쓰이는 정도 이상으로 제시되지는 않는다.

고려해야 할 명백히 중요한 또 다른 요소는 대상을 구성하되, 언제나 그 총체를 취하면서 단순히 동일성이나 차이가 아니라 모든 경우에 항상 특이성을 '공통적인 것'을 향하는 충동으로서 포착하며 구성하는 것입니다. 이러한 방법론적 실마리는 진정으로 새롭고 독창적인 것입니다. 이전에 우리가 경제적 인간, 미적 인간, 심리적 인간 등을 선별하고 분석적으로 따로 떼어내어 보여주었다면, 오늘날 우리는 이 모두를 결합시킬 수 있습니다.(239쪽)

이 모든 것이 말해주는 것은 변증법과의 단절이다. 변증법에 대한 네그리의 태도는 이미 많이 알려졌으므로 이에 대해서는 비교적 긴 대목 하나를 인용하는 것으로 설명을 대신 하도록 하자.

맑스의 「서설」에서와는 달리 여기서 방법은 변증법적 왕복이 아니며, 또 실재의 변형을 예증하기 위하여 방법 안으로 초월을 도입할 필요도 없다. 여기서 방법은 역사 과정 안에 존재하는 절대적 내재성을 즐기는데, 이는 주체성을 향한, 주체성 안에서의 지속적인 심화로서 나타난다. 방법은 맑스에게서처럼 추상에서 주체성과 구성으로 나아가는 것이 아니라, 구성을 **역사적 흐름** 안으로 가져온다. 내재성은 도구적 방식으로라도 초월을 가장할 필요가 없다. 여기서 변증법은 진정으로 소멸되었다.(255쪽)

맑스의 방법에 대한 네그리의 태도는 '맑스를 넘어선 맑스'라는 어구를 적용해야 할 성격의 것이다. (여기서 맑스의 방법에 존재하는 변증법적 측면에 대해서는 말할 필요가 없다. 이는 맑스의 핵심적 방법이 아니기 때문이다.) 이 책에서 네그리는 맑스의 방법 중에서 아직도 유효한 것과 그렇지 않은 것을 구분한다. 다음은 후자에 해당하는 것에 대한 논의이다.

문제는 구체적으로 규정된 추상으로부터 시작하는 것이 더 이상 가능하지 않다는 점에 있었다. 다시 말하면 자율적·과학적·독립적 활동으로서의 개념 형성으로부터 시작하는 것은 더 이상 가능하지 않으며, 오히려 널리 퍼져있는 역사적 경험 안에서 움직이는 것이 필요했고 또 원인과 그에 대한 반발로 구성되는 계속적 요동을 결과로 이루어지는 것이 아니라 바로 (탈근대의 역사적 양식을 특징짓는) 예상치 못한 사건 및 출현으로 구성되는 계속적 요동을 이해하기 위해 노력하는 것이 필요했다.(253쪽)

그러나 『다중』 2부 1장에 붙은 「방법 : 맑스의 발자국을 따라」에서 제시되는 '추상'의 방법에 대한 논의는 이와는 좀 다르다. 이러한 차이는 네그리 사유의 내적 모순으로 간주될 것이 아니라 어떤 변화를 암시하는 것일 터이고, 따라서 독자 측에서는 생산적인 고찰을 위한 자료로 삼는 것이 유용하리라고 본다.

이 책은 방법론적 측면에 집중하기 때문에 일반 독자들에게 좀 어려울 수도 있다. 그러나 이 책에서 이루어지는 작업이 가지는 중요성은 독자대중의 입장에서 볼 때 매우 크다. 세계는, 즉 자본주의 사회는 변화하고 있고, 이 변화와 관계하는 방식은 대중의 앞으로의 삶에 당연하게도 큰 영향을 미칠 것이다. 대중은 현실에서 일어나는 변화의 한 가운데에 있으며 따라서 변화에 대한 기초적 감각을 그 신체에 가지고 있다. 그러나 이 감을 튼실하고 일관된 앎으로 끌어올리기는 힘든데, 그 가장 큰 장애가 대중을 포위하고 있는 낡은 관점이나 낡은 방법(그리고 그것에 기반을 둔 낡은 제도들)이다. 그리고 일반적으로 지식인들이 ― 좌파든 우파든 ― 이러한 낡은 도구들의 수호자들이다. 낡은 것들은 정리되어야 하고 새 것들이 구축되어야 한다. 『다중과 제국』은 다중에게 부여된 이러한 과제의 일부를 담당하는 책이다.

이 책은 박서현이 먼저 이탈리아어본을 기본으로 (영어본을 참조하면서) 옮겼고, 그 다음에 정남영이 다시 이탈리아어본 및 영어본 모두와 대조하면서 검토·수정하였으며 최종적으로 같이 마지막 수정, 운문 및 미해결 부분의 완결 및 용어통일 작업을 했다. 번역에서 미진한 부분은 모두 두 공동역자의 책임이다.

끝으로 다중에게 좋은 책을 선물하기 위해 늘 고생하는 갈무리의 동지들에게 감사의 마음을 전한다.

2011년 10월 13일
정남영, 박서현

:: 주요 용어 대조표

한국어, 영어. 이탈리아어, 기타 언어 순

강도 intensity intensità
결정 determination determinazione
공동체 community comunità Gemeinschaft [독일어]
공재 consistency consistenza
공통된 이름 the common name nome comune
공통적인 것 the common il comune
구성권력 constituent power potere costituente
국민 people popolo
그램분자적 molar molare
기관없는 신체 Corps sans Organes [불어]
다이어그램 diagram diagramma
다중 multitude moltitudine
대항제국 counter-Empire controImpero
레지스터 register registro
반란 insurrection insurrezione
분자적 molecular molecolare
불시성 untimeliness intempestività
비물질노동 immaterial labour lavoro immateriale
비오스 bios [라틴어]
사회 society società Gesellschaft [독일어]
산 노동 living labour laboro vivo
살 flesh carne chair [불어]
삶권력 biopower biopotere
삶정치 biopolitics biopolitica
생살여탈권 Vitae necisque potestas [라틴어]
서술 Darstellung [독일어]
선험론적 transcendental trascendentale

씬옵틱 synoptic sinottico
엑서더스 exodus esodo
오뻬라이스모 workerism operaismo
이것임 haecceity ecceità
이질동형 isomorphism isomorfismo
인지 자본주의 cognitive capitalism capitalismo cognitivo
일반지성 General Intellect
장소 아닌 장소 non-place non-luogo
장애 obstacle ostacolo
장치 mechanism/dispositif/apparatus dispositivo/apparato
저항 resistance resistenza
절대적 민주주의 absolute democracy democrazia assoluta
정의로운 전쟁 bellum justum
제국 Empire Impero
존재론 ontology ontologia
주권 sovereignty sovranità
주체성 subjectivity soggettività
중층결정 overdetermination sovradeterminazione
지구화 globalization globalizzazione
책임 accountability reponsabilità
초과 excess eccedenza
초근대 hypermodernity ipermoderno
총체 set insieme
측정불가능한 incommensurable incommensurabile
치안학 police science scienza di polizia
카이로스 kairos [라틴어]
커먼 Common Comune
코뮤니즘 communism comunismo
쿠피디타스 cupiditas [라틴어]
타자성 alterity alterità
텔로스 telos [라틴어]
통제 control controllo

특이성 singularity singolarità
판옵틱 panoptic panottico
한계 limit limite
해부정치 anatomo-politics anatomo-politica
협동 cooperation cooperazione
협치 governance governamentalità
홈 striation striature
활력 potenza [라틴어]
후기 근대 late modernity tardo moderno Spät-modernität [독일어]
훈육 discipline disciplina

:: 인명 찾아보기

ㄱ

가따리, 펠릭스(Guattari, Felix) 11, 24, 114, 137, 173, 188, 222, 285
구하, 라나짓(Guha, Ranajit) 76
그레이, 존(Gray, John) 16, 126
까스텔스, 마누엘(Castells, Manuel) 48

ㄷ

델 루케세, 필리뽀(Del Lucchese, Filippo) 161
듀이, 존(Dewey, John) 245
들뢰즈, 질(Deleuze, Gilles) 11, 22, 24, 44, 77, 114, 119, 137, 148, 164, 165, 173, 188, 222, 285

ㄹ

라뚜쉬, 쎄르제(Latouche, Serge) 50
라이언, 앨런(Ryan, Alan) 245
레닌, 블라디미르(Lenin, Vladimir I.) 52, 69, 133, 134, 163, 210, 215~221, 223, 224, 228, 229
레벨, 주디트(Revel, Judith) 108, 119
레벨리, 마르꼬(Revelli, Marco) 48

ㅁ

마라찌, 크리스띠안(Marazzi, Christian) 114, 119
마르꼬스(Marcos) 45
마르씰리우스(Marsilius) 23

마키아벨리, 니콜로(Machiavelli, Niccolò) 25~27, 31, 36, 90, 146, 147, 160, 206, 220, 286
마티에센, 토마스(Mathiesen, Thomas) 41
맑스, 칼(Marx, Karl) 17, 18, 24~26
몬돌포, 로돌포(Mondolfo, Rodolfo) 245

ㅂ

벡, 울리히(Beck, Ulrich) 15, 40, 41, 74, 127
보댕, 장(Bodin, Jean) 90
부르디외, 피에르(Bourdieu, Pierre) 41
비르노, 빠올로(Virno, Paolo) 247

ㅅ

슈미트, 칼(Schmitt, Carl) 23, 76, 90, 217
스콧, 제임스(Scott, James) 137
스티글리츠, 조지프(Stiglitz, Joseph) 127
스피박, 가야트리(Spivak, Gayatri) 24
샌들, 마이클(Sandel, Michael) 156
쏘르디, 알베르또(Sordi, Alberto) 32
쏠미(Solmi) 166

ㅇ

아감벤, 조르조(Agamben, Girgio) 90, 91
알투씨우스(Althusius) 23
와깡, 로익(Wacquant, Loïc) 41

ㅈ
졸로, 다닐로(Zolo, Danilo) 21

ㅋ
카차리, 마씨모(Cacciari, Massimo) 48
커헤인, 로버트(Keohane, Robert) 127

ㅌ
톰슨, 그레이엄(Thompson, Grahame) 13, 121
트론띠, 마리오(Tronti, Mario) 62, 63, 76, 78

ㅍ
포콕(Pocock) 147

포크, 리처드(Falk, Richard) 15, 127
푸꼬, 미셸(Foucault, Michel) 9, 22, 24, 25, 44, 64, 77, 108, 109, 111~113, 137, 148, 152, 179, 180, 186~189, 191, 193, 255, 259
프리드먼, 토마스(Friedman, Thomas) 15

ㅎ
허스트, 폴 (Hirst, Paul) 13, 121
헌팅턴, 쌔뮤얼(Huntington, Samuel) 16, 88
헬드, 데이비드(Held, David) 15, 124, 127
홉스, 토머스(Hobbes, Thomas) 23, 90, 124, 129, 141, 148, 149, 155, 168, 174, 180
후쿠야마, 프랜시스(Fukuyama, Francis) 16
훅, 씨드니(Hook, Sidney) 245

:: 용어 찾아보기

ㄱ

강도 21, 26, 40, 174, 197, 200, 218, 263, 264, 266
공동체 40, 86, 127, 131, 153, 155, 156, 172, 273
공재 173, 174, 178
공통된 이름 7, 245, 246, 252, 280
공통적인 것 48, 50, 152, 153, 155, 156, 159, 162, 178, 182, 223, 236, 237, 239~243, 246, 249, 254, 262, 266, 267, 276, 288
괴물 98, 119, 130~132, 136, 139~141, 171~173
구성권력 133, 134, 137, 138, 140, 145, 162, 163, 165, 180, 203~208, 210, 211, 225, 227, 228, 249, 250
국민주권 125
그램분자적 81~84, 88, 89, 283
기관없는 신체 222

ㄴ

네트워크 30, 37, 48, 50, 73, 82, 83, 85, 101, 154, 158, 159, 169, 170, 180, 197, 200, 213, 219, 242~244, 256, 257, 259

ㄷ

다이어그램 241, 245, 259
대항제국 292

ㄹ

레지스터 23, 138, 272, 292

ㅂ

반란 91, 133~138, 140, 166, 203~208, 210, 211, 217, 225, 250, 280, 292
분자적 81~85, 88~90
불시성 77, 259, 261
블랙파워 136
비물질노동 8, 18, 60, 61, 78, 95, 98, 108, 115, 116, 118, 132, 141, 150~152, 158, 159, 166, 172, 219~221, 226, 234, 242, 247, 253, 272, 286
비오스 217, 222, 276, 277
뽀르또 알레그레 29, 92

ㅅ

사회민주주의 13, 14, 227
산 노동 87, 106, 131, 171, 172, 176, 178, 204, 256, 261, 264~268, 270, 278, 286
살 136, 138~140, 142, 153, 167, 170, 171, 173, 222, 241, 270, 277, 278
삶권력 108, 111~113, 119, 180, 193, 194, 196, 263
삶정치 8, 25, 46, 61, 85, 95, 107~115, 118, 119, 131, 152, 153, 161, 163, 172, 189, 193, 197, 200, 215, 217, 218, 220, 222, 223, 229, 235, 238, 239, 240, 248, 250, 254, 255, 261 ~263, 270~273, 276~278, 280, 287
생살여탈권 90

서술 252, 270
선험론적 169, 171, 284
세계시민주의 15, 28, 36, 37, 40, 50, 214
신체 9, 85, 109~111, 114, 118, 119, 129, 131, 132, 138~141, 170, 171, 173, 175~177, 179, 196, 197, 199, 200, 215, 217~219, 221~228, 234, 238~240, 255, 257, 279, 281, 287, 288, 290
씬옵틱 41

ㅇ
엑서더스 19, 40, 45, 116, 159, 189, 199, 201, 214, 220, 226, 249, 278
오뻬라이스모 24, 61, 63, 76, 77, 152, 189, 190, 237, 238
이것임 164
이질동형 256, 257, 259, 260
인지자본주의 100, 101
인티파다 212
일반지성 27, 78, 102, 114, 118, 119, 132, 141, 152, 153, 166, 167, 170~172, 186, 215, 219, 221~223, 225~227, 228, 261, 269, 271, 272, 277, 278, 281

ㅈ
장소 아닌 장소 11
장애 72, 75, 126, 128, 129, 156~159, 161, 177, 178, 200, 236, 290
장치 11, 31, 32, 36, 41, 64, 77, 86, 87, 90, 95, 102, 107, 110, 112, 113, 147, 151, 154, 159, 167, 170, 174~176, 180, 186, 195, 198, 208, 216, 225, 226, 233, 235, 238, 245~247, 252, 253, 255, 260, 264, 269, 272, 275, 277, 286, 287

저항 17, 19, 30, 40, 44, 45, 48, 82, 107, 113, 116, 129, 133, 137, 138, 140, 150, 161, 180, 189, 199~201, 203~208, 210, 211, 213, 225, 226, 238, 240
절대적 민주주의 132, 133, 142, 147, 151, 209, 226, 228, 229
정의로운 전쟁 33
존재론 8, 18, 24, 36, 50, 77, 95, 97, 98, 104~106, 112, 118, 131, 150, 154, 155, 157~159, 161, 168, 170, 172, 173, 178, 180~182, 185, 191, 195, 200~202, 211, 212, 218, 233~235, 239, 242, 250, 253~256, 259~262, 266, 287
주체성 8, 9, 27, 39, 64, 77, 111, 112, 117, 147, 148, 150, 151, 155, 156, 162, 163, 165, 166, 173, 174, 177, 180, 182, 185, 186, 192, 193, 195, 198~201, 220, 221, 224~226, 228, 229, 235, 246, 253~256, 271, 280, 287, 289
중층결정 10, 63, 149, 187
지구화 7, 9, 10, 13~17, 28, 29, 36, 37, 39, 40, 45, 46, 57, 78, 92, 101, 120, 121, 123, 126, 127, 128, 212, 213, 226, 268, 269

ㅊ
초과 87, 102, 104, 107, 140, 158, 159, 164, 165, 178, 191, 242, 254, 256, 261, 265, 266, 271, 285, 286
초근대 74
총체 58, 63, 68, 81, 97~99, 109, 111, 114, 138, 147~151, 153, 155, 157, 158, 161~163, 165, 168~170, 175, 177, 182, 188, 191, 194, 196, 206, 211, 219, 238, 239, 266, 270, 271, 273~275, 288
측정불가능성 65, 130, 171, 180, 191
치안학 110, 111, 293

ㅋ

카이로스 210, 225~227
커먼 220
코뮤니즘 26, 38, 45, 48, 61, 74, 101, 116, 133~135, 157, 216~218, 220, 221, 229, 247, 248
쿠피디타스 188, 271

ㅌ

타자성 253
텔로스 162~165, 209, 254, 255
특이성 25, 39, 47, 48, 82, 140, 145~148, 150, 151, 153, 157, 158, 161, 163~165, 168~171, 173~175, 177~179, 181, 182, 189, 191, 194, 196, 235, 236, 239~241, 246, 247, 254, 255, 270, 278, 280, 285, 288

ㅍ

판옵틱 41

ㅎ

한계 30, 63, 80, 85, 87, 88, 90, 91, 132, 136, 137, 139, 140, 156~158, 160, 161, 177, 178, 185, 194, 202, 204, 209, 227, 235, 248, 249, 257
해부정치 109, 110
협치 15, 76, 127, 128, 197
활력 19, 38, 40, 45, 46, 48, 51, 52, 104, 107, 111, 115, 116, 118, 130, 140, 142, 150~154, 157, 159, 161, 163~165, 170, 173~178, 180, 188, 201, 203, 204, 207, 208, 209, 212, 214, 222, 223, 225, 226, 228, 235, 240, 242, 248, 253, 255, 256, 264~266, 268, 270, 273, 275

후기 근대 67, 74, 179
훈육 9, 24, 44, 62, 101, 108, 110, 115, 119, 141, 171, 192, 193, 194, 195, 196, 198, 201, 202, 220

단행본

『괴물의 욕망』(네그리) 119
『구성권력 : 근대의 대안에 관한 에세이』(네그리) 161
『국가와 혁명』(레닌) 163
『남다른 기획』(네그리) 247
『노동자와 자본』(트론띠) 62
『누가 휴머니티를 말하는가?』(졸로) 34
『다중의 문법』(비르노) 247
『다중』(네그리·하트) 118, 282, 283, 288, 290
『디오니소스의 노동』(네그리·하트) 78, 161
『로마사 논고』(마키아벨리) 27, 147
『맑스를 넘어선 맑스』(네그리) 77, 117
『반反오이디푸스』(들뢰즈·가따리) 188
『붉은 노트』 166
『시간기계』(네그리) 77, 201
『야만적 별종』(네그리) 160
『양말의 자리』(마라찌) 114, 119
『자본과 언어』(마라찌) 119
『자본론』(맑스) 25, 27, 61, 72, 77, 101, 272, 274, 280
『정치경제학 비판 요강』(맑스) 96, 98, 117, 118, 151, 166, 221, 251, 262, 272, 279
『제국』(네그리·하트) 7, 9, 17, 21~25, 27, 29, 46, 47, 49, 50, 72, 242, 253, 282, 283
『존 듀이』(라이언) 245
『천 개의 고원』(들뢰즈·가따리) 11, 25, 162, 222
『카이로스, 알마 비너스, 다중 : 나 자신에게 주는 아홉 개의 교훈』(네그리) 162, 201, 245

『코즈모폴리스』(졸로) 33, 34
『탐구의 이론으로서의 논리학』(듀이) 245
『포스트식민 이성 비판』(스피박) 15
『푸꼬의 어휘』(레벨) 119

『푸꼬』(들뢰즈) 119
『현재의 기억 : 역사적 시간에 관한 에세이』(비르노) 247